BASTEI
LÜBBE

Von Françoise Dolto ist außerdem bei Bastei-Lübbe lieferbar:

Band 66212: Zwiesprache von Mutter und Kind

Françoise Dolto

Mein Leben auf der Seite der Kinder

Ein Plädoyer für eine kindgerechte Welt

Aus dem Französischen
von Axel Hillig

BASTEI LÜBBE

BASTEI-LÜBBE-TASCHENBUCH
Band 66221

Lizenzausgabe: Gustav Lübbe Verlag GmbH, Bergisch Gladbach
Printed in Germany, Januar 1992
Umschlaggestaltung: Adolf Bachmann, Reischach
Titelfoto: Zefa
Satz: Fotosatz Schell, Bad Iburg
Druck und Bindung: Ebner Ulm
ISBN 3-404-66221-0

Inhalt

Zweiter Teil: Utopien von morgen
Die schöpferische Kraft des Kindes

ERSTER TEIL

Die Revolution der kleinen Schritte

Konzept einer frühzeitigen Prävention und Grundsteinlegung eigener »Häuser für Kinder«

»Die Erwachsenen wollen die Kinder verstehen und sie zugleich beherrschen: dabei müßten sie ihnen zuhören.«

»Auch wenn der eine klein und der andere groß ist, so sind sie sich doch ebenbürtig.«
Françoise Dolto

1 Das Zuhören

Die ersten drei Jahre ...

Die Erwachsenen sollten den Kindern zuhören.

Das hieße, sie weder wie ein Forschungsobjekt zu beobachten noch sie erziehen zu wollen, sondern sie zu achten, in ihnen die kommende Generation zu respektieren, die sie verkörpern. Wer will entscheiden, bis zu welchem Punkt wir einfach zuhören, ab wann wir die dabei vom Kind ausgesandten Ströme verfälschen, stören, durcheinanderbringen?

Wir dürfen den Kindern nichts aufzwingen. Meine persönliche Vorstellung ist, daß man ihnen ausschließlich dadurch helfen kann, daß man selbst aufrichtig ist und den Kindern sagt, daß nicht wir Erwachsene über das Wissen verfügen, sondern daß sie sich selbst Zugang zum Wissen verschaffen müssen, daß nicht wir ihre Zukunft gestalten, sondern daß sie dies selbst tun werden, und zwar, indem wir ihnen zugestehen, ihr Ziel genau anzuvisieren. Bedauerlicherweise beeinflussen wir sie aber auch, sogar ohne es zu wollen.

Wir reagieren auf ihren Anspruch mit Mechanismen, die auf einem bestimmten genetischen Erbe und einer sozialen Konditionierung beruhen, wir geben unseren Impulsen, unseren Launen sowie äußeren Zwängen nach.

Irrtümer kränken jedoch in geringem Maße, wenn sie unbeholfener Zuneigung entspringen, wenn das gegenseitige Vertrauen und der Respekt voreinander das Interaktionsklima begünstigen.

Zum Glück macht man sich heute Gedanken darüber, wie man »Stätten der Erziehung« schaffen kann. Es ist jedoch ein Fehler, jemanden gleichzeitig mit einer Psychoanalyse und der Erziehung des Kindes zu betrauen. Die heutige Vermengung dieser Funktionen ist äußerst bedauerlich, denn dadurch können sich Fortschritte ins Gegenteil verkehren.

Einerseits nimmt der Psychoanalytiker eine rezeptive Funktion ein, indem er dem Kind hilft, das Unausgesprochene seiner ersten Lebensjahre zum Ausdruck zu bringen, indem er gemeinsam mit ihm in seine Vergangenheit zurückgeht und die Exploration durch unbewußte imaginäre Regression auf das frühere, bisweilen sogar fötale Leben des Kindes vollzieht. Andererseits wird das Kind angeregt, sich nach vorne zu orientieren, die Zukunft zu planen. Der Psychoanalytiker verfolgt weder praktische Ziele noch übt er erzieherischen Druck aus; er wertet nicht und erteilt auch keine Ratschläge. Der Erziehende ist hingegen Repräsentant der Gesellschaft und muß das Kind leiten.

Unser bevorzugtes Interesse an Menschen, die noch im Stadium der Kindheit stehen, wird dadurch bestimmt, daß man in dieser Entwicklungsphase mit all ihren Entfaltungskräften kommunizieren und diese mobilisieren kann. Für den Analytiker sind aufgrund seines Alters alle oder fast alle wichtigen Dinge schon entscheidend. Sein »Patient« steht hingegen noch auf einer Altersstufe, auf der es Neues, Einzigartiges, Unvergleichliches gibt, bei dessen Erleben, Aufdeckung und Bestärkung es behilflich zu sein gilt.

Das Bewußtsein der Eltern läßt sich nur wecken, wenn man bei ihnen keine Schuldgefühle erzeugt. Die Mutter eines psychotischen Kindes leidet unter der durch die analytische Behandlung notwendigen Trennung von ihrem Kind. Meiner Meinung nach sollte die Pychoanalyse diesem Leiden Rechnung tragen. Ich selbst schließe die Mutter nicht von der Behandlung des Kindes aus, was dazu beiträgt, daß das Kind bei seiner Übertragung auf den Analytiker in diesem keinen Mutter-Ersatz sieht.

Einem Kind, das sich aus der Umklammerung seiner von ihm als unersättlich empfundenen oder tatsächlich unersättlichen Mutter löst, geht es sichtlich besser, es verläßt das Regressionsstadium. Unter dem Einfluß seiner leiblichen Mutter war es nur deren Teilobjekt. Die Mutter fühlt sich verstümmelt, wenn sie miterlebt, wie ihr Kind allmählich autonom wird. Dennoch muß sie ihm in dieser Belastungsphase beistehen.

Die Bindung zwischen Mutter und Kind muß eher gefestigt werden, nämlich vor Eintritt in den Kindergarten, wenn die Mutter nur Hausfrau ist, vor der Unterbringung im Kinderhort, wenn sie berufstätig ist.

Unzählige Eltern haben bestimmte Bücher regelrecht verschlungen, als enthielten sie Rezepte für ein erfolgreiches Abschneiden ihres Kindes in Schule und Beruf. Den Beobachtungen der Autoren zufolge scheinen sich alle entscheidenden Prozesse schon vor der Einschulung abzuspielen.

Wenn man ernsthaft an Kindern interessiert ist, muß man sein Augenmerk insbesondere auf die Kleinkinder richten. Ich bin der Auffassung, daß bis zum Alter von vier Jahren alle erdenklichen Anstrengungen unternommen werden müssen. In dieser »Übergangsphase« ist es möglich, die Kinder in eine Identität hineinwachsen zu lassen, die nicht mehr auf irgendeiner bewußten Überfütterung mit reinem Faktenwissen beruht.

Entscheidet sich alles Wesentliche in den ersten sechs Jahren ... oder schon in den ersten vier Jahren?

Es geht dabei nicht um die Beurteilung, ob es nach Durchlaufen dieser Altersstufe mit dem Kind weiter »bergab« geht, sondern um das Wissen, daß es seine Grundstruktur erworben hat.

Wenn ich sage, »alles entscheidet sich«, dann verstehe ich darunter nicht die künftige Karriere, den künftigen sozialen Aufstieg – ganz und gar nicht.

Will man über das Wesentliche sprechen, über alle Möglichkeiten der Prävention, um Schädigungen, Hemmungen und Fehlentwicklungen zu verhindern, dann muß man sich meiner Meinung nach auf die ersten vier Jahre konzentrieren. Die Entwicklung zum Negativen kann früher eintreten, weit vor dem vierten Lebensjahr. Es hat schwerwiegende Auswirkungen, ein Kind bei der Geburt von seiner Mutter zu trennen und beim unvorbereiteten Eintritt in die Kinderkrippe erneut so zu verfahren, denn die menschlichsten, das heißt anfälligsten Kinder sind jene, die daran zu erkennen sein werden, daß sie ohne sprachliche Aufklärung von ihrer Mutter getrennt worden sind. Dieser Vorgang ist nicht wiedergutzumachen; das Kind benötigt unbedingt jene Geborgenheit, die der von Zuneigung getragenen Sprache innewohnt, in der seine leibliche Mutter und sein leiblicher Vater – sofern dieser mit ihnen zusammenlebt – zu ihm sprechen; es benötigt ebenso den Beistand der gesamten sozialen Umgebung, damit im affektiven und symbolischen

Leben jene trianguläre Intimität verstärkt wird, die der Ursprung des Vertrauens in sich selbst und in alle anderen Menschen ist.

Mein Ratschlag für die Politiker besteht aus einem einzigen Satz: In den ersten sechs Lebensjahren müßte sich der Gesetzgeber am intensivsten um seine Bürger kümmern.

2 Der Empfang bei der Geburt

Gespräche »im Mutterleib«

In Saintes-Marie-de-la-Mer ist Françoise Dolto Zigeunern begegnet, im Hause von Sarah Astruc, einer Freundin von Manitas de Plata, die ihnen ihr Haus öffnete und von ihnen sehr verehrt wurde. Ein bei den Zigeunern durchaus üblicher Vorgang verdeutlicht die Möglichkeiten der Kommunikation mit dem noch im Mutterleib befindlichen Kind.

Die Gäste meiner Freundin haben mir folgendes anvertraut: Aus einem Zigeunerkind sollte ein Musiker werden; daher wurde beschlossen, daß jeweils sechs Wochen vor und nach der Geburt dieses Kind der größte Virtuose eines Instrumentes in der Nähe der Mutter, die zunächst hochschwanger war, dann entbunden hatte und stillte, ausschließlich für das Kind spielen sollte. Und, so bekräftigte sie, als es groß wurde, habe es genau auf diesem Instrument zu spielen verlangt und werde es darauf auch zu bedeutendem Können bringen.

Diese Beobachtungen zeigen, daß die Vorliebe für jenes Instrument tatsächlich in ihm Fuß faßte, wie ein Baum in der Erde. Dieser Übertragungsprozeß zum ungeborenen Kind deckt sich durchaus mit unseren psychoanalytischen Erkenntnissen; es handelt sich nicht um eine Art Berieselung, sondern um etwas völlig anderes, nämlich um eine

Symbolisation, die Sprache des Lebens, die als eben diese Sprache des Lebens in die Organe des Kindes eingewoben ist und die bewirkt, daß das Kind eine tiefe Berufung dazu verspürt.

In Pithiviers läuft an einer Klinik, wo die sanfte Geburt praktiziert wird, ein Modellversuch zur Entwicklung von Kommunikationsmöglichkeiten mit dem ungeborenen Kind. Auf freiwilliger Basis unterhalten werdende Eltern spielerische Aktivitäten zu ihrem ungeborenen Kind. Vater und Mutter lernen ihrem Fötus zu bestimmten Zeiten »zu begegnen«. Mit den Fingern werden Druckbewegungen vorgenommen ... wie sich Häftlinge durch Klopfen an die Zellenwand verständigen. Ein Dialog kommt zustande. Das Kind wendet sich nicht einfach ab, sondern es antwortet, wenn es erst einmal wach ist. Der Vater wird zum Sprechen aufgefordert, damit der Fötus seine Stimme vernimmt.

Der Fötus nimmt vorrangig tiefe Töne wahr, also eher die Stimme des Vaters als die der Mutter. Mein Mann und ich haben die gleiche Erfahrung mit unseren eigenen Kindern gemacht; mein Mann sprach zu unserem, in meinem Leib befindlichen Kind, und es war erstaunlich, wie sich der Fötus ab 7 1/2 Monaten dadurch unverzüglich beruhigte, wenn er aufgeregt war ... Hingegen nützte es gar nichts, wenn ich zu ihm sagte: »Hör zu, beruhige dich, ich gehe jetzt schlafen ...« Sein Vater sprach zu ihm und legte dabei seine Hand auf meinen Bauch, und sofort schlief der Fötus ein, noch vor mir, seiner Mutter. Man kann also zweifellos mit seinem eigenen Fötus kommunizieren. Kürzlich sagte mir eine junge Mutter, die selbst Psychoanalytikerin ist und ihre Schwangerschaft unvoreingenommen und ohne ärztliche Beeinflussung durchleben wollte, wie stark sich ihr Kind in ihr bewege. Ich habe sie dazu angehalten, mit dem Baby in sprachlichen Kontakt zu treten: »Sie brauchen die Wörter nicht zu betonen; sprechen Sie mit Ihrer inneren Stimme, aber wenden Sie sich persönlich an Ihr Kind.« Wenig später berichtete sie mir: »Es ist ganz erstaunlich, wie es antwortet!« Ich selbst habe als junge Mutter während des Krieges die gleiche Erfahrung gemacht, und zwar beim Fahrradfahren. Ich erwartete damals meinen ältesten Sohn, Jean (der dann aber doch »Carlos« getauft wurde). Auf dem Rückweg von Besorgungen erklomm ich mit dem Fahrrad häufig die Rue Saint-Jacques, die sehr steil ansteigt, und ich sagte zu dem Fötus – ich wußte nicht, ob es ein Junge oder ein Mädchen werden würde –, ich sagte also zu dem Baby, das ich in meinem Bauch trug: »Hör zu, ich muß unbedingt nach Hause, und wenn du weiter so unruhig bist, dann werden weder du noch ich dort ankommen.« Ich mühte mich ernstlich ab, und vermutlich litt er ein bißchen unter Sauerstoffmangel, da ich ja selbst auch außer Atem geraten war. Ich erinnerte mich, ihm acht Tage vor der Entbindung, auf der Rue des Ecoles gesagt zu haben: »Bleib jetzt einigermaßen ruhig, damit es für eine längere Strecke reicht ... Wenn du nämlich so weitermachst, werde ich vom Fahrrad absteigen müssen, ich bin sehr erschöpft, und dann wird es nur noch viel länger dauern, bis wir zu Hause sind und uns ausruhen können.« Nach diesem Zureden wurde er auf der Stelle ruhig. Als ich an unserer Gartentür anlangte, sagte ich zu ihm: »Jetzt kannst du loslegen, jetzt sind wir zu Hause!« Und prompt vollführte er ein Spektakel in meinem Bauch ... doch das setzte mir nicht mehr zu, ich konnte zum Haus emporsteigen, erholte mich, und er beruhigte sich. Ich habe diesen erstaunlichen Dialog meinem Mann berichtet, und von jenem Tag an sprachen wir jeden Abend mit unserem Kind, bis zu seiner Geburt. Es war wundervoll. Später setzten wir den Dialog bei unserem zweiten Sohn fort. Damals herrschte noch immer Krieg. Während der Luftangriffe suchten wir nie den Schutzraum auf. Wozu hätte das gut sein sollen? Sollte das Haus einstürzen, wäre man unter den Trümmern begraben. Mein Mann, der tagsüber viel arbeitete, hatte ebenso wie ich einen felsenfesten Schlaf. Ich bin keine ängstliche Natur und gerate nicht gleich in Angst und Sorge, wenn jemand, den ich liebe, in Schwierigkeiten ist; ich weiß dann, daß er es braucht, daß ich in Gedanken bei ihm bin.

In dieser Hinsicht verfüge ich wohl über telepathische Fähigkeiten. Besteht jedoch keine Gefahr, stört mich selbst der größte Radau nicht. Solange meine Kinder im Babyalter waren, erwachte ich nachts bei der geringsten Bewegung des Babys, das mich brauchte, aber die Bombenangriffe vermochten mich absolut nicht aufzuwecken. Alle Mütter wissen, daß sie über eine Art Telefonleitung zu ihrem Baby verfügen. Zwei Monate vor der Geburt unseres zweiten Kindes, das Grégoire heißen sollte, erfolgte der Bombenangriff auf die Großmarkthalle, der unser ganzes Stadtviertel erschütterte, als ob die Katastrophe direkt in unserem Haus einschlüge und ich – ich schlief. Ich wachte nur durch eine Art Beklemmung, einen Schmerz, in meinem Körper auf. Erst dann nahm ich jenen ohrenbetäubenden Lärm wahr. Mein Mann und der Älteste schliefen. Das Baby, das in zusammengerollter Haltung in mir lag, bewegte sich, es brauchte meinen Zuspruch. Ich sagte ihm: »Beruhige dich, Papa ist da, ich bin auch da, alle sind wir bei dir, es besteht keine Gefahr.«

Ich spürte, wie sich mein Bauch entspannte. Der Fötus hatte aufgehört, sich unruhig zu bewegen, obwohl die Bombenangriffe weitergingen ... Als er dann, trotz der Sirenen und Bombenangriffe, zur Welt gekommen war, zeigte er keinerlei Unruhe mehr, wenn ich zugegen war und ihm zusprach: »Mama ist da, Papa ist da ... Ich bin da; du bist nicht völlig allein.«

In Pithiviers vertritt die Ärzteschaft die Auffassung, daß die Kinder von Eltern, die mit ihnen im fötalen Stadium auf diese Weise »gespielt« haben, über eine bessere Körperkontrolle verfügen; beispielsweise sitzen sie viel eher als andere Kinder.

... Und sie sind vor allem in viel geringerem Maße der Angst ausgsetzt. Ihr menschliches Potential ist nicht auf symbolischem Wege durch eine Besorgnis der Eltern beeinträchtigt. Die Welt sieht nämlich so aus: Während manche Föten Experimenten dienen, sind (bislang wenige) andere ein Objekt der Zuwendung und sprachlicher Austauschprozesse in der Schwangerschaft. Sie werden als vollwertige Menschen respektiert, die genauso über eine Persönlichkeit verfügen wie ihre Eltern.

Ich will jedoch auch eine andere Beobachtung wiedergeben: Wenn der Vater während der Schwangerschaft abends wiederholt mit dem Kind im Mutterleib »spielt«, dann ist es mehr als wahrscheinlich, daß das Kind nach seiner Geburt auf diese spielerische Begegnung eingestimmt sein wird. Dies erklärt, warum manche Babys in Pithiviers oder anderswo nicht vor elf Uhr abends einschlafen können, weil sie nämlich zu jenem Zeitpunkt mit Papa kommuniziert hatten. Nehmen wir uns daher vor Modeerscheinungen in acht, vor allem vor solchen, die das Neugeborene einbeziehen. Es wäre gefährlich, das

Spiel der Kommunikation mit dem Fötus zu institutionalisieren, wenn die werdenden Eltern es als »Methode« praktizieren, statt jenen unsichtbaren und keineswegs spielerischen authentischen Austausch zu leben. Männer wie Velzmann in Frankreich und Brazelton in den Vereinigten Staaten leisten positive Arbeit, indem sie dem Vater seine Verantwortung aufzeigen, die Bedeutung seiner affektiven Gegenwart als leiblicher Vater; aber es wäre wenig förderlich, wenn die Pädiater darangingen, gegenüber den Föten und Neugeborenen als nette Väter oder Großväter aufzutreten. Sie müssen dem Menschenkind denselben Respekt wie ihresgleichen zukommen lassen. Das Neugeborene ist kein Spielzeug, sondern eine ganzheitliche Person im Zwischenfeld seiner leiblichen Eltern, die es bei seiner Geburt empfangen und deren persönliche Aufgabe es ist, das Kind mit seinen Verwandten und der Realität vertraut zu machen.

Ob in Afrika, in Südamerika oder auf den Südsee-Inseln – die überlieferten Riten, welche die Schwangerschaft und die Geburt begleiten, bargen Intuitionen und wichtige empirische Kenntnisse, die auf einen immensen Respekt vor dem Menschen in dieser Phase des Übertritts schließen lassen. Die aus der Kolonialmentalität hervorgegangene Anthropologie befaßt sich nur mit Exorzismus- oder Tabu-Riten. Aber weit darüber hinausreichend, läßt die symbolische Interaktion darin eine außerordentliche familiäre und soziale Aufnahme des Kindes erkennen, nicht, ohne ihm gegenüber Rücksicht auf formende und förderliche Bewährungsproben zu nehmen, denen unsere technisierten Gesellschaften kaum Gleichwertiges entgegensetzen können. Auf diese Weise wurde der Eintritt des Neugeborenen in die Gemeinschaft gefeiert und ihm Ehrerbietung erwiesen; man äußerte zugleich gestisch und verbal auf ganz andere Weise das Warten und die Zuneigung der Gruppe für diesen verheißungsvollen und für alle bereits unverzichtbaren Sprößling.

Gleichzeitig wurden Schutzmaßnahmen getroffen, um bei der Geburt die Belastung durch Lärm oder Licht zu vermeiden. Einer meiner Freunde, der in Chile tätige Arzt und Psychoanalytiker Anturo Prat, der sich lange bei den Ureinwohnern der Osterinsel aufgehalten hat, war von der außerordentlichen Sehschärfe verblüfft, über die die Achtzigjährigen selbst bei Nacht verfügten. Sie haben ihm den Grund dafür erklärt. Bevor sich sogar auf dieser Insel die Entbindungsklinik nach amerikanischem – abendländischem – Muster durchsetzte, war es Tradition gewesen, das Baby erst einen Monat nach seiner Geburt dem Tageslicht auszusetzen. Die Geburt vollzog sich in einem abgedunkelten Raum, die Hebamme hatte gerade ausreichend Licht, um die Geburt zu bewerkstelligen; anschließend blieben dann die Mutter und das Kind eine Mondphase oder einen Monat lang im hinteren Teil der Hütte in einem Raum ohne Licht. Der Taufname wurde dem Kind im Rahmen einer Zeremonie gegeben, die einen Monat nach der Geburt begangen wurde. Auf den Armen seiner Mutter verließ das Kind die Dunkelheit, bei Tagesanbruch, die ganze Familie und der ganze Stamm waren zugegen ... Dann wurde unter rituellen Gesängen der Sonnenaufgang erwartet. Sobald die Sonne sich zeigte, wurde das Kind dem Licht entgegengehalten. Es erblickte dann zusammen mit einem Sonnenaufgang das Tageslicht, während gleichzeitig die Zeremonie der Namensgebung feierlich vollzogen wurde. Und von da an lebte es im selben Tagesrhythmus wie die Erwachsenen, die Tag und Nacht unterscheiden. Bis zu diesem Zeitpunkt hatte das Kind im Halbdunkel verharrt, und die Alten behaupten, die Augen der Babys seien so empfindlich, daß sie das Tageslicht erst mit einem Monat vertrügen. Also wurde ihnen Licht und Name gleichzeitig gegeben. Die heutigen, oft auf europäische Weise geborenen Nachkommen haben, so scheint es, ebenso empfindliche Augen wie wir und eine bedeutend geringere Sehschärfe als die Alten.

Neben dieser symbolischen Aufnahme ins Leben wird auch die Aggression, der Geburtsschock, gemildert. Auch in Indien werden die Neugeborenen vor greller Blendung geschützt. Das gleiche machen Odent in Pithiviers und Lherbinet in Auxerre und rufen damit bei manchen Professoren der Geburtshilfe Entrüstung hervor. Man klärt die Mutter bei der Entbindung auf, schafft aber bei der Austreibung Dämmerbeleuchtung, damit die Augen des Babys nicht geblendet werden. Vom Wintersport her wissen wir aus eigener Erfahrung, daß wir uns rasch eine Augenentzündung zuziehen, wenn wir keine Sonnenbrille aufsetzen. In den modernen Geburtskliniken werden dem Baby einerseits Tropfen in die Augen geträufelt, damit es durch pathogene Keime, mit denen es während des Austreibungsvorganges in der Vagina der Mutter konfrontiert wird, keine Augenentzündung bekommt; andererseits wird es dem Licht und damit der Gefahr einer Augenentzündung ausgesetzt, weil es aus der Dunkelheit unvermittelt in eine grelle, auf jeden Fall nachteilige Helligkeit eintritt. Wir merken ja selbst, wie uns die Augen schmerzen, wenn wir aus dem Schatten in das Licht hinaustreten; das Baby setzt man trotz dieses Wissens hingegen der Blendung aus.

Wir Bewohner des Abendlandes haben mit 50 Jahren

mehr oder weniger überbeanspruchte Augen, im Unterschied zu den Bewohnern der Osterinseln, die dies darauf zurückführen, daß sie den Augen einen Monat lang die Möglichkeit zur Gewöhnung geben, bevor sie dem Licht ausgesetzt werden, dann langsam das Tageslicht kennenlernen, über den allmählichen Rhythmus von der Dämmerung bis zum vollen Tageslicht.

Bei diesen überlieferten Bräuchen ist das physiologisch Positive mit dem symbolischen Aufnahmeprozeß verknüpft. Das Kind nimmt in dieser Situation wahr, daß es erwünscht ist, daß es seinen Platz in der Gemeinschaft hat. Dem Skeptiker, der nicht glaubt, daß dieser Aufnahmeprozeß eine derart tiefgreifende Wirkung auf den Fötus und auf das Neugeborene haben kann, sollten wir entgegenhalten, daß die »Zeremonie« jedenfalls die Erwachsenen, die sich seiner anzunehmen haben, darauf vorbereitet, ihn als eine Person anzuerkennen. Ich bin der Meinung, daß die Vorstellung von der Unreife des Kleinkindes in Wirklichkeit Verfahrensweisen decken soll, die äußerst negativ und destruktiv gegenüber dem Kind sind. Unter dem Vorwand, es sei unreif, verstehe nichts usw., glaubt man, ohne nachteilige Folgen seine Gegenwart während der ersten Wochen, der ersten Monate, ignorieren zu können und es sogar während der ersten Jahre von Interaktionen, die in seiner Gegenwart stattfinden, ausschließen, ihm gegenüber eine kindische Sprache und ein Verhalten an den Tag legen zu können, das, unter dem Deckmantel der Erziehung, an die Dressur eines Haustieres, wenn nicht sogar an die eines Zirkustieres grenzt.

Die Prävention der Gewalt

Manche früheren Gesellschaftsformen betonen die Macht der Sprache im Hinblick auf die Begrüßung der in die Welt eintretenden Kinder. Am bemerkenswertesten ist dabei, daß der rituelle Satz, die Invokation, an das Baby selbst gerichtet wird, das als ein einziges Wesen angesprochen und sowohl in seiner Abstammung als auch seiner ethnischen Zugehörigkeit bestätigt und in die Gemeinschaft aufgenommen wird. Diesen Geburtsritus gibt es insbesondere im Pazifik, von Japan bis zur Osterinsel.

In Kliniken, in denen die »sanfte Geburt« praktiziert wird, anerkennen Vater und Mutter durch ihren sprachlichen Kontakt, daß das kleine Menschenwesen, das zur Welt kommt, ein Wesen der Sprache ist. Wichtig ist, daß das medizinische Personal die gleiche Aufnahmehaltung zeigt: »Du wirst jetzt von uns in Empfang genommen ... nicht nur von deinen Eltern ... Deine Eltern haben dir die Gelegenheit zur Geburt gegeben, aber du selbst bist es, der leben möchte ... Und nun, da du leben möchtest, stehen alle bereit, dir dabei zu helfen.« Dies wird ihm nicht explizit gesagt, aber vom Inhalt her vermittelt.

Die bei der Geburt erfolgende Aufnahme in die Gemeinschaft ist von entscheidender Bedeutung. Die erwachsene Bezugsperson im Kindergarten sollte diesen Einführungsvorgang der sozialen Gruppe seiner Altersgenossen kundtun. »Weil deine Eltern es so wollen, bist du nun hier, ein kleiner Bürger von zweieinhalb Jahren, jetzt ist es jedoch an dir, dich mit all dem, was wir dir anbieten, weiterzuentwickeln, wir zwingen dir aber nichts auf.« Um diese Sprache nicht zu mißbrauchen, darf man dem Kind vor allen Dingen keine andere Altersgruppe als die seinige aufnötigen. Ich persönlich meine, daß die altershomogene Gruppe für das Kleinkind sehr bedeutsam ist, damit es mit anderen zusammenkommt, die die gleichen Wahrnehmungsformen haben und an den gleichen Dingen interessiert sind. Im weiteren Verlauf sind und bleiben die vermittelnde Sprache und die vom Respekt gegenüber dem Kind und seinen Eltern getragenen Handlungen die Garanten für die Prävention der Gewalt. Im »Maison Verte« versuchen wir, dies zu realisieren. Das Fernsehen hat für die Sendung »L'Invité du Jeudi« (Der Donnerstagsgast) eine kurze Sequenz gefilmt, in der ein Junge zu sehen ist, der in die kleine Hütte gehen möchte, die wir in einer Ecke des Raumes aufgestellt haben; er steht am Fenster, als ein Mädchen hinzukommt; er greift sie heftig an, um ihr den Zutritt zu verwehren. Das bedrängte Mädchen läuft zu seiner Mutter. Diese geht mit ihr zu dem kleinen Jungen, spricht mit ihm, schimpft ihn aber keineswegs aus. Man hört nicht, was sie zu ihm sagt, sieht jedoch, wie das Mädchen und der Junge gemeinsam zum Fenster gehen; er ist ihr gegenüber nicht mehr aggressiv, und sie scheint durch die Worte der Mutter getröstet. Was hat sie ihr gesagt? Sie hat ihr erklärt, der kleine Junge habe sie angegriffen, weil er ihr den Zutritt habe verwehren wollen; er glaubte, daß sie ihm sein Vergnügen nähme, wenn sie gemeinsam mit ihm durch das Fenster sähe.

Diese Mutter hatte begriffen, was wir Therapeuten den Eltern sagen: Hinter der Geste der Gewalt steckt stets eine Furcht, die eigene Identität zu verlieren, wenn ein anderer kommt, und mitspielen oder an einem Spaß teilhaben will. Er weist ihn zurück, und der Zurückgewiesene glaubt, er habe dann nicht mehr das Recht zu eigenen

Initiativen, weil ihn der andere ja abgewiesen hat, während er selbst doch über die Identifikation so werden wollte wie dieser andere. Hierin liegt die Erklärung für die Gewalttätigkeit eines Kindes gegenüber einem anderen Kind. Gewalt läßt sich nur so verhindern: Man muß Worte gebrauchen, Worte, die die Verhaltensweisen beider Kinder rechtfertigen und sie ihnen erklären; die Angst verschwindet dann. Man braucht sich nur ein Kind anzusehen, das Opfer einer Aggression ist, und es zu trösten; unverzüglich wendet es sich dem Angreifer zu. Es erlangt dadurch also etwas, ohne das es dorthin nicht zurückkehren würde. Es sucht ferner, stark und mit demjenigen Freund zu werden, der ihm gegenüber gewalttätig gewesen ist, damit beide hinsichtlich der Handlung des einen, mit der der andere sich verschmelzen oder der er sich widersetzen wollte, auf derselben Stufe stehen.

Diese Prävention muß schon vom Kleinkindalter an erfolgen. Sie setzt voraus, daß die Eltern verstehen, wie wichtig es für ein Kind ist, Unterstützung zu bekommen und von den Beziehungsschwierigkeiten mit seinen Altersgenossen geheilt zu werden. Es ist dies eine sehr alte Geschichte, sie reicht bis zu Kain und Abel zurück. Nach der Tötung seines Bruders Abel wurde Kain als derjenige gebrandmarkt, dem niemand ein Haar krümmen würde. Und dennoch fühlte er sich schuldig und glaubte, daß alle Welt seinen Bruder rächen würde. Da spricht Gott zu ihm: »Keineswegs, du wirst der Gründer von Städten sein.« Das heißt, der Gründer von Gemeinschaften, in denen die Menschen zusammenleben, um sich gegen die äußeren Gefahren zu schützen. »Nicht dein Bruder ist die Gefahr. Ihr alle seid die Gefahr, steht einander bei.« Gemeinsamkeit macht stark, diese Idee wurde aus der

Erfahrung eines Totschlags geboren. In der Tat dokumentiert die Bibel die Entstehungsgeschichte all dessen, was sich in den Triebregungen der Individuen, in ihrem Inneren selbst, abspielt, zwischen dem, was sie verdrängen, und dem, was sie bewahren und weiterentwickeln wollen. Und indem man all diese Triebregungen zu akzeptieren vermag, gelingt es einem auch, mit denselben Triebregungen anderer Menschen in Frieden zu leben.

Eine effektive Prävention muß all das berücksichtigen. Sie bewahrt alle Entwicklungsmöglichkeiten, damit das Subjekt sie auf seine subjektive Weise nutzt. Sie wirkt jedoch nur dann, wenn man dem Kind schon von Anfang an die Gründe mitteilt, die seine leiblichen Eltern oder seine Pflegeeltern dazu bewogen haben, welchen Vornamen sie im Zusammenhang mit ihrer Elternliebe ihm gegeben haben. Die geschlechtlich differenzierte Identität eines Kindes ist von großer Bedeutung, nicht nur die eines Gesichtes.

Eine weiße Mutter hat ein Kind mit einem Farbigen, ihrem Kind aber nie gesagt, daß es ein Mischling ist. Sie sucht das »Maison Verte« auf. Mischlingskinder sind in der Regel sehr hübsch.

Wir sagen ihr: »Es ist hübsch.« Sie stößt sich an dem Begriff. »Haben Sie ihm denn nie gesagt, daß er ein Mischling ist, und daß er deswegen hübsch ist?« »Nein, ich lebe allein mit ihm ...« »Aber schließlich haben Sie seinen Vater doch einmal geliebt ... Von wo stammte denn der Vater? Aus Afrika oder von den Antillen?« Das Kind kommt hinzu, und ich sage zu ihm: »Ich spreche gerade mit deiner Mama, um zu erfahren, warum du ein Mischling bist und wer dein Vater gewesen ist, der den Lebenssamen gegeben hat, der der Grund dafür ist, daß du hübsch und ein hübscher Mischling bist.« »Oh«, sagt die Mutter, »das habe ich ihm nie sagen können.« Das Kind kommt erneut und sagt zu seiner Mutter: »Im Kindergarten ich Neger.« »Was sagst du da?« »Im Kindergarten, ich, Neger.« »Sehen Sie, man muß ihm von seinem Mischlingstum erzählen. Sie müssen ihm erklären, daß er das Kind der Liebe zwischen Ihnen, einer Weißen, und seinem leiblichen Vater, einem Farbigen, der von Ihnen geliebt wurde, ist.« »Aber er wird doch diesen Mann nie zu Gesicht bekommen. Er hat seine Onkel, meine Familie ...« »Ja, aber er kann Ihren Bruder nicht mit seinem Vater identifizieren, dann wäre er ja aus einem Inzest geboren! Und jenen Mann haben Sie selbst ja wohl einmal geliebt ...« »Ah, ja« (eine Träne rollt ihr über die Wange), »sechs Jahre lang, wir studierten, er ging dann in sein Heimatland zurück, dort herrscht Polygamie, das geht nicht.« »Ja, aber aus Ihrer Liebe ist ein Kind hervorgegangen. Sie lieben es; warum sprechen Sie nicht mit ihm über seinen Vater und zeigen ihm Fotos von ihm?« »Ich besitze keine Fotos mehr.« »Natürlich besitzen Sie welche!« Als sie wiederkommt: »Sie hatten recht, ich habe noch eins gefunden.« »Haben Sie es ihm gezeigt?« »Ja, ich habe ihm gesagt: Siehst du, das war dein Papa.« »Werden Sie ihn wiedersehen?« »Ja, wenn er nach Frankreich zurückkehrt. Er möchte den Kleinen sehen, aber ich will das nicht, ich habe Angst, daß er ihn mit in sein Land nehmen will!« »Aber nein, Sie kennen ihn inzwischen, er hat kein Recht auf ihn. Wird etwas zwischen Ihnen sein, wenn er nach Frankreich zurückkehrt?« »Ja.« »Also haben Sie noch immer eine Bindung, und das ist für das Kind wichtig. Man lebt eher aus dem Herzen als nach dem Gesetz.«

Dies ist eine hervorragende präventive Maßnahme,

damit sich das Kind nicht allein durch die mütterliche Linie in der Welt aufgenommen fühlt, sondern auch durch die Gesellschaft, die wir repräsentieren und die die Bestätigung dafür liefert, daß die Mutter einen Fehltritt begangen zu haben glaubt, weil sie darunter leidet, ihre Beziehung nicht legalisiert zu haben und weil sie noch immer für den Vater ihres Kindes schwärmt. Über das Kind hält sie ihrem Geliebten die Treue, aber ihn selbst ignoriert sie, das ist für das Kind inzestuös. Es kann sich als alleiniges Liebesobjekt seiner Mutter wähnen. »Zum Glück werden sie sexuelle Beziehungen haben, wenn er kommt, das gibt der Existenz ihres Kindes einen Sinn.« Dem Kind muß verständlich gemacht werden, daß es eine Pionierfunktion in einer Gesellschaft hat, die sich zur Vielrassigkeit hin entwickelt. Es ist ein Wegbereiter des Mischlingstums, das sich im studentischen Milieu immer stärker ausbreitet.

Ausschlaggebend ist, daß das Kind spürt, aus der Liebesbeziehung zwischen einem Mann und einer Frau hervorgegangen zu sein, aus der individuellen Liebe eben jenes Paares, selbst wenn sie später in die Brüche gegangen ist. Nicht einmal in den Durchschnittsfamilien, wo der Vater jeden Abend nach Hause kommt, bringt die Beziehung zwischen Vater und Kind diese Liebe zum Ausdruck. Der Vater kann als Werkzeug des Begehrens der Mutter auftreten, die von ihm verlangt, Ohrfeigen oder Bestrafungen auszuteilen; als sei er ein Polizist, der die Ordnung verkörpert: »Warte nur, wenn dein Vater nach Hause kommt!« droht ihm die Mutter. Allein mit ihrem Sohn, leistet die Mutter in Abwesenheit des Vaters diesen Vollzug. Der Mann und die Männlichkeit werden aus der Liebe ausgeschlossen, die dennoch, durch eine

Frau und einen Mann, diesen Menschen, Junge oder Mädchen, zur Welt hat kommen lassen.

Statt Repräsentant des Gesetzes zu sein, müßte der Vater in den Augen des Kindes eher Repräsentant des erwachsenen Begehrens nach einer erwachsenen Frau sein. Leider sagen in der »Paarsprache« die Ehemänner zu oft »Mama«, wenn sie vor den Kindern von ihrer Ehefrau sprechen, und die Mütter »Papa«, wenn sie von ihrem Mann sprechen, als sei er ihr eigener Vater. Es ist ein Ausdruck väterlichen Versagens, wenn der Vater nicht mehr als Liebhaber der Mutter, als Verantwortung für die Paarbeziehung Tragender, auftritt. Dem Kind muß das Bild eines von lebendigem Begehren erfüllten Paares und nicht nur von Mitbewohnern derselben Umgebung vermittelt werden.

Erwachsen zu sein bedeutet, Vorrechte auf den anderen Erwachsenen zu haben, die bewirken, daß das Kind in dieser Paarbeziehung aufgezogen wird, aber nicht den Platz des Vaters einnimmt, wenn dieser abwesend ist, und daß der Vater, in Abwesenheit der Mutter nicht deren Rolle mit übernimmt. Der Vater spielt dem Kind gegenüber häufig die Mutterrolle, und die Mutter spielt alle beiden Rollen. Alleinerziehende Mütter behaupten: »Aber ich bin verpflichtet, zugleich Vater und Mutter zu sein.« Sie sind keineswegs dazu verpflichtet. Diese Einstellung der Mutter rührt daher, daß sie ihren Ehemann nicht durch Wort und eine aufwertende Haltung darin bestärkt hat, Partner im Haushalt zu sein, und daß sie sich nicht darum bemüht, von ihm als solchem in seiner Abwesenheit zu sprechen.

Wenn in der Mittel- und Oberschicht der Vater nicht die Sanktionen verabreicht, dann diskutiert er mit der Mutter den Erziehungsstil, sie sind sich uneinig, und das Kind wird so zum Objekt ihrer Uneinigkeit. Im »Maison Verte« waren, vor allem im ersten Jahr, sehr selten die Väter zu sehen, obwohl wir samstags und montags extra bis 19 Uhr geöffnet hatten und sich unter den drei Mitarbeitern des Aufnahmeteams stets wenigstens ein Mann befand. Wir haben festgestellt, daß die Väter fürchteten, durch uns in die Abhängigkeit zu geraten, »Bi-Mütter« zu werden. Erstaunt vernehmen sie von uns, daß ein Kind seinen Vater braucht, daß er nicht wie eine Mutter sein soll, sondern daß »Sie als Vater genauso wichtig sind«.

Das derzeitige Haupthindernis ist die mangelnde Abgrenzung der Rollen, die wechselseitige Übernahme der Rollen. Ein »Erziehungsprinzip« bürgert sich ein, demzufolge Vater und Mutter sich dem Kind gegenüber gleichartig verhalten sollten. Ein absurdes, unsinniges »Prinzip«, das meiner Ansicht nach der Unisex-Mode bei Kleidungsstücken und Frisuren entsprungen ist. Unisex ... und Uni-Alter – die absolute Verwirrung.

3 Die Heilung autistischer Kinder

Psychotiker verstehen lernen

Mehrere Filme sind dem Leben der Autisten gewidmet worden. Ein von Françoise Dolto vorgeführter Film behandelte die ersten beiden Lebensjahre eines autistischen Kindes, das in einer jener Aufbewahrungsstätten betreut wurde, in denen diese von der Gesellschaft abgelehnten Kinder leben. Läßt sich deren Realität im Film überhaupt darstellen?

Ich meine, es lohnt sich, die gesamte Bevölkerung mit Hilfe der Massenmedien über das symbolische Leben einer menschlichen Randexistenz, wie es ein Autist ist, in Kenntnis zu setzen. Doch das Beobachtbare ist nur ein kleiner Teil neben dem intrapsychischen Geschehen. Durch die Beobachtung des äußeren Verhaltens dieses Kindes entdecken wir nicht, daß es von Geburt an der sensibelste und früheste Repräsentant der Humanität ist und eine Verpflichtung trägt, die weder sichtbar noch kommunizierbar ist. Ein autistisches Kind ist ein sprachliches Wesen, bei dem aber alles verschlüsselt ist. Seine Mutter weiß nicht, wie sie dieses lebendige Kind lieben soll; sein Körper hat existiert, existiert immer noch, aber nicht sein Seelenleben, und sie trägt die Bürde der Schuld von ein oder zwei Verwandtschaftslinien, mit der Unmöglichkeit, sich dies einzugestehen. Autisten bieten das Bild einer Humanität, die im Widerstreit mit den Todestrieben des Subjekts des Begehrens liegt, die, in geringerer Intensität und Quantität, in uns allen existieren. Das Begehren lebt, wird jedoch in seiner kommunikativen Existenz geleugnet. Hier liegt das Problem des Autismus, des sekundären als Folge des Kommunikationsdefizits im Kleinstkindalter, oder des durch die Kommunikationsschwierigkeiten des Erwachsenen hervorgerufenen primären Autismus? Vielleicht gilt beides.

Psychotische Kinder vermögen denjenigen, von denen sie akzeptiert werden, viel zu geben. Die Gesellschaft könnte sogenannte anormale Kinder besser in unser Alltagsleben integrieren. Die Leute haben jedoch Angst davor und zeigen dies manchmal sogar auf äußerst verletzende Weise, zum Beispiel durch Widersprüche von Anwohnern gegen Einrichtungen für geistig Behinderte, die sie in ihrem Wohnviertel nicht haben wollen. Dabei benutzen sie ihre eigenen Kinder als Vorwand, indem sie behaupten: »Unsere Kinder werden einen seelischen Schock davontragen.«

Das trifft nicht zu: Nicht die Kinder, sondern die Erwachsenen erleiden einen seelischen Schock. Man fühlt sich an die Religionskriege erinnert. Man sagt zwar nicht mehr: die Autisten seien vom Teufel besessen, behauptet aber statt dessen: »Sie werden unsere Kinder an ihrer Entwicklung hindern, weil sie sich an ihnen ein Vorbild nehmen werden!« Eltern, die so denken, wollen sich ihren Kindern selbst als Vorbilder aufzwingen und in ihnen ihr eigenes Leben wiederholen. Doch die Kinder erlangen ihre eigene Identität und Individualität, indem sie die Individualität eines anderen respektieren, wenn man sie in folgendem Sinne aufklärt:

»Du bist, wie du bist; dieses Kind dort ist aus ganz persönlichen Gründen anders.« Werden sie noch als Kleinkinder mit Kindern zusammengebracht, die Kommunikationsrückstände aufweisen, oder mit Kindern, deren motorische oder geistige Entwicklung verzögert ist, dann identifizieren sich die gesunden Kinder durchaus nicht mit ihnen, sondern beziehen sie in ihren Kommunikationsreigen ein, suchen von sich aus den Kontakt zu ihnen. Ein solches Kind braucht selbst Hilfe, um seine Entwicklung zum Subjekt über jenen Werdegang kennenzulernen, den man bei seinen Eltern verfolgen kann, wenn man mit ihnen spricht. Es muß jedoch auch mit den anderen Kindern umgehen lernen; die Behinderten sind ebenso Menschen, und zwar Menschen, die dem Leben oder anderen Kraft geben und gleichermaßen dem sozialen Gefüge angehören. Die Schule muß ihnen ihren Platz einräumen. Aber für eine solche Umgestaltung ist die Zeit noch nicht reif, man muß erst nach und nach Verständnis dafür wecken. In zehn oder zwanzig Jahren müssen sich die Menschen ändern und begreifen, daß die Psychotiker ihre eigene, von ihnen wenig geliebte Seele, die »Normalen«, mitverkörpern.

Die Autisten

In Verona hat ein Team aus Geburtshelfern, Säuglings- bzw. Kinderschwestern und Psychiatern mit einer Untersuchung bestätigt, daß sich frühkindlicher Autismus verhindern läßt.

Vor der Errichtung von Entbindungskliniken und -heimen zählte man in jeder Region nur 13 oder 14 geistig

Behinderte (im Alter von sechs bis zwölf Jahren). Seit zwei oder drei Jahren werden zahlreiche Fälle autistischer Kinder berichtet (die Frauen kamen aus den Bergen zur Entbindung in die Klinik und blieben dort acht Tage). Niemand nahm also das Kind nach der Geburt in seinem Heimatort in Empfang. Man beschloß, mobile Teams einzurichten. Die Entbindung selbst findet in der Klinik statt, um die Säuglingssterblichkeit zu senken, doch die Rückkehr ins Dorf wird binnen 48 Stunden vollzogen, wenn keine Komplikationen auftreten.

Das mobile Team macht beim Säugling täglich Visite, im Wechsel mit den Frauen aus dem Ort, die vom medizinischen Team fachlich eingewiesen und für kompetent erachtet werden.

Dies verändert die Beziehungen des Kindes zu seinem Vater, seiner Mutter und seiner Familie völlig.

In Italien wird nichts von oben herab verordnet, Beschlüsse werden vorerst einmal auf regionaler Ebene gefaßt. Das Experiment läuft noch.

Der Autismus existiert in Wirklichkeit nicht von Geburt an, sondern wird erzeugt. Er ist ein reaktiver Anpassungsprozeß an eine Belastung, die die Identität des Kindes tangiert, ein traumatisierender Zustand, der das Baby die affektive und symbolische Beziehung zu seiner Mutter verlieren läßt oder deren sensorische Etablierung hindert. Dieser Zustand wird im allgemeinen in den ersten Lebenstagen oder im Alter zwischen vier bis zehn Monaten induziert; er ist keineswegs angeboren.

Wenn man sich Zeit nimmt, ist diese Traumatisierung aufzuarbeiten. Man darf die Auswirkungen dieser Entfremdung auf die Kommunikation mit den anderen nicht abwarten.

Der Autist flieht in die einsame Zone einer inneren Sprache. Er hat die Sprache zum Gegenüber verloren. In seiner Familie verhält er sich wie ein Marsmensch. Er hat etwas Strahlendes. Er zieht sich keine Krankheiten zu.

Zwischen vier und neun Monaten hat ein entscheidendes Ereignis stattgefunden, häufig eine Abwesenheit der Mutter (Krankheit oder Reise), ein abrupter Bruch im vertrauten Lebensrhythmus, den ihm die Mutter nicht erklärt hat; sie weiß oft selbst nicht genau, was vorgefallen ist. Dieser Zustand der Nicht-Kommunikation vollzieht sich in aller Stille. Wenn die Mutter alle Einzelheiten des auslösenden Ereignisses wieder zusammengetragen hat, kann sie ihr Kind dadurch aus seiner gedanklichen Verlorenheit herausholen, daß sie den geeigneten Augenblick und die Worte findet, dem Kind seine prätraumatischen Erfahrungen wiederzugeben.

»Sagen Sie dem Kind, in einer Art Dämmerzustand, ohne daß Sie es umarmen, was sich damals zugetragen hat.« Anläßlich einer Rundfunkreihe habe ich mit Müttern von noch sehr jungen – nicht einmal dreijährigen – autistischen Kindern korrespondieren können. Ich habe sie veranlaßt, mit ihrem Kind über ihre Abwesenheit zu jener Zeit, wo es zwischen vier und neun Monate alt war, sowie über den Sachverhalt zu sprechen, daß sie (die Mütter) seinerzeit nicht begriffen hätten, wie sehr ihr Kind darunter gelitten habe. Etwa ein Dutzend (noch nicht dreijährige) Kinder haben wieder jenen Zugang zu ihrer Mutter gefunden wie in der Zeit vor ihrem Eintritt in den Autismus.

Ich glaube nicht an die Psychotiker, will sagen, nicht an die »Schicksalsgebundenheit« derartiger Zustandsbilder. Für mich sind es frühreife Kinder, mit denen nicht über das gesprochen wird, was sie angeht. Dies kann sich schon in den allerersten Lebenstagen, noch in der Entbindungsklinik, vollziehen, wenn man mit dem Kind nicht spricht, beispielsweise über die Angst seiner Mutter, ein Kind ohne Vater zur Welt zu bringen, oder wenn sie ihm nicht mitteilt, daß es von seiner Familie abgelehnt wird, daß sie selbst vielleicht eine Tochter wollte und daß er nun ein Junge ist oder daß sie diese oder jene schwere Sorge hat, die ihr nicht aus dem Sinn geht.

Kindern werden Verhaltensstörungen oder Blockierungen nachgesagt, weil sie verlassen worden seien oder weil sie sich abgelehnt fühlten. Nein, ihre Beeinträchtigungen beruhen auf dem Mangel an Sprache, mit der ihnen die Umstände der Schwierigkeiten mitgeteilt wurden, durch die ihr Körper überlebt hat, allerdings im Glauben, die durch Krankheit, einen Unfall oder Sorgen angegriffene Mutter habe sie abgelehnt.

Meine Aufgabe sehe ich darin, die Kinder wieder in den früheren Stand einzusetzen, indem ich ihnen die Entstehung dieses Bruches erzähle. Da eine andere Person als ihre Mutter mit ihnen spricht, vollziehen sie eine regressive Übertragung; das psychisch Gesunde wird auf eine institutionelle Bezugsperson übertragen, das nicht Gesunde hat sich zur Störung entwickelt. Die Kinder übertragen zunächst ihre Beziehung zur Mutter auf den Therapeuten oder die Therapeutin, woraus man sie anschließend lösen muß, damit sie in die neue Beziehung eintreten können, ohne sich auf regressive Weise an einen anderen anzuklammern, der ihnen Schutz bieten, aber nie als archaische Mutter oder als archaischer Vater dienen kann, weil diese in ihren eigenen Körper integriert sind.

Der Therapeut darf daher ausschließlich über die Sprache und keinesfalls über den körperlichen Kontakt die Beziehung zum Kind aufrechterhalten, er muß eine Übertragungs- und Symbol-Beziehung herstellen.

In den Tagesstätten, wo das Personal die Drei- und Vierjährigen beaufsichtigt und sich die Betreuerinnen ablösen, scheuen die Kinder zu Recht davor zurück, Zuneigung zu einem »Berufsbetreuer« zu fassen, der notwendig ist und in ihrem Leben nur einige Wochen oder Monate lang eine Rolle spielt.

Wenn all die kleinen Wurzeln des Lebens, die einen mit jemandem, den man liebt, verbinden, ausgerissen werden, bleibt nichts mehr, woran man sich festhalten kann, sofern es sich um ein Baby handelt, das von seinem vermittelnden Erwachsenen getrennt worden ist – auserwählt von der lebendigen Welt; doch wenn dieser Vorgang der Entwurzelung von der Mutter verstanden und in Worte gekleidet wird, dann erfährt das Kind dadurch schon wesentlich mehr Stützung. Die Kränkung ist zwar noch nicht behoben, aber sie kann diesen Körper, der für das Kind seinen Raum der verlorenen Geborgenheit darstellt, zur Erinnerung an eine vergangene Zeit führen. Eine Vergangenheit wiederzuerwecken und dem Subjekt des Begehrens das Recht zur Hoffnung auf sich selbst und auf die anderen zu geben, das ist die schwierige Arbeit mit den leider sehr zahlreichen autistischen Kindern, der sich die Psychotherapeuten mit Unterstützung der Eltern aussetzen. Diese psychoanalytische Arbeit schließt jedoch nicht die soziopädagogische Aufnahme aus, deren diese Kinder so sehr bedürfen – selbst wenn sie teilnahmslos, bisweilen sogar unzugänglich erscheinen. Das liegt daran, daß sie panische Angst vor etwaigen Bindungen haben. Sie haben Mißtrauen, zu lieben und geliebt zu werden.

Man muß sie kennen, zugleich rechtfertigen und dennoch nicht nachlassen, mit ihnen über alles zu sprechen, was Kinder ihres Alters interessiert. Jede Belastung der Beziehung wird von den Säuglingen durch funktionelle Störungen ausgedrückt.

Ein Kind erlebt dies immer körperlich. Seine Mutter oder die vertraute Person verlassen es, sein Leiden drückt sich in Form einer Bronchitis oder einer Rachenentzündung aus; das Baby sagt »Scheiße« mittels der Nase, der Lungen oder des Rachenraumes. Es reagiert auf die Belastung mit einer Erkrankung, was ein Zeichen psychischer Gesundheit ist. Der gesamte Rachenraum, der zuvor erfüllt gewesen war von dem Geruch der Person, durch die es sich selbst zu erfahren begonnen hatte, gerät über diesen Geruchsverlust aus dem Gleichgewicht oder devitalisiert sich. Das Ohr entwickelt eine Ohrenentzündung, weil es die vertraute Stimme nicht mehr vernimmt. Die devitalisierten Zonen werden zur Beute von Krankheitserregern, die in der Regel keine Nachwirkungen hinterlassen.

Der Säugling bildet gerade in jenen Körperzonen, die der Freude an dieser strukturierenden Beziehung entzogen werden, verstärkt seinen Kummer aus. »Diese Stimme baute mich auf. Nun ist sie nicht mehr da, sie destrukturiert mich in der Zone, in der ich mich durch die Freude am Begehren nach Kommunikation aufgebaut habe.« Die Freude und das Begehren zu kommunizieren sind an Stellen erotisiert, an die der Erwachsene nicht denkt, im Rachenraum, in den Augen und Ohren, im Verdauungsapparat und im Hinterteil. Von der Belastung durch den Verlust, das Angenehme der vertrauten Stimme zu hören, den Geruch der Mutter einzuatmen, werden diese Stellen mit voller Wucht getroffen. Dies tritt ein, wenn das Kind unvermittelt von seiner Mutter, die wieder berufstätig ist und es darauf nicht vorbereitet hat, für mehrere Stunden getrennt wird. Diese schweren seelischen Schmerzen, die devitalisierende Auswirkungen haben, lassen sich jedoch verhindern. Die Mutter oder deren Stellvertreterin muß dem Kind erklären, daß sie es immer liebhat und nur woanders hingeht, daß sie es aber nicht vergißt, sondern vorübergehend jemand anderem anvertraut. Kinder mit chronischem Schnupfen, die schlecht atmen, entwickeln wiederholt Ohrenentzündungen und werden schließlich schwerhörig, damit sie nicht mehr hören, daß sich ständig etwas ändert. Diese induzierte Schwerhörigkeit bewirkt, daß sie sich keinen Wortschatz mehr aneignen, also Entwicklungsverzögerungen aufweisen.

Da es praktisch keine Kindersterblichkeit mehr gibt, überlebt der Körper, jedoch um den Preis der Verkennung, daß für das Kind die symbolische Beziehung ebenso wichtig ist wie der Körper, sie ist gekappt, mitunter gänzlich beseitigt worden; daher rühren die Prä-Psychosen, der unbewußte Ausdruck psychischer Verlassenheit bei den frühentwickelten und sensiblen Kindern, die – mit oder ohne ärztliche Hilfe – körperlich gesund geblieben sind. Auch in dieser Hinsicht stellt bei einem Kleinkind der Klinikaufenthalt einen Risikofaktor für seine Identitätsbildung dar.

Prävention wäre besser als Heilung.

Es ist die Sprache, die beim Menschen die symbolische Bindung webt und ihn zugleich ergreift, die das Kind empfindet, Bundesgenosse seiner Mutter oder seiner vertrauten Pflegemutter zu sein.

Dem Kind muß auch die Verwurzelung in seiner Herkunft vermittelt werden. Deswegen nenne ich ihm den Vornamen seiner Mutter sowie seinen eigenen Namen und erzähle ihm alles, was ich über seinen bisherigen Weg wissen kann: wie es in die Tagesstätte gekommen ist. »Du weißt es selbst am besten, vielleicht kannst du dich daran erinnern; deine Mama hatte Sorgen und konnte sich nicht um dich kümmern ...« Wenn man in dieser Weise mit ihnen spricht, dann sollten Sie die Blicke dieser Kinder sehen, die sich förmlich in Ihre Augen eingraben. Es ist ergreifend und hat die Betreuerinnen, die der Behandlung beiwohnen, verändert.

»Schau dir deine Hände, deine Finger, an, sie hat dieselben Hände wie du, deine Mutter Soundso; dein Vater, dessen Namen wir nicht kennen, hatte sie auch. Du bist genauso eine Person, schon von klein auf. Du bist ein lebendiges Wesen, das ein Mann, eine Frau werden wird.« Diese ganze, sprachlich vermittelte Beziehung bewirkt, daß das Kind die Sicherheit seiner existentiellen Herkunft wiederfindet und bewahrt, daß es Ersatzpersonen zu repräsentativen Personen ernennt. Wenn es sein Schicksal ist, ohne Eltern aufzuwachsen, muß man ihm diesen Zustand erklären.

Wird es jedoch bei der Geburt von der Mutter getrennt und eine Krankenschwester nimmt sich seiner inmitten des Geschreis der anderen Neugeborenen an, dann kennt es sich selbst nicht mehr, wenn es bei der Entlassung seiner Mutter wiederbegegnet; es hat bereits acht Tage die Wüste einer fehlenden Beziehung durchlitten, die zuvor bestanden hatte; es ist abgeschnitten von den Geräuschen der Familie, die es aus dem Mutterleib heraus vernahm.

In Italien hat man dies begriffen und ausgezeichnete

Erfahrungen gemacht. In Frankreich gibt es in manchen Entbindungskliniken abgeteilte Räume, die an das Neugeborenenzimmer angrenzen. Sie sind aber durch Glaswände voneinander getrennt. Die Mütter können ihr Kind weder hören noch berühren. Das Kind selbst vernimmt gleichfalls nicht die Stimme seiner Mutter. Im lauten Durcheinander des »Kinderzimmers« geht das nicht – eine nachteilige Isolierung von der Stimme der Erwachsenen.

Die Kontinuität ist aber von entscheidender Bedeutung, das Baby braucht den Klang der hohen Stimmlage seiner Mutter und die Wahrnehmung ihres körperlichen Geruchs. Unter dem Vorwand, die Mutter müsse sich erholen, erhält das Baby von einer anderen Frau das Fläschchen und wird von ihr gewickelt. Nun gut. Dann muß man ihm allerdings alles erklären.

Ist eine Mutter über das Geschlecht ihres Kindes betrübt, darf man ihm dies weder verbergen noch der Mutter vorhalten: »Siehst du, deine Mutter hätte gerne ein Mädchen gehabt, und du bist nun als Junge zur Welt gekommen. Du hast es sehr gut gemacht. Du bist du. Es ist aber eine Überraschung, sie muß sich erst an diesen Gedanken gewöhnen. Die Wirklichkeit sieht nicht immer so aus, wie man sie sich vorstellt, du selbst wirst das auch noch begreifen.«

Diese Worte sind um so vorteilhafter, wenn sie in Gegenwart der Mutter gesagt werden, die weiterhin bedauert, daß ihr bewußter Wunsch keine Erfüllung gefunden hat. Bewußt, weil die Tatsache, daß sie das Kind in ihrem Körper ernährt hat, bedeutet, daß ihr Körper damit einverstanden war; der unbewußte Wunsch war durchaus der, einem Kind jenen Geschlechts das Leben zu schenken, das sich im Körper ihres Babys manifestiert. Das Baby aus ihrer Vorstellung, dem sie nachtrauert, war ein anderes. Man hilft so beiden, der Mutter und ihrem Kind.

Zwischen drei Personen den Kreislauf der Sprache herzustellen, ist von entscheidender Bedeutung.

Viele Mütter wüßten von sich aus nicht, wie sie mit einem Neugeborenen sprechen sollen. Wenn sie verfolgen, wie man über ihre eigenen Worte mit ihm spricht, und dabei sehen, wie das Kind denjenigen, der den Kreislauf der Sprache zwischen drei Personen herstellt, anschaut, dann sagen sie: »Das ist erstaunlich, es hat den Anschein, als ob es Sie versteht.« »Ja, natürlich versteht es die Sprache. Ein menschliches Wesen ist schon vom ersten Tag an ein Mensch, also ist es auch von Anfang an für die Sprache empfänglich.« Diese Äußerung läßt die Mütter eine tiefe Zuneigung zu ihrem Baby fassen. Zwei oder drei Tage später berichten sie dann: »Ich habe es geschafft, ich habe mit ihm gesprochen, es hörte mir zu, es hörte mir tatsächlich zu. Aber ich wußte nicht, daß man das mit einem Baby machen kann.« Eine wunderschöne Erfahrung.

Es kommen Väter in die Sprechstunde, die berichten, daß sie mit ihrer Katze oder ihrem Hund, aber nicht mit einem bereits großen Kind von vier oder fünf Jahren sprechen können.

Wie läßt sich diese Unbeholfenheit, diese Unstimmigkeit, erklären? Es handelt sich um eine Neuauflage der Ereignisse aus ihrer eigenen Kindheit. Dies ist der Grund, warum sie viel schwerer als andere damit zurechtkommen.

Sieht eine Mutter, wie eine Pflegemutter, der sie das

Kind anvertraut hat, mit ihm spricht, während sie selbst dies nicht vermag, dann wird sie eifersüchtig und entzieht ihr häufig die Betreuung. Sie hat Angst, daß das Kind die Pflegemutter mehr mag als sie selbst. Sie vermag im Augenblick der Beziehung nicht mit dem Kind zu sprechen. Das Kind verbringt den ganzen Tag mit einer anderen Frau, die mit ihm spricht und mit der es fröhlich ist. Kommt die Mutter nach Hause, dann verschließt sich das Kind ihr gegenüber. Wie ein Paket verläßt es mit der Mutter die Wohnung, wie ein Gegenstand kehrt es mit ihr zurück. Bei der Pflegemutter wird es dagegen binnen fünf Minuten zu einem kommunikationsfreudigen Kind. Es lacht übers ganze Gesicht, wenn es die Pflegemutter wiedersieht, was es seiner Mutter gegenüber nicht tut, wenn diese zurückkehrt. Zu seiner Mutter hat es eher eine regressive, eine Art Sachbeziehung, während es zu der Pflegemutter eine sich entwickelnde menschliche Beziehung unterhält.

In meiner Sprechstunde kündigte die Assistentin die vorgestellten Kinder zunächst wie folgt an: »Baby Soundso.«

Also Baby Soundso. »Hören Sie, Madame Arlette«, sagte ich zu ihr, »Sie haben zu diesem kleinen Mädchen Baby gesagt! Das ist doch ein Fräulein Soundso!« Daraufhin konnte man beobachten, wie zufrieden das Baby war, daß man Madame Arlette ausschalt. Worauf sich diese bei dem Kind sehr glaubwürdig entschuldigte. Kinder legen starken Wert darauf, mit Respekt behandelt zu werden, dem gleichen Respekt, den man sich selbst entgegenbringt.

Später, in der Schule, sollte das gegenseitige Siezen oder Duzen auf die gleiche Weise vor sich gehen.

Heutzutage nennt man sich oft beim Vornamen, und die Mütter möchten, daß das Kind einen Vornamen trägt, der gut zu ihm paßt. Manche Vornamen geben keinen eindeutigen Aufschluß über das Geschlecht, zum Beispiel Claude oder Camille. In Kindergruppen muß man hinzufügen: Junge oder Mädchen. Man muß sie den anderen vorstellen und dabei betonen ... der *Junge* Camille. »Weißt du, Camille kann auch ein Mädchenname sein. Du sollst wissen, daß du ein Junge bist. Deine Mama sagt, daß sie dir diesen Namen gegeben hat, weil sie zunächst lieber ein kleines Mädchen gehabt hätte, aber du bist als der Junge Camille zur Welt gekommen. Das ist auch ein Jungenname.« Und er versteht es. Er muß wissen, daß er ein potentieller Junge ist und daß sein Vorname, der für beide Geschlechter zur Zeit seiner imaginären Kindheit gilt, für ihn keine geschlechtliche Sackgasse bedeutet wie für seine Mutter.

Alle Autisten sind in überreichem Maße für die menschliche Beziehung begabt, und dennoch leben sie in einer Wüste der Kommunikation. Häufig ist die Bezugsperson selbst im Laufe ihrer frühen Kindheit verlassen worden und hat den Wüstenzustand diesem Baby weitergegeben, das die Erinnerung an die eigene frühe Kindheit wachrief. Der Autismus kommt nur über die Bedeutung der symbolischen Funktion für den Menschen zustande. Bei Tieren gibt es keinen Autismus. Er ist eine für den Menschen spezifische Störung. Bei Kindern, die gestillt worden sind, tritt Autismus selten, und wenn, dann spät (nach dem Abstillen) auf. Hingegen kommt er wesentlich öfter bei Kindern vor, denen die Mutter das Fläschchen aufs Kopfkissen gelegt und das Baby ganz allein hat trinken lassen.

Vor einundzwanzig Jahren konnte man in Saint-Vincent-de-Paul, in der leerstehenden Kapelle, die als Kinderkrippe für verlassene Kinder genutzt wurde, sehen, wie die Krankenschwester, die für all die Säuglingsbettchen allein zuständig war, ihnen jeweils die Fläschchen aufs Kopfkissen legte und sie dann wieder einsammelte, nachdem sie ihren Kriminalroman gelesen hatte. Die Fläschchen waren noch zu drei Vierteln voll, weil die Säuglinge den Sauger hatten entgleiten lassen.

Das brachte diese Kinder in eine Situatin der enthumanisierten symbolischen Funktion. Ihre symbolische Funktion ist ständig wirksam, doch der sich daraus ergebende sprachliche Code ist nur dann menschlich, wenn die sensorischen Elemente, die diese Funktion speisen, für wenigstens zwei lebendige Subjekte die gleiche Bedeutung haben. So verkörpert für diese Babys während der Mahlzeiten vielleicht die Zimmerdecke ihre Mutter, der als Penis empfundene Sauger vielleicht ihren Vater. Das auf diese Weise ernährte Kind wurde in eine uterine Situation zurückversetzt, in der die auditiven und visuellen Wahrnehmungen sowie die des Verdauungstraktes von seiner animalischen Existenz her Bedeutung für das Kind bekommen. Die Gesamtheit dieser Wahrnehmungen tritt an die Stelle der Sprache, einer Sprache jedoch, die nur eine Vortäuschung von Kommunikation ist, denn sie besitzt keine Vielfalt, etwa aus einem Austausch mit der Sensibilität eines anderen. Das Kind wird zum Gegenstand, weil es von Personen versorgt wird, die es wie einen Gegenstand behandeln. Unweigerlich kommt es zu optischen auditiven und geruchlichen Veränderungen. All das wird als eine Sprache aufgefaßt, die ihm freudige Erlebnisse oder vorübergehende Gefühle der Leere beschert, und daraus speist sich seine symbolische Funktion.

Autisten sind voller Leben; kerngesunde, in blendender Verfassung befindliche Kinder, die kaum einmal erkranken. Aber im Laufe ihrer Entwicklung nehmen sie nach und nach eine gekrümmte Haltung an, sie gehen nicht mehr aufrecht, sie gleichen Wölfen auf Nahrungssuche oder versuchen, andere Menschen zu durchdringen, sich alles zu verschaffen; sie befinden sich in einer permanenten Mangelsituation, dringen unbefugt ein ... Mehr und mehr werden sie abgesondert. Aus ihnen werden unkritische Erwachsene, die Begehren und Bedürfnis vermengen, zu »Mördern« oder unverantwortlichen Gewalttätern werden.

Die Autisten wissen, wer sie sind. Ihr Körper gehört nicht zu ihnen. Ihre Seele ist nicht auszumachen. Ihr In-der-Welt-Sein ist im Tod statt im Leben verschlüsselt. In bezug auf die Realität der anderen, in bezug auf eine uns unzugängliche Welt, sind sie jedoch sehr lebendig.

Das autistische Kind verfügt über telepathische Fähigkeiten. Ich kenne das Beispiel eines fünf- oder sechsjährigen autistischen Mädchens. Ihre Mutter berichtete mir, es sei unerträglich, mit ihr im Zug zu fahren, weil dieses Kind ganz für sich sprach und den Leuten, die mit im Abteil saßen, die Wahrheit ins Gesicht sagte ... Einmal sagte eine Mitreisende zu ihrer Mutter: »Ich fahre nach Paris, zu meinem Mann ...«, und das Kind mischte sich ein: »Das ist nicht wahr, das ist nicht Ihr Mann, das ist ein Herr, den Ihr Mann nicht kennt ...« Sie redete mit einer seltsamen Stimme, ohne Blickkontakt, in einer Art schlafwandlerischer Haltung.

Dieses Mädchen litt an einer Spezialform des Autismus, bei der es keine Kontrolle über seinen Unterkörper hatte; sie konnte sich nicht aufrechthalten, sondern mußte getragen werden. Sie konnte weder laufen noch ohne Hilfe aufrecht sitzen; sobald man mit ihr irgendwo hinging, mußte man sie auf den Boden legen. In Wirklichkeit scheint mir dies eine als »Autismus« deklarierte, extrem früh aufgetretene Hysterie.

Ich erinnere mich an unsere erste Begegnung. Sie wurde von ihrem Vater getragen, denn für ihre Mutter war sie zu groß und zu schwer geworden. Sie wurde auf den Boden, das heißt auf den Teppich in meinem Büro gelegt, und ich stieg regelrecht über sie hinweg. Ich wollte begreifen, weshalb sie sich nicht aufrecht halten konnte, denn der Mensch ist ja ein Wesen, das für die aufrechte Haltung geboren wird. Ich ging von dem Bild aus, das ein Kind von seinem Körper hat: Sein Körper hat eine phallische Form. Es kommt aufrecht zur Welt, weil die Genitalwege der Mutter einer Schnecke, einem Füllhorn, gleichen, das am Anfang, im Zentrum der Mutter, eng ist und sich zur Vagina und zur Vulva hin immer mehr erweitert; das Kind tritt aus, und wenn es die Schwerkraft nicht gäbe, käme es Gesicht zu Gesicht mit seiner Mutter auf die Welt; so läuft nun einmal der Geburtsvorgang ab.

Die Kleine konnte nicht im üblichen Alter sitzen, weshalb eine Hirnschädigung bei ihr angenommen wurde. Ich hatte nicht viel Hoffnung, als ich dieses Kind, das die Augen hin- und herrollte und verloren schien, zum ersten Mal sah. Wenn sie nicht gegen ihren Vater oder ihre Mutter gelehnt saß, hatte sie schlaffe Beine. Auf den ersten Blick mußte ihr Oberkörper Teil des Körpers ihres Vaters oder Teil des Körpers ihrer Mutter sein, damit ihr Unterkörper keine »schlaffe Puppe« war. Eine Beobachtung ließ jedoch »den Groschen bei mir fallen«; sobald sie von dem Körper ihrer Mutter getrennt wurde, wurde sie völlig schlaff, und wenn man sie gegen ihren Vater lehnte, wurde sie wie zu einer Statue. Ihre Beine wirkten dann nicht mehr wie aus Watte, sondern wie aus Holz. Gleichwohl war sie nicht querschnittsgelähmt. Sie war auf unbewußte Weise dem Körper ihrer Mutter überlagert und besaß keinen eigenen Unterkörper. In meinem Büro lag sie also auf dem Boden, und ich faßte sie mit beiden Händen um die Taille – etwas tiefer, in Höhe ihres Nabels – und hob sie zugleich ein wenig an; dann machte ich eine kleine Bewegung, damit sie sich aufsetzen konnte, was sie auch tat. Dann ergriff ich sie plötzlich an der Taille, so daß ihre Füße den Boden berührten, und sagte zu ihr: »So könntest du allein aufrechtstehen.« Bei der folgenden Konsultation spazierte das kleine Mädchen in mein Büro, faßte alles an, wirkte aber wie abwesend und ging nicht zu ihrer Mutter. Sie wußte nicht, wer sie vom Körperlichen her war, als habe sie das Becken ihrer Mutter und die Beine ihres Vaters (der sie lange Zeit auf seinen Armen getragen hatte). Ich nahm ihre Mutter, die sie begleitete, in Therapie. Der Vater begab sich seinerseits in psychoanalytische Behandlung. Auf dem Gut seines Vaters spielte sich eine dramatische Situation ab: Er erhielt weniger als den gesetzlichen Mindestlohn, von einem schrecklichen Vater, der eine Fabrik leitete, in der er als Ingenieur die Rolle eines Knechtes spielte. Der Sohn wollte dieser Situation eines Objektes, eines Liebedieners seines Vaters, entrinnen und die ganze Familie aus eigener Kraft ernähren (alle lebten sie von dieser Fabrik). Wenn er wegginge, würde das den Ruin der Familie bedeuten: Der Großvater mütterlicherseits war senil und zu einer korrekten Geschäftsführung nicht imstande. Die Mutter des Kindes war eine Offizierstochter, die in ständiger Kommunikation lebte, wie das bei Offizierstöchtern der Fall ist (ich glaube, sie hatte seit ihrer Kindheit insgesamt 16 Umzüge mitgemacht), die nie lange in derselben Garnison leben. Aber ihre Mutter und ihre Schwestern hatten sich stets einzurichten gewußt und jede Unterkunft lebenswert gestaltet. Sie war also eine richtige Offizierstochter, die sich keinen metaphysischen Fragen hingab; man lebte im materiellen und sozialen Austausch, höflich und mit staatsbürgerlicher Gesinnung. Ihre ersten beiden Kinder waren allerdings gesund. Doch die Letztgeborene – eben jenes mir vorgestellte Kind – war bei seiner Geburt sehr krank gewesen und von diesen seltsamen Anomalien behaftet geblieben, die ich als früh aufgetretene Hysterie eingestuft habe. Was war geschehen? Das Kind hatte einfach einen Entwicklungsrückstand von zwei Jahren: Im Grunde genommen war sie ab dem dritten Lebensjahr von ihrer Mutter wieder wie ein Säugling behandelt worden. Ich sagte ihr, daß ihre Tochter sichtlich intelligent sei, und sie schöpfte wieder Mut.

Zwei Jahre lang befanden sich Mutter und Kind gemeinsam in Behandlung bei mir. Sie kamen in Abständen von ungefähr zwei Monaten. Wir durchschritten zusammen mit diesem Kind, über die Sprache und über Erinnerungen, die von ihrer Mutter berichtet und von mir aufgegriffen wurden, noch einmal seinen ganzen Kindheitsweg aus allen Perspektiven damit es sich als lebendiges Wesen erfahren und zu sich selbst finden konnte. Sie sprach anfangs nicht, wenn sie gekommen war; dann begann sie sehr rasch zu sprechen und sich wie ein Säugling zu verhalten, dem man das Wort erteilt, und der, auf Grund seiner telepathischen Fähigkeiten, jedem zugleich seine Wahrheit und alles, was er denkt und in bezug auf die Realität verspürt, sagt.

Mit sieben Jahren trat die Kleine dann in die Vorschule ein, in eine Privatschule, die sie behandelte, als sei sie drei Jahre alt, während sie doch von Alter und Größe her ein siebenjähriges Kind war, und von da an entwickelte sie sich, führte ein soziales Leben mit zwei bis drei Jahren schulischem und Reifungsrückstand, mit den Interessen eines wesentlich jüngeren Kindes. Dieses Kind ist mittlerweile eine erwachsene Frau. Als sie neuneinhalb Jahre war, gab es einen kleinen Kostümball, an dem das Kind unbedingt teilnehmen wollte. Sie wollte sich verkleiden und sagte zu ihrer Mutter: »Ich möchte, daß du mir das Kostüm machst, das mir die Dame – gemeint war ich – gemacht hat, die Dame, die mich gesund gemacht hat.« »Das weißt du doch, sie hat mir ein Röckchen aus Bananen gemacht.« Die Banane – ein Nahrungsmittel mit phallischer Form. Das war die Phantasie, die sie gehabt hatte, als ich sie hochgehoben, dabei meine beiden Hände um ihre Taille gelegt und so ermöglicht hatte, daß ihre Füße den Boden berühren konnten. Diese Phantasie, die ihr das Bild ihrer individuellen aufrechten Haltung auf Beinen, die sie nicht zu tragen vermochten, vermittelt hatte, sollte ihre Mutter in die Realität umsetzen. Als sie ihr das »Bananen«-Röckchen anprobierte, umarmte die Kleine sie, wie sie es nie zuvor getan hatte, und sagte dabei: »Was bist du für eine liebe Mama!« Sie erntete dann auch viel Lob für dieses Kostüm. Seit jenem Kostümfest war für sie alles in Ordnung.

4 Ein Besuch im »Maison Verte«

Die »beste Vorschule der Welt«?

Die bei den Müttern, die das »Maison Verte« aufsuchen, eingetretene Veränderung ist eindrucksvoll. Sie haben Zeit, um nachzudenken und einfach dazusein, während sie zuvor von ihren Kindern, die sie völlig in Anspruch nahmen, bedrängt wurden. In ihrem Leben gestaltet sich alles einfach, und die Ehemänner, die mitkommen, berichten uns: »Was für eine Veränderung zu Hause, seit meine Frau hierher kommt ... Abends, wenn ich heimkomme, stürzt sie sich nicht mehr auf mich und erzählt mir alles, was tagsüber vorgefallen ist ...« Das Kind beschäftigt sich, die Mutter beschäftigt sich, sie kommunizieren, kleben nicht mehr aneinander, es sind keine Spannungen mehr vorhanden, und wenn er kommt, entdeckt auch der Vater, wie sein Kind mit anderen Kindern zusammen ist; er erlebt, wie seine Frau mit anderen Frauen und Kindern zusammen ist und erkennt sich gleichzeitig als Vater wie als Ehemann. Es ist ein tiefgreifender Prozeß, der sich dort vollzieht.

Selbst der Name unseres »Lebensortes« ist eine Schöpfung der Kindergemeinschaft. Es gibt weder einen Urheber noch einen Taufpaten. Dieser Name gehört ihnen, lebt in ihnen, steht für ihr eigenes Haus – spricht die

Mutter vom »Maison Verte«, weiß das Kind sofort, was gemeint ist. Mein Mann, der sich an seine Kindheit in Rußland erinnerte, erzählte, wenn man bei Tische sitzend gesagt habe »Morgen gehen wir auf Rebhuhnjagd«, habe der Hund, der in einer Ecke des Speiseraumes lag und zu schlafen schien, sofort zu bellen begonnen und dabei den Tisch umrundet, weil er das Wort »Rebhuhn« vernommen hatte ... Manche Mütter vertrauen mir an: »Es genügt, das ›Maison Verte‹ zu sagen, damit sich mein vorher aufgeregtes Kind unverzüglich beruhigt.« Das »Maison Verte« ist für das Kind etwas Greifbares. Seine Errichtung ist vielleicht ebenso bedeutsam, wie es vor 75 Jahren die ersten Kindergärten waren. Es beugt negativen Folgen des Abstillens ebenso wie der Gewalt und damit letztlich sozialen Tragödien vor.

Erinnern wir uns an die Vorläufer der heutigen Kindergärten.

Damals hießen Krippen wie Kindergärten »Asyl«, wie ich als Kind in den Ferien manches Mal auf einem Schild las. Die Asyle waren im Grunde Kinderkrippen. Berufstätige Mütter vertrauten ihr Kind den Tag über den Schwestern an, und zwar vom Säuglingsalter bis zum Schuleintritt. Die Einrichtung nannte sich »Asyl«, und die Kinder trugen Uniform, lange Kittel, die bis zu den Füßen reichten und unter denen sie keine Unterwäsche anhatten. Wie Kinder, die auf dem Land aufwachsen, konnten sie Pipi und A-A machen, es spielte keine Rolle, sondern wurde eben einfach weggewischt. Die Kleinen, die Mittleren und die Großen hatten jeweils ihren eigenen Bereich ... unter den »Großen« verstand man die Vorschule.

Will man sich eine Vorstellung von den ersten Vorschul-

klassen machen, sollte man »Die Vorschule« von Leon Frappier lesen. Die Initiatoren der Vorschule haben sich anfangs ähnlichen Existenzproblemen wie heute das »Maison Verte« gegenüber gesehen.

Die Kommunalpolitiker glauben nicht an neue Methoden, obwohl gerade diese einmal die Qualität der staatlichen Vorschule in Frankreich sowie deren weltweites Ansehen begründet haben.

Diese bewährte Vorschule nimmt eine Entwicklung, die mir gefährlich scheint. Sie stellt einen Verrat an der guten Arbeit ihrer Pioniere dar. Mich beunruhigt, daß man dort zweijährige Kinder von Lehrern unterrichten läßt, die für den Unterricht mit Dreijährigen ausgebildet worden sind. Denn wenn man zwei Jahre und drei Jahre sagt, dann ist das, wie wenn man 12 Jahre und 25 Jahre sagte. Der Unterschied zwischen einem zweijährigen und einem dreijährigen Kind ist ebenso groß wie derjenige zwischen dem vorpubertären und dem fast schon erwachsenen Jugendlichen. Im Alter von zwei Jahren ist das Zentralnervensystem noch nicht voll ausgebildet; das Kind verfügt noch nicht über die sensitive und emissive Kontrolle, weil ihm die Schließmuskelfunktion Lustgewinn bereitet. Hält man es zur Sauberkeit an, fürchtet es Disharmonien mit dem Erwachsenen und überträgt seine Unterleibsfunktion (sein »Im-Leben-Stehen«) auf das Begehren (Vergnügen) des Geborgenheit gewährenden Erwachsenen; dadurch wird seine gesamte geschlechtlich differenzierte Identität, zu der der Unterleib gehört, in eine falsche Richtung gelenkt.

Später werden der Junge oder das Mädchen zum Mann oder zur Frau, jedoch mit erheblichen Risiken, wobei die Genitalregion dem Erwachsenen entfremdet ist, auf

Grund einer Verdrängung unter pathogener Hemmung der erwachsenen Sexualität. Die frühzeitige Erziehung zur Kontrolle der Schließmuskelfunktion hat nur Nachteile. Kürzlich wurde in Frankreich beschlossen, die Vorschulklassen für zwei- und zweieinhalbjährige Kinder zu öffnen; Schulräte werden eigens darauf vorbereitet. Nun verändern sich aber Kinder in diesem Alter alle drei Monate gewaltig; ihre Interessen, ihre Sprechweise, im weiten Sinne des Begriffs, sind ständiger Veränderung unterworfen. Man wird Kinder einschulen, die alle Tricks kennen. Erst ab 30 Monaten ist ein Kind reif für die »natürliche« Sauberkeit, abgesehen von gelegentlichen »Malheurs« im Höschen, jedoch nicht für den Stundenplan der Schule. Will man verstärkt Kleinkinder beschulen, muß man andere Konzepte als die sogenannte Vorklasse entwickeln, die eben nur jenen Kindern gerecht wird, die tatsächlich den Reifungsgrad Dreijähriger aufweisen. Kinder, die mit zwei Jahren noch in der Krippe bleiben, betragen sich kindisch, weil sie dort nur Kleinstkinder und Betreuerinnen um sich haben, und selbst wenn dort gelernte Erzieherinnen arbeiten, wissen sie selten mit den Kindern offen über deren Interessen zu sprechen. Sie wollen die Kinder zu Beschäftigungen, zu Liedern, anregen, aber eben zu gelenkten ... leider schon gelenkten! ... Beschäftigungen. Diese in den Krippen tätigen Erzieherinnen kommen als Aushilfskräfte dorthin und werden von den Kindergärtnerinnen abgelehnt, die ihrerseits wiederum Abschiebefunktionen wahrnehmen – Fläschchen geben, Nahrung zubereiten und Schlafenlegen. Das ist ein Problem. Es verhielte sich völlig anders, wenn man statt der Erzieherinnen Männer wie Frauen als Vollzeitbetreuer verpflichten würde, ganz gleich, wie man sie nennt – »Psychos«, Erzieher, Animateure, oder einfach »Onkel«, schließlich werden die Kindergärtnerinnen ja auch als »Tanten« angesprochen!

Ich kenne die Argumente, Kinder schon ab zwei Jahren in die Vorschule aufzunehmen. Wenn ein Großer die Vorschule besucht, warum sollte dann sein kleiner Bruder oder seine kleine Schwester nicht gemeinsam mit ihm in die Vorschule gehen? In der Kinderkrippe verhält es sich umgekehrt. Besucht ein Baby die Krippe, wird der große Bruder oder die große Schwester ebenfalls in der Krippe belassen. Aber wenn er die Vorschule besucht, warum sollte dann der Kleine, der zu Hause schon mit diesem Großen zu spielen beginnt, sich nicht an denselben Ort wie der Große begeben? Warum diese Bruderschaft auseinanderreißen? Ihre Eltern werden in viel stärkerem Maße bei ihnen sein, wenn sie zusammenbleiben, als wenn sie an verschiedenen Orten untergebracht werden. In der Familie werden sie ja auch gemeinsam aufgezogen und stehen sich gegenseitig in ihrer Entwicklung bei. Dieses Argument scheint stichhaltig, die erzieherische Haltung und das Anspruchsdenken schaffen jedoch Probleme.

In der Tat wäre von Geburt an eine kontinuierliche Entwicklung vonnöten, vom Erlernen der Sauberkeit bis hin zur (bestätigten) Beherrschung des Schreibens, Lesens und Rechnens, das heißt, bis zur Vollendung des achten Lebensjahres; erforderlich wäre ein Austausch zwischen kleinen Pavillons oder Räumen, die Kindern zwischen zwei und sechs Jahren vorbehalten wären und in denen sie sich treffen könnten ... Orte des Lebens, gut und anregend ausgestattet, kurz man brauchte zunächst ein nicht von Direktivität bestimmtes Leben, anschließend von der

Reife (und nicht dem chronologischen Alter) von drei Jahren ausgehend, eine zunehmende Direktivität. Die Kinder würden, entsprechend ihren jeweiligen Interessen, verschiedene Orte aufsuchen. Gegenwärtig können sie weder in die nächstniedrigere Klasse zurückkehren noch eine überspringen, und sei es auch nur als Gasthörer. Trotzdem müßte man eine solche Flexibilität für den Altersbereich zwischen zwei und sechs Jahren und später für den zwischen fünf und acht Jahren ermöglichen.

Auf meinen Ratschlag hin haben Architekten, die mit der Planung einer neuen Stadt befaßt waren, ein Zentrum mit solch offenen Strukturen und Möglichkeiten der Kommunikation entworfen, das sich sehr gut anzulassen scheint. Es kommt dort zu keinem Bruch, zu keiner Aussonderung. Die Entbindungsklinik und die Abteilung für leichterkrankte Kinder liegen wegen der Ansteckungsgefahr etwas abseits, aber eine Mama kann dort ihr Baby besuchen, anschließend ihr zweites Kind, das sich in der Kinderkrippe befindet, und von dort aus das älteste, das in der Vorschule ist, und dabei kleine überdachte Gänge benutzen. Auf den Spielgeländen gibt es, wie im »Jardin du Luxembourg«, Fahrwege mit kleinen Dächern, zum Schutz vor dem Regen, wenn man von einem Spielplatz zum anderen geht. Ein Kind, das die Vorschule besucht, darf in die Krippe zurückkehren, wenn es sich dort mit seinem kleinen Bruder oder seiner kleinen Schwester zum Spielen treffen will.

Außerdem hatte ich gefordert, daß das freiliegende sonnenbeschienene Gelände für die Alten, die Boule spielen, und für Frauen, die stricken, nicht von der Gartenanlage für die Kleinen getrennt liegen sollte. Es sollte keine Mauer, sondern eine Buschhecke haben, über die sie nicht hinwegspringen können, die jedoch gerade bis zur Augenhöhe eines Kindes reichen sollte, das schon laufen kann. Es war anzustreben, daß die Erwachsenen die Kinder und die Kinder die Alten, die Boule spielen, sowie die Großmütter, die mit den ersten schönen Tagen dort auf den Bänken sitzen, sehen können. Die Architekten haben diesen freien Blick verwirklicht. Und seit der Einweihung der Gartenanlage hat sich eine außerordentliche Beziehung zwischen den Großvätern sowie Großmüttern und den Kleinen hergestellt, die die unteren Klassen besuchen. Es ist von großer Bedeutung, daß die alten Menschen, wenn sie dies wollen, die Kinder beobachten können (für diejenigen, die den Lärm der Kinder schlecht ertragen, sind weiter entfernt liegende Bänke vorhanden). Auf diese Weise entwickeln sich in der Gesellschaft Beziehungen zwischen allen Altersgruppen.

In Frankreich ist eine gewisse Selbstzufriedenheit der Politiker festzustellen; jedes Mal, wenn sie von der Opposition aufgefordert werden, die Bilanz der Erziehungspolitik vorzulegen, wiederholen sie stereotyp: »Wir haben ... so wie wir 1936 das beste Straßennetz hatten, 1920 die weltweit beste Post ... die beste Vorschule der Welt ...«

Das trifft zu. Aber entspricht diese Bildungspolitik den Bedürfnissen der Kinder, die man ihr anvertrauen will? Ihrer Anzahl und ihrem Alter?

Die Vorschule, die sich vor dem Krieg in Frankreich bewährt hat, wird nicht mehr eindeutig der Problematik der Kinder gerecht, die heutzutage viel früher aufgenommen werden: mit zwei statt mit drei oder vier Jahren.

Die Hilfskräfte, die sich jetzt kommunale Angestellte nennen, sind für das Putzen zuständig und wollen keinen Schmutz haben. Sie sind für die Räumlichkeiten, aber nicht für die Kinder da, so daß sich niemand bemüht, einem Kind beizubringen, sich ganz allein zu waschen, die Zähne zu putzen, sich umzuziehen oder eine trockene Hose anzuziehen.

Niemand kann ihnen also das Vokabular ihres Körpers vermitteln. Sie werden ausgeschimpft, wenn sie den Waschraum naßmachen, wenn sie Schmutz verursachen. Diese Reinemachefrauen fühlen sich durch die Verrichtung der »Dreckarbeit« erniedrigt, daher schützen sie die Räumlichkeiten. Ein Kind muß zu bestimmten Zeiten im Wasser, im Pipi, im A-A leben, und hinterher geht es ins Klassenzimmer. Dabei müßten es mütterliche Frauen sein, die mit ihnen über ihren Körper sprechen, über ihre Bedürfnisse, ihre Finger, ihre Hände, ihr Gesicht sprechen, die sie veranlassen, sich schön und sauber zu fühlen und die eigene Körperpflege zu übernehmen, Frauen, die mit ihnen über ihre Familie sprechen, die sie kennen. Zuguterletzt müßten sie über die Erziehung der Kleinen unterrichtet sein. Aber nein. Sie werden von der Kommune bezahlt, während die Lehrerinnen dagegen vom Staat ihr Gehalt beziehen. Das schafft eine Art Zweiklassengesellschaft, und es kommt sehr selten vor, daß sie mit der Lehrerin ein Team bilden. Sehr wenige von ihnen haben ausreichend Zeit oder nehmen sie sich, sich für die Kinder zu interessieren. Dennoch verfügen sie meist über die Intelligenz des Herzens und haben die Kinder wirklich gern.

Meiner Meinung nach ist es unbedingt erforderlich, daß sich in der Vorschule die Lehrerin höchstens mit sechs Kindern gleichzeitig beschäftigen darf und daß die anderen Kinder währenddessen von Erziehern und Erzieherinnen versorgt werden, die eine eher mütterliche Funktion wahrnehmen. Die (sogenannten Putz-)Frauen sind durchaus in der Lage, in der Vorschule diese Funktion zu versehen. Warum übrigens nicht auch Männer? Die Kinder wären (höchstens) zwanzig Minuten lang auf die Lehrerin oder den Lehrer, die Person mit Vaterfunktion, konzentriert. In der Vorschule ist die Lehrerin im wesentlichen »Vaterersatz«, sie unterrichtet das jeweilige Fach, korrigiert Sprache, Gestik und Manuelles. Die Kindergruppe selbst ist »Träger« der mütterlichen Funktion. Es ist noch ein weiter Weg bis zu dieser wünschenswerten Struktur für Kinder, die noch nicht das Niveau Dreijähriger erreicht haben, für das die Vorschulklasse konzipiert worden ist.

Die Vorschulklassen in Frankreich sind überfüllt. Es ist zu einem Lehrerinnen-Streik gekommen: Sie hatten 35 zwei- bis vierjährige Kinder in der Klasse und vermochten in dem Krawall nichts auszurichten. Das Tohuwabohu konnte nur noch schlimmer werden, falls niemand die Angst der Kleinen wahrnahm und ihnen Beistand leistete. Bei dieser Gelegenheit habe ich einen Artikel geschrieben, als Antwort auf die Frage: »Welche Zahl von Kindern ist in einer Vorschulklasse sinnvoll?«

Wenn man sich die hohe Zahl arbeitsloser Menschen betrachtet – könnte man ihnen nicht vorschlagen, in der Vorschule zu arbeiten und mit den Lehrern ein Team zu bilden, nach einheitlich geordneter Ausbildung, um dem Kind beim Erwerb eines Geschicklichkeits-, Gewandtheits-, manuellen, körperlichen und vokalen Wissens, der Beobachtungen mit den Augen oder der Tasterziehung zu helfen ... letztlich die gesamte Erziehung des Kindes zu stützen: Übung aller Sinnesfunktionen und Ausbildung zur Kommunikation über die körperliche, mimische und verbale Sprache. Diese Assistenten müßten sich sehr gut mit den Lehrern verstehen, wie sich früher die bürgerlichen Frauen eines Ortes verstanden, die beim Gemüseputzen die Kinder um sich scharten. Diese neuartigen Vorschul-Hilfskräfte könnten mit jedem Kleinkind als individuellem Kind seiner Familie, seines Papas und seiner Mama sowie seines Bruders oder seiner Schwester sprechen. Diese Personen sollten die Eltern jedes Kindes kennen, zwischen Familie und Schule vermitteln. In den Vorschulen wird mit den Kindern nie über Vater und Mutter gesprochen. Man ruft sie zusammen ... oder steht der Mutter, die kommt und ihre Probleme schildert, einigermaßen Rede und Antwort.

Die Lehrerinnen verhalten sich gegenüber früher weniger frei. Heutzutage sind sie nervös, erschöpft usw. Es hat sich etwas entwickelt, was in der Grundschule und in den ersten Sekundarklassen mittlerweise chronisch geworden ist, nämlich eine Art Rivalität zwischen Eltern und Lehrern, wobei die Lehrer sich beklagen, daß die Eltern ihrer Erziehungsarbeit nicht nachkommen, und umgekehrt die Eltern dazu neigen, im erzieherischen Bereich zuviel zu delegieren, den Lehren zu überlassen, obwohl jenen nur beigebracht worden ist, die Kinder zu unterrichten.

Das »Maison Verte«

Die Einweihung des »Maison Verte«, das am Platz Saint-Charles, im 15. Bezirk von Paris liegt, fand am 6. Januar 1979 statt. Es ist weder ein Kindergarten noch ein Früherkennungszentrum, sondern der Grundstein für jenes »Haus des Kindes«, das nach dem Wunsch von Françoise Dolto Vorstufe für die herkömmliche Aufnahme der Babys in Krippen, Kindergärten, später in die Vorschule, sein müßte. In dieser Freizeit- und Begegnungsstätte, in der die Babys als Subjekt behandelt werden, wird keiner abgewiesen, die Anonymität wird respektiert, es zählt ausschließlich die menschliche Gegenwart: Auch der Elternteil, der das Kind begleitet und dableibt, solange das Kind sich dort aufhält, ruht sich aus und beschäftigt sich. Er begegnet seinesgleichen. Das drei Erwachsene, von denen mindestens einer ein Mann ist, umfassende Aufnahmeteam nimmt keine Behandlung, keine formelle Beobachtung, auch kein abgesprochenes Experiment vor. Es steht einfach zur Verfügung, befindet sich in Hörweite und wendet sich vor den Augen der Eltern an die Kinder.

Im »Maison Verte«, das in der ganzen Welt nicht seinesgleichen hat, vollzieht sich täglich, jenseits des Einflusses jeglicher medizinischer oder pflegerischer Willkür, und ohne Einbindung oder erzieherische Direktiven, mit jedem Kind das aufrichtige Sprechen über seine persönlichen Probleme, sei es über den Bericht seiner Eltern oder über seine Handlungen und das, was es als Enttäuschung in seinem Erfolgsstreben oder als Belastung in seiner Beziehung zu einem anderen Menschen empfindet. Dies ist der Eintritt in das Miterleben, ohne Abhängigkeit von der Gruppe.

Die Einweihung war auf Plakaten angekündigt worden. Die Leute bekamen mit, wie diese ehemalige Boutique renoviert und eingerichtet wurde, die auf einem verkehrsreichen Platz zwischen einer chemischen Reinigung und einem Café mit Straßentischen lag. Im Stadtviertel wurde darüber gesprochen. In einer Stadt wie Paris nimmt sich der Platz Saint-Charles eher ländlich aus, so dicht neben jenen großen Hochhäusern am Ufer der Seine, die den Himmel halb verdecken; auf diesem recht belebten Platz laufen die Kinder Rollschuhe, und Fahrräder werden für die Dauer einer Besorgung an die Bäume gelehnt. Die Eröffnung fand am Dreikönigstag statt. Wir hatten Luftballons und Girlanden an den Fenstern befestigt, und auf eine Tafel hatten wir geschrieben: »Feiern Sie den Dreikönigstag im Maison Verte, zusammen mit Ihren kleinen Kindern zwischen 0 und 3 Jahren.« Und die Leute sind gekommen, einfach so, aus Neugierde. Manche Mütter haben sogar Dreikönigskuchen mitgebracht. Wir selbst hatten einen großen Dreikönigskuchen gebakken. Die Mütter haben sich in die Sessel gesetzt und die Kinder die Spielsachen auf dem Boden verstreut. Den anwesenden Frauen haben wir ohne Umschweife gesagt: »Wissen Sie, wir fangen etwas Neues an, wie denken Sie darüber? Wir haben die Vorstellung, Ihre Kinder auf den Besuch der Krippe, des Kindergartens, später der Vorschule, vorzubereiten.« An diesem ersten Tag waren keine Babys unter zwei Monaten anwesend, aber ich glaube mich an eine schwangere Frau zu erinnern, die auf ihrem vom behandelnden Arzt empfohlenen Spaziergang zufällig vorbeigekommen war.

So haben wir angefangen. Und die Mund-zu-Mund-Propaganda machte die Runde.

Die Väter kamen anfangs nur abends, um nach Dienstschluß, zwischen 18.00 und 19.00 Uhr, ihre Frauen abzuholen, wobei kein Zweifel bestand, daß sie das Kind auf dem Heimweg in den Kinderwagen setzten.

Zunächst ist es zu gewissen Mißverständnissen gekommen ... manche berufstätige Frauen waren der Ansicht, wir seien ein Kinderhort. In den ersten Tagen wurden wir von einer Frau gefragt: »Ich kann Ihnen doch mein Kind dalassen?« Auf die Antwort »Nein, Madame.« hat sie uns eine kleine Szene gemacht: »Also wissen Sie, wenn Sie kein Kinderhort sind, was machen Sie dann eigentlich?« »Nun, wir sind dazu da, daß Sie kommen können, Sie und Ihr Kind, damit die Trennung von Ihnen ohne Schwierigkeiten vonstatten geht.« »Ach so, es wird also Schwierigkeiten geben.« »Aber falls Sie einen Kinderhort suchen, wir können Ihnen gerne einen nennen.« Wir haben die Adressen von Kinderhorten genannt und darauf bestanden, das »Maison Verte« sei eine Zwischeninstanz zwischen dem Zuhause und dem Kinderhort. Manchen Eltern, vor allem Müttern, die ihr Kind ein- oder zweimal in den Kinderhort gegeben hatten, wonach es sehr stark durcheinander gewesen war, haben sich schwergetan, ihr Kind auch nur für zwei Minuten dazulassen. Einer Mutter, die ihr vier oder fünf Monate altes Kind dalassen wollte, um in der Zwischenzeit Besorgungen zu machen, habe ich gesagt: »Nein, Sie nehmen das Kind zu Ihrer Besorgung mit, und danach kommen Sie wieder.« »Aber dann lohnt sich Ihre Einrichtung doch gar nicht!« »Doch, sie lohnt sich durchaus, weil Sie eines Tages, wenn Sie Besorgungen machen wollen, das tun können, ohne eigene Sorge oder Risiko für das Kind, weil Sie es dann unbesorgt im Hort lassen können. Selbst während Ihrer Abwesenheit wird es mit anderen Kindern und Erwachsenen im guten Einvernehmen leben ...« Sie ist dann erzürnt dageblieben, hat Gift und Galle gespuckt, bis eine andere Mutter zu ihr gesagt hat: »Wissen Sie, Sie können Ihr Kind doch wirklich zu Ihren Besorgungen mitnehmen und danach wiederkommen.« »Nein! Das Kind kommt nach Hause!« Sie hatte angeblich kleine Kuchen besorgen gehen wollen, als ihr eine andere Mutter sagte: »So warten Sie doch, hier, nehmen Sie meine Kuchen, ich habe genügend davon ...« Die Mitarbeiter des Aufnahmeteams waren von der Wut dieser Frau und vor allem von der Verlorenheit ihres Babys von den ersten Worten an äußerst erschüttert: »Ich lasse es Ihnen für fünf Minuten da und mache rasch eine Besorgung.«

Ich habe das Baby mit den Worten beruhigt: »Weißt du, es ist sehr gut, daß deine Mama eine Szene macht ... es tut ihr richtig gut, eine Szene zu machen.« Das Baby hat sich auf der Stelle beruhigt, während sich die Mutter weiterhin heftig gebärdete. Ich hielt es für gut, daß sie eine Szene machte, weil sie nicht verstand und verstehen lernen mußte. Statt wegzugehen ist sie dann zwei Stunden lang geblieben, während sie anfangs gesagt hatte, ihr Kommen habe sich nicht gelohnt usw. Am Abend hat sie dann einer von uns mitgeteilt: »Ich habe verstanden, das ist prima, und ich danke Ihnen, daß Sie mich zurückgehalten haben, obwohl ich eine Szene machen und unverzüglich gehen wollte.« In Wirklichkeit hatte sie niemand zurückgehalten ... Sie hat uns ferner gesagt: »Sie haben völlig recht. Ich habe es Ihnen nicht gesagt, aber ich habe es mit dem Kinderhort probiert, und das ist schrecklich ausgegangen. Das Kind hat sofort losgeheult ... aber hier, nein, so gut, wie es hier war, glaube ich, es Ihnen dalassen zu können.« »Aber nein! Sie werden es im Kinderhort lassen können, wenn es hier darauf vorbereitet worden ist!« Und weil wir gerade davon reden, wenn für ein Kind, das noch nicht sprechen kann, der Zeitpunkt des Eintritts in den Kinderhort gekommen und das Kind ausgeglichen ist, dann sagt es eben durch Kopfnicken »ja«. Im »Maison Verte« wird dies wie folgt vermittelt: »Deine Mama wird dich in den Kinderhort bringen, das heißt, sie wird nicht bei dir bleiben, aber dort sind auch Kinder wie hier, dort sind Frauen wie hier, und wenn du ein klein wenig unglücklich bist, dann wirst du an das Maison Verte denken, und deine Mama wird dich morgen zum Maison Verte mitnehmen, aber heute muß sie Besorgungen machen.« Die Kinder verstehen so etwas sehr wohl.

Diese Mutter hatte uns gesagt: »Ich lasse *es* da«, in Gegenwart ihres Babys sprach sie also in der dritten Person von ihm. Sie hatte nicht gesagt: »Ich lasse *dich* da.« Wir dagegen korrigieren diese Art, über das Kind und nicht mit ihm zu sprechen. Wenn eine Mutter in der Aufnahme eintrifft, dann sprechen wir direkt mit dem Baby, zeigen ihm selbst die Räumlichkeiten. »Da ist die Toilette ... die gleiche für die Großen und für die Kinder.« Wenn es sich um ein Kleinkind handelt: »Das ist der Wickeltisch: dort wird dich deine Mama wickeln können.« Die Mutter wird selbst zur dritten Person. »Da sind die Dreiräder, das Wasserbecken, die Sprossenwand, die Rutsche, die Spielsachen, der Tisch zum Malen. Du kannst spielen, womit du willst. An eine Regel mußt du dich allerdings halten: Mit Wasser wird nur gespielt, wenn man sich vorher eine Gummischürze anzieht. Und wenn man Dreirad fährt, darf man nicht über diese Trennlinie zwischen den beiden Zimmern fahren.«

Das »Maison Verte« ist keine Bühne für das berühmte »Anpassungssyndrom«, sondern es bereitet das zwei Monate alte Kind auf die Trennung von seiner Mutter sowie auf das selbständige und dennoch geborgene Leben in der Gemeinschaft vor. Viele Mütter, die dorthin kommen, wissen, daß sie ihr Kind mit zwei Monaten in die Krippe geben müssen, weil sie aus finanziellen Gründen

Visitenkarte des »Maison Verte«
(nach einer Anregung von Françoise Dolto)

Eine Begegnungs- und Freizeitstätte für alle kleinen Kinder und ihre Eltern. Für ein soziales Leben schon von Geburt an, für die Eltern, die den Alltagsschwierigkeiten mit ihren Kindern manchmal sehr isoliert gegenüberstehen.
Wir sind weder eine Kinderkrippe noch ein Kurzzeit-Kinderhort oder ein Pflegezentrum, sondern ein Haus, in dem Mütter und Väter, Großväter, Pflegemütter und Spaziergängerinnen willkommen sind ... und in dem ihre kleinen Kinder mit Freunden zusammentreffen.
Schwangere Frauen und ihre Partner sind ebenso willkommen.

Das »Maison Verte« ist täglich von 14 bis 19 Uhr geöffnet, samstags von 15 bis 18 Uhr (sonntags ist geschlossen).

Anschrift: Rue Mailhac 13 (in der Fußgängerzone), 75015 Paris, Tel.: 306-02-82.

ihre Berufstätigkeit wieder aufzunehmen haben. Diese Kleinen werden in fünf bis sechs Besuchen (was ausreicht) auf das Zusammenleben mit Erwachsenen, denen ihre Mutter Vertrauen entgegenbringt, und mit gleichaltrigen Kindern, deren Mütter dasselbe Problem der ganztägigen Trennung von ihrem Kind haben, vorbereitet. Für eine Frau ist es keine menschenfreundliche Lösung, sich von ihrem zwei Monate alten Baby zu trennen. Sie befindet sich in der Zwickmühle zwischen der Notwendigkeit, Geld zu verdienen, und der Unmöglichkeit, ihr Kind durchgängig zu versorgen. Bei anderen hingegen dominiert die Angst, nach einigen Monaten nicht mehr in den

Beruf zurückkehren zu können. Eine andere Mutter entflieht über die Arbeit wiederum der Erfahrung, sich den ganzen Tag über mit einem Baby in der kleinen Wohnung zu langweilen. Sie hat Schuldgefühle und sucht uns auf. Wir sprechen direkt mit dem Baby, und sie hört zu, was wir dem Baby sagen ... anders als die Leiterinnen der Kinderkrippen. Babys, die über das »Maison Verte« Zugang gefunden haben, unterscheiden sich von den anderen. Bei ihnen treten keine Anpassungsprobleme auf. In Gegenwart der Mutter kündigen wir den Babys an, was sie erwartet: »Deine Mutter wird dich morgens dorthin bringen ... danach geht sie zur Arbeit, wie damals, als du in ihrem Bauch warst ... Als du in ihrem Bauch warst, bist du mit ihr zusammen zur Arbeit gegangen. Damals hat sie mit den Leuten gesprochen, und du, du warst in ihrem Bauch ... Jetzt bist du zur Welt gekommen, du kannst nicht mit den Erwachsenen zur Arbeit gehen, weil du mit Kindern in deinem Altern zusammensein sollst ... Andere Frauen werden sich um dich kümmern, so, wie wir das tun (die anderen Frauen und Männer, die da sind), und du wirst den ganzen Tag über von deiner Mama getrennt sein, da sie ja berufstätig ist.«

Das Baby vernimmt alles, was man ihm erzählt und versteht es auch. Auf welche Weise? Ich glaube, es verstünde jede Sprache, selbst wenn wir Chinesisch sprächen. Erst nach einigen Monaten versteht es nur noch seine Muttersprache; es begreift, daß wir nur mit ihm als Person über die Belastung sprechen, die ihm bevorsteht; es beruhigt sich durch unsere Worte, daß diese Belastungsprobe ein Zeichen dafür ist, daß es seine Mama liebt, daß es von ihr, seiner einzigen und zugleich einzigartigen Mutter, von seinem Vater, von allen beiden, die es in die Welt gesetzt haben und zu seinem Wohl arbeiten gehen, geliebt wird. Ebenso bereiten wir die Eltern auf die Wiederbegegnung mit ihrem Kind nach acht Stunden Abwesenheit vor: »Wenn Sie es in der Krippe abholen, dann umarmen Sie es vor allem nicht; sprechen Sie mit ihm, sprechen Sie mit der Person, die es den Tag über beaufsichtigt hat, um zu erfahren, wie der Tag verlaufen ist; ziehen Sie ihm seine Sachen liebevoll an, aber stürzen Sie sich nicht auf das Kind. Geben Sie nicht dem Verlangen nach, Ihr Kind zu umarmen. Acht Stunden eines Tages sind für ein Baby wie sieben oder acht Tage für einen Erwachsenen. Es hat Sie nämlich vergessen, kennt Sie nicht mehr, es befindet sich in einer anderen Umgebung. Dominieren seine körperlichen Bedürfnisse, dann stürzt es sich auf das Fläschchen. Stürzen Sie selbst sich jedoch auf das Baby, dann empfindet es Sie wie ein Nahrungsmittel oder wie ein Fläschchen: Es fühlt sich verschlungen. Stimmen Sie es in dieser Situation auf die Beziehung zu Ihnen ein, sprechen Sie mit ihm, ziehen Sie ihm seine Sachen an und gehen Sie nach Hause. Nur dort dürfen Sie es leidenschaftlich umarmen, soviel Sie wollen.« Die Mütter, die im »Maison Verte« gewesen sind, berichten: »Der Unterschied zu den anderen Kindern, die direkt in die Krippe gebracht worden sind, ist enorm: Jene Kinder weinen, wenn die Mutter weggeht und auch, wenn sie wiederkommt, sie können ihre Anspannung nicht auf andere Weise äußern, unabhängig davon, ob es nun aus Lust oder aus Schmerz gespeiste Anspannung ist. Jedenfalls fühlen sie sich völlig unsicher; im ausgezogenen Zustand werden sie ihrer Mutter übergeben, die sich auf sie stürzt und sie abküßt. Während diese Babys schon von ihrer Mutter abgestillt sind, sind die Mütter hingegen noch nicht ihrer Babys entwöhnt. Sie stürzen sich selbst auf die Brust ... für sie ist ihr Baby nämlich die Brust.«

Die Art, die wir im »Maison Verte« die Babys auf den Krippenbesuch vorbereiten, ist eine hervorragende Prävention zur Verhinderung späterer Probleme, die das Kind bei diesem »Ping-Pong« zwischen Kindergarten und Zuhause erlebt. Unsere ehemaligen kleinen Gäste lächeln die in der Kinderkrippe tätigen Mitarbeiter an, die behaupten: »Es ist wunderschön, wie diese Kinder zugleich Beobachter und Anwesende sind!« Es ist etwas anderes, als ein Kind in den Kindergarten zu bringen, das stets mit seiner Mutter zusammengewesen ist und den ganzen Nachmittag über weint. In den Kindergärten berichten uns die Erzieherinnen, sie verbrächten einen Großteil ihrer Zeit damit, die Kleinen vor Aggressionen zu schützen, und dennoch würden die Kleinen weinen; sie haben Angst vor den großen Kindern, weil sie durch ihre vertraute Bezugsperson nicht mit diesen Gefahren der Gemeinschaft bekanntgemacht worden sind. Solche Aggressionen machen ihnen weniger zu schaffen, wenn sie sich sicher fühlen, daß sie ihre Geborgenheit gebende Mutter stets symbolisch in sich tragen. Aber damit der Schutz (das, was die Mutter für ihr Kind bedeutet) vom Kind introjiziert wird, muß sie teilnahmsvolle Zeugin des von ihm empfundenen Kummers, seiner Erfahrungen, gewesen sein und es darüber hinweggetröstet haben. Sie muß ihm ermöglichen, von neuem der Gefahr zu trotzen, während sie selbst ihm zugleich angstfrei von der »Gefahr« spricht, der es sich zu stellen wünscht; sie muß ihm auch bezüglich der Realität der häufig unbedeutenden, aber für das Kind tragischen Gefahr, wenn es ganz auf sich gestellt ist, mit Hilfe geeigneter Worte beistehen.

Wir erleben Kinder, die völlig phobisch auf einen Ort reagieren, an dem sich andere Kinder befinden; sie bleiben an der Tür stehen und klammern sich an ihre Mutter. In einem solchen Fall gehen wir dann hinaus und sprechen draußen mit ihnen: »Du hast gewiß recht … Deine Mutter hatte dich in den Kindergarten gegeben, und du hattest keine Ahnung, wie es dort zugeht, und dann ist deine Mutter weggegangen, ohne dich darauf vorzubereiten … Du hast geglaubt, sie würde dableiben, und dann war sie auf einmal weg.«

Erwachsene haben keine Vorstellung davon, was sich in diesen Kindergärten abspielt: welcher Trennungsschmerz der Kinder! Ist dieser behoben (es dauert reichlich lange, die Angst vor dem Kindergarten abzubauen), bereiten wir das Kind vor, indem wir ihm vorschlagen, seine Mutter solle für fünf Minuten von dort weggehen. (In dieser Weise intervenieren wir ausschließlich bei Kindern, die durch die Erfahrung des Kindergartens traumatisiert sind, wobei das Experiment nur mit dem vollkommenen Einverständnis des Kindes durchgeführt wird.) Manche Mütter sagen jedoch »zehn Minuten«, man schaut auf die Uhr, und sie bleiben dann zwanzig Minuten lang weg; das Kind ist aufgeregt, weil sie bereits seit zehn Minuten wieder da sein müßte; wir beruhigen es dann: »Du weißt doch, wie die Mama ist … Sie sagt zehn Minuten, und für sie sind es zwanzig Minuten, sie kennt sich eben mit der Uhr nicht aus.« Bei ihrer Rückkehr schimpfen wir sie (freundschaftlich) aus: »Sie wollten Ihrem Kind helfen und halten dabei Ihr eigenes Versprechen nicht. Wie soll es Ihnen denn Glauben schenken? … Natürlich ist es hier gut aufgehoben, aber Sie … fühlen Sie sich denn gut aufgehoben, wenn Sie Ihrem Kind Kummer bereitet haben?

Sie müssen durch und durch aufrichtig sein und dürfen nicht lügen.« In derartigen Fällen braucht das Kind drei weitere Konsultationen, bevor es die Trennungserfahrung abermals einzugehen wagt. Darauf arbeiten wir hin. Und sobald das akzeptiert ist, sagen wir: »Weißt du, wenn du willst, kannst du bald in den Kindergarten gehen, dorthin, wo die Mamas nicht dableiben ... Es ist dort genau so wie hier, nur sind die Mamas nicht dabei.« Das Kind entgegnet dann: »Nein, noch nicht, noch nicht ...« »Gut: noch nicht; dann an dem Tag, wo du es selbst möchtest.«

Anschließend spricht man mit dem Kind darüber, und nach fünf oder sechs Tagen sagt es von sich aus: »Ich glaube, jetzt könnte ich in den Kindergarten ...« Also wagt die Mutter den Versuch. Wir raten ihr: »Sie lassen es zunächst eine halbe Stunde, danach eine ganze Stunde im Kindergarten, ohne daß Sie dabei sind. Sie zeigen ihm auf der Uhr, wann Sie wiederkommen.« Am ersten Tag nach dem Eintritt in den Kindergarten sucht sie uns auf, und das Kind erzählt, was sich dort abgespielt hat: »Da war ein böses Kind, das etwas angestellt hat; und die Frau, die da war, hat ihm den Hintern verhauen.« (Das kann stimmen oder auch nicht.) Man hört ihm zu ... und wenn es nicht mehr weitererzählen will und man feststellt, daß es darauf brennt, mit dem Wasser zu spielen, sagt man ihm: »Weißt du, das Wasser, das ist wie damals, als du ein Baby warst, als du mit deiner Mutter gebadet hast, als du im Bauch deiner Mama warst und mit einem Schwall von Wasser aus ihr herausgekommen bist. Im Kindergarten wirst du an das Wasser denken, und du wirst sehen, daß es gutgeht ... Du wirst an das Wasser denken, und das wird genauso sein, wie wenn es dort wirklich Wasser gäbe ...« Und dieses Vorgehen klappt.

Selbst wenn das Kind die Sprache noch nicht beherrscht, versteht es dennoch alles. Wir sehen es daran, wie es sich freut, wieder ins »Maison Verte« zu kommen. In Begleitung von Papa und Mama kommt es am arbeitsfreien Samstag, an dem es nicht in die Krippe geht. An anderen Tagen kommt es abends, im Anschluß an die Krippe, da wir bis 19 Uhr geöffnet haben.

Könnten die Kosten des »Maison Verte«, die im Verhältnis zu der Zahl der Kinder und Erwachsenen, die es in Anspruch nehmen, sehr niedrig sind, nicht von Konzernen oder Banken, mit oder ohne Beteiligung der Kommune, bestritten werden? Würde sich einer dieser Sponsoren vergegenwärtigen, daß er in die Jugend und in junge Eltern mit künftigen Kindern investiert, trüge ihm dies sicher außerordentliche Publikumswirksamkeit ein. Eine Bank könnte sich darüber klarwerden, daß man dem menschlichen Leben Anstöße geben kann, solange es noch vielversprechend ist, daß Kinder das höchste Gut einer Gesellschaft darstellen, Geld das Symbol des Austausches zwischen kreativen Menschen ist und daß die Rolle der Bank darin bestehen könnte, in das menschliche Leben einzugreifen und es anzuregen. Und kreative Menschen nehmen ihren Anfang eben dort, auf der Altersstufe des »Maison Verte«, der Kinderkrippe, der Horte und der Vorschule. Nicht die »Berufserzieher«, sondern die besonders Motivierten sollten sich die Solidaritätsfunktionen gegenüber jungen Eltern und deren Kinder zu Herzen nehmen. Es werden so viele Wohnungsdarlehen vergeben, aber keine Kredite für die frühe Erziehung der Kinder. Wohl gibt es Erziehungs- und Kindergeld für die »Hausfrau«, besser wäre jedoch ein individueller Zuschuß zu einem auf Kind und Mutter ausgerichteten

Leben, um die für die geistige, körperliche und affektive Anregung dieser beiden unterschiedlich alten Bürger notwendigen Sozialkontakte zu ermöglichen, die jeder im lebendigen Kontakt mit seinesgleichen für die gemeinschaftliche Geborgenheit braucht.

Ein völlig neues geistiges Konzept ist zu entwickeln, damit die Erziehung des nicht von seinen gleichaltrigen Kameraden getrennten Kindes in dessen ersten Lebensjahren Priorität erhält. Das in den Zuständigkeitsbereich der Schule und der Erziehung abgeschobene Kind wird nicht als Individuum, als einzigartige Persönlichkeit, betrachtet.

Genauso scheut man davor zurück, sich das Ganze aus der Nähe anzusehen, weil man sich in der Tat, und sei es nur auf intuitivem Wege, bewußt wird, daß die ganze soziale Zukunft hiervon abhängt; in dieser Situation entwickelt man nämlich ein schlechtes Gewissen, weil man weiß, daß man dem Aspekt der Humanisierung der frühen Kindheit, der zu diesem Zeitpunkt der gelungenen Ablösung Mutter – Kind entscheidend ist, keinen Vorrang einräumt. Dieses Thema wird verdrängt und verschleiert. Doch nehmen gerade hier die Tolerierung der Unterschiede, die gegenseitige Unterstützung der Menschen, die prägenden Freundschaften, die gelungene Integration der Kinder als aktive Elemente, die in ihrer Altersgruppe eine tragende und kreative Rolle in der Gemeinschaft spielen, ihren Ursprung; ebenso die Freundschaften unter erwachsenen Männern wie Frauen, als Eltern, die beispielsweise ihre Kleinen zum Zusammenleben der Generationen anregen, soweit sie Interessen und Freuden räumlich und zeitlich angemessen zu teilen vermögen.

Attackiert ein Kind ein anderes – nur ein ganz

bestimmtes und keine anderen Kinder –, dann machen wir im »Maison Verte« die Erfahrung, daß diese beiden in der Regel zu Freunden werden. Diese gezielte Aggression ist bei ihnen, da sie noch nicht sprechen können, Symbol ihrer gegenseitigen Ähnlichkeit.

Eine geradezu klassische Szene: Die Mütter jener Kinder, die sich in der Wolle haben, geraten ebenfalls aneinander. Man kann mit dem attackierten Kind in Gegenwart seiner Mutter und des aggressiven Kindes so sprechen, daß in dem Kind Verständnis dafür entsteht, warum das andere Kind es hart angefaßt oder ihm ein Spielzeug kaputtgemacht hat statt vor ihm wegzulaufen, zu schreien und sich zu seiner Mutter zu flüchten. »Er wollte nicht dein Spielzeug, sondern deine Aufmerksamkeit haben. Er fühlt sich angezogen, durch deine Art des Spielens oder weil du auf ihn wie der kleine Bruder wirkst, den er gern gehabt hätte usw.« Es ist gut, daß er bei seiner Mutter Zuflucht finden, sich von seiner Aufregung erholen kann. Kaum daß er sich erholt hat, verläßt er, zu deren Überraschung, seine Mutter, und geht von sich aus auf den anderen zu, der ihn noch kurz zuvor attackiert hat. Hier sind weder Tadel noch Ratschlag angebracht. Entscheidend ist vielmehr, Anteil zu nehmen, neuerliche Stützung zu vermitteln und den Sinn der Meinungsverschiedenheit herauszufinden. Dieses auf die Tatsache, daß alles Handeln zu entschlüsselnde Sprache ist, ausgerichtete Verhalten ist die Grundlage unserer Arbeit im Sinne der Prävention psychosozialer Störungen bei Kleinkindern. Das »Maison Verte« bereitet das Kind auf die Betreuung in einer Krippe oder in der Vorschule vor, indem es ihm – ohne die Zufluchtsmöglichkeit zu jener Person, die bis dahin Garant seiner Identität, seiner körperlichen Integrität und seiner Geborgenheit war – die Belastungen eines zu abrupten Übergangs erspart. Das Kind muß sich gegen die Belastungen des Gemeinschaftslebens selbst »impfen«.

Eine Mutter kommt mit ihrem dreijährigen Kleinkind, bei dem der Eintritt in den Kindergarten schwere Störungen auslöst, und beklagt sich, daß ihr Kind keinerlei Interesse für das vorschulische Leben zeigt, »es mag die Lehrerin nicht«. Wir sagen dem Kind: »Du spielst sehr schön im Maison Verte, deine Mama fühlt sich da wie zu Hause, und du selbst triffst dort auch andere Personen. In der Schule kann deine Mama nicht dabei sein, sie überläßt es der Lehrerin, dir interessante Sachen beizubringen und auch Kinder anzuregen.« »Die Lehrerin ist häßlich, sie ist nicht wie Mama.« »Die Lehrerin hat nicht schön oder häßlich oder deiner Mama ähnlich zu sein, sie ist eine Lehrerin und wird dafür bezahlt, den Kindern etwas beizubringen. In der Schule ist es nicht wie zu Hause. Diesen Unterschied mußt du erkennen.« Wir relativieren die Situation. Es ist sehr wesentlich, Kindern gegenüber etwas zu relativieren, ihnen aufzuzeigen, wie sich Rollen und Funktionen in der Gesellschaft verteilen. Jeder hat seinen bestimmten Platz inne. »Die Schule ist nun einmal so. Du mußt dich damit abfinden und darfst von der Lehrerin nicht erwarten, daß sie deine Mutter ersetzt, oder daß sie so ist, wie du sie gerne hättest.« Solche Unterredungen haben erstaunliche Wirkung! Wie viele Mütter hätten die Lehrerin gern nach ihrem Geschmack, wünschten sich, sie sei allen Schülern gegenüber gleichermaßen »nett«!

Bei der Eröffnung des »Maison Verte« äußerten manche die Ansicht: »Aber im Grunde tun Sie doch gar nichts. Sie lassen dem Leben einfach seinen Lauf.«

Ja, wir lassen ihm seinen Lauf, indem wir über das Leben, das in jeder Minute neue Gestalt annimmt, sprechen, den gesamten Wortschatz zur Benennung der Aktivitäten dieser Kinder ausschöpfen, anwesend sind und zur Verfügung stehen. Wir greifen jedoch nie in irgendeinen Spielablauf ein. »Aber was machen Sie dann überhaupt?« werden wir mitunter gefragt.

»Sie führen keine pädagogischen oder sensorischen Spiele, keine Artikulations- und Psychomotorik-Gruppen, keine Elterngruppen durch ... ja, was dann?« Einfach mit Menschen zusammensein, ist kein Handeln. Man *muß* doch handeln! Muß man wirklich? Nein. Auch andere Bereiche sind fortzuentwickeln.

Wäre jene »Schöne Neue Welt« anzustreben, bei der möglichst bald nach der Geburt ausgesondert und getestet wird?

Aussondern in welcher Hinsicht? Vermutlich für einen Produktionsprozeß, wo man doch einen Menschen, der sich täglich weiterentwickelt, nicht zu einem kommunikativen Wesen aussondern kann. Kommunikation kann zwar zukünftige Produktivität, damit jedoch eine andere menschliche Dimension bedeuten; die Kommunikation bleibt aber die Hauptdimension, sofern sie bei den Kommunizierenden für gegenseitiges Vergnügen sorgt.

Sich für das eigene Begehren einzusetzen und das Begehren des anderen nicht für das eigene zu nehmen, ist eine Grundvoraussetzung für die Entwicklung der eigenen Persönlichkeit. Nun hat aber der Mensch im Zustand der Kindheit die Neigung zur Umkehrung der Werte. Ihn daran zu erinnern, ist eine weitere Aufgabe der Prävention, sitzen wir doch im »Maison Verte« ständig an der Quelle und sollten es schließlich wissen. Verschmäht ein Kind ein Spielzeug, an dem es kein Interesse hat, und beobachtet es dann, wie sich ein anderes Kind dafür interessiert, so will es dieses Spielzeug auf einmal haben. Bei uns ist dies dahingehend geregelt, daß von jedem Spielzeug zwei oder drei Exemplare vorhanden sind. Und was erleben wir? Michael will den Lastwagen von Marcel haben. Neben ihm steht ein anderes Spielzeugauto, genau das gleiche. Er könnte einfach dieses nehmen, das will er jedoch nicht. Er will unbedingt den Lastwagen von Marcel. Wir sprechen mit ihm darüber, ohne ihm Vorwürfe zu machen: »Verstehst du, du möchtest diesen Lastwagen dort, weil Marcel auf ihm sitzt und mit ihm hin- und herfährt ... obwohl doch genau so ein Lastwagen hier danebensteht und nicht benutzt wird ... Du kannst ihn dir nehmen, wenn du diesen Lastwagen möchtest ... Möchtest du vielleicht Marcel sein oder möchtest du mit dem Lastwagen spielen? Falls du mit dem Lastwagen spielen möchtest – dort steht er; falls du Marcel sein möchtest – das wird dir nie gelingen, weil du du selbst bist.« Das Kind hört in solchen Fällen aufmerksam zu, es denkt nach, ein erstaunlicher Vorgang. Man kann ihm in dieser Situation aber auch sagen: »Wenn Marcel dich kennt und wenn du ihn kennst, dann wird er dir vielleicht seinen Lastwagen borgen.«

Marcel bekommt unsere Worte mit: »Marcel sitzt dort auf seinem Lastwagen. Aber vielleicht hätte Marcel an dem anderen Lastwagen genausoviel Spaß. Marcel, ob nun dieser oder jener Lastwagen, sie machen dir doch beide gleich viel Spaß ...« Marcel guckt den anderen Lastwagen an, und weil es ihm sprachlich vermittelt worden ist, steigt er von seinem Lastwagen herunter und geht zum anderen. Michael will jedoch unbedingt jenen Lastwagen, den Marcel bestiegen hat ... In diesem Augenblick wird nun deutlich, daß er im Grunde Marcel sein möchte ... Er möchte dessen großer Bruder sein, falls er selbst schon einen großen Bruder hat, und es ist Sache der Erwachsenen, ihm zu sagen: »Weißt du, bei mir war das genauso, als ich klein war, bei deinem Papa auch, als er klein war ... wir täuschten uns, wir wußten nicht, ob wir wir selbst sein wollten oder ob wir ein anderer sein wollten ... Bei den Menschen ist es eben so kompliziert.«

Nach zwei oder drei solchen Situationen haben sie begriffen, daß es besser ist, man selbst zu sein als so wie der andere zu handeln. Das fängt schon beim Frühstücksbrot an: Ein Kind verlangt sein Butterbrot von der Mutter, sofort will ein anderes Kind unbedingt das Butterbrot dieses Kindes haben; dann sagt sich dessen Mutter: »Ich werde ihm auch sein Frühstücksbrot geben.« Wir fragen sie in solchen Fällen: »Warum wollen Sie denn Ihrem Kind sein Butterbrot geben, vor 30 Sekunden haben Sie doch noch gar nicht daran gedacht?« »Aber er will es doch haben.« »Aber will er es denn haben, weil er ein Bedürfnis danach hat oder weil das andere Kind sein Bedürfnis geweckt hat?« Sie erwidert: »Ja, er sollte es eigentlich erst in einer Stunde bekommen, als richtige Mahlzeit.« »Und warum wollen Sie es ihm dann jetzt schon geben?« Nun wenden wir uns an das Kind: »Möchtest du Paul sein, dem seine Mutter das Butterbrot gibt?« ... Er sieht uns erstaunt an ... »Möchtest du Paul sein? Möchtest du die Mama von Paul haben? Und den Papa von Paul? Und nicht deine Mama?« ... Bloß das nicht! Er klammert sich an seine Mutter.

»Weißt du, jede Mama denkt an das Butterbrot ihres Kindes. Und wenn du keine andere Mama haben möchtest, nun, deine Mama weiß, daß dein Magen jetzt noch keinen Hunger hat ... Deine Augen hatten nämlich Hunger, aber nicht dein Körper ... Geh spielen.« So erreichen wir, daß die Kinder zur gewohnten Stunde essen ... und einander nicht nachahmen. Die Mütter haben hingegen begriffen, daß man nicht für jeden Wunsch, der materieller Notwendigkeit entbehrt, das Dienstmädchen zu spielen braucht. Die Freude am gemeinsamen Essen, am Spiel mit der Puppenküche, stellt sich erst später ein. Man braucht zunächst die Sicherheit, man selbst zu sein, und dieses »Selbstsein« vollzieht sich in einer derartigen Geborgenheit, daß man unabhängig vom Ort weiß, was der Körper benötigt, und man läßt sich nicht durch Blicke oder Bemerkungen »in die Falle locken« ... Das Bedürfnis des Körpers kann durch eine Versuchung der Augen zutage treten, unter der Voraussetzung, daß dem Kind in bezug auf seine eigenen Wünsche und Bedürfnisse auf vernünftige Weise Kritikfähigkeit beigebracht wird.

Ist das »Maison Verte« nicht in gewisser Weise die Keimzelle für das »Haus der Kinder«?

Wenn man so will, ja. Sie wäre dessen erste Stufe, die zum gegebenen Zeitpunkt sowohl Mutter als auch Kind allmählich auf den Trennungsprozeß vorbereitet, soweit es die »Hilfsfunktion« totaler Abhängigkeit betrifft.

Das »Maison Verte« ist von der Unterstützung der Gesellschaft abhängig, die seine Notwendigkeit begreift und bislang die Finanzierung übernimmt. Für uns ist es jedoch eine völlig neue Erfahrung: diese Vereinigung von Psychoanalytikern (die dort keinerlei Konsultationen abhält) und ein Aufnahmeteam, das es Müttern und

Vätern gestattet, zu reden und sich auszuruhen, wenn ihr Kind sich unweit von ihnen in seinen ungesteuerten Spielaktivitäten unter Aufsicht des Tagesteams (das stets aus einem Mann und zwei Frauen besteht) aufgehoben fühlt. Unsere ersten administrativen Gehversuche haben sich schwierig gestaltet.

Hinsichtlich unserer Anfangszeit (die Jahre ab 1979) behauptet unser Vorsitzender, er sei nirgends mit soviel Aggressivität empfangen worden wie bei seinen Besuchen beim Vertreter des Präfekten, noch nicht einmal von Breschnew, der ihm eine Audienz gewährt hat. Jener Stellvertreter ärgerte sich, seinerzeit den Vertrag unterzeichnet zu haben: »Wir haben uns von diesen lächerlichen Leuten, die gar nichts tun, hereinlegen lassen ... Wozu soll das gut sein, Kinder vor dem Schuleintritt zu sozialisieren?«

Auf der Präfektur wurde mir gesagt: »Sie müssen eine Vertragsklausel erfüllen, was sie binnen 18 Monaten nicht schaffen werden, und dann wird dieser Unfug ein Ende haben.« Diese Aussage beweist ihre Angst ... denn sonst gäbe es keine solche Animosität, sondern bürokratische Teilnahmslosigkeit.

Andererseits besuchen uns aus ganz Frankreich Leute, die selbst »Maison Vertes« einrichten wollen, weil sie durch Mütter davon erfahren haben. Wenn aus anderen Ländern eine Delegation von Pädagogen nach Frankreich kommt und sich beim Erziehungs- oder Gesundheitsministerium erkundigt: »Was tun Sie für die ganz Kleinen?«, dann wird ihnen erwidert: »Schauen Sie sich das Maison Verte an, dann wissen Sie, was wir in Frankreich tun ...«

Sie besuchen uns und ahnen nichts von den Schwierigkeiten, die wir ausgestanden haben. Um die Zuschußmittel zu senken, dividierten die Funktionäre die Zahl der

Kinder, die wir aufnahmen, durch die Zahl der ständig anwesenden Erwachsenen und feilschten regelrecht: »Sie brauchen nicht von 14 bis 19 Uhr anwesend zu sein, da die Leute ja meist zwischen 16 und 19 Uhr kommen. Also kommen Sie auch erst um 16 Uhr.« »Und was geschieht mit denen, die zwischen 14 und 16 Uhr kommen?« »Nun ja, zwischen 16 und 17.30 Uhr werden schon recht viele Kinder kommen. Sie selbst sind zu dritt und betreuen eine Stunde lang nur insgesamt sechs Mütter und Kinder, während Sie hinterher anderthalb Stunden lang für fünfundzwanzig Kinder da wären ... sie brauchen also nur während der ersten beiden Stunden zu schließen, und dann haben Sie halt achtundzwanzig Kinder ...« Als ob man mit Menschen derartige Milchmädchen-Rechnungen anstellen könnte! Kommen die Mütter mit ihren Kindern zu einem früheren Zeitpunkt, dann deswegen, weil sie merken, daß sich die Kinder im kleineren Rahmen wohler fühlen, sie haben dann etwas mehr Raum zur Verfügung.

Es soll »rentabel« gearbeitet werden, wo es doch von so entscheidender Bedeutung ist, daß der Mensch gerade nicht an seiner Rentabilität gemessen wird, sondern Aufnahme findet. Ob nun mehr oder weniger Kinder kommen, sie sind nun einmal da, und das ist sehr gut so, weil sich alles einspielt. Mütter, die früher gegen 14 Uhr kamen und wieder gingen, wenn das Gros der Kinder gegen 16.30 Uhr eintraf ... werden von ihrem Kind positiv unterstützt und bleiben nach und nach länger, um mit anderen Müttern zu sprechen ... Andere hingegen kommen, in Begleitung der Väter, erst gegen Ende des größten Trubels, zwischen 18 und 19 Uhr.

In der Verwaltung wird nie bis 19 Uhr gearbeitet, alle

Büros müssen um 18 Uhr schließen. Wir halten dem entgegen: »Aber wenn Sie um 18 Uhr aufhören, erreichen Sie nicht jene Kinder, die im Anschluß an die Kinderkrippe kommen.« »Aber wozu soll das im Anschluß an die Krippe noch gut sein? Die Eltern müssen sich doch schließlich auch selbst um ihre Kinder kümmern!« »Aber diese Einrichtung soll ja gerade dazu dienen, daß sie sich besser um ihr Kind kümmern können: Für die Eltern stellt es nämlich eine Entspannung dar, nach der Arbeit und der Rückkehr aus der Krippe eine gewisse Zeitlang mit ihrem Kind im Maison Verte zu verweilen und dabei mit anderen Eltern zusammenzutreffen.«

Des weiteren fordert die Verwaltung die ganze Woche über konstantes Personal: »Was soll das, daß diese Leute nur einen Tag lang dort arbeiten und die übrigen vier Tage woanders? Sie sollten stets am selben Ort arbeiten.« »Aber nein, wir wollen schließlich, daß sich Mütter, Väter und Kinder wie zu Hause fühlen, und nicht die Mitarbeiter des Aufnahmeteams. Sie stehen zu deren Verfügung, aber nicht wie in ihrer eigenen häuslichen Umgebung.« Wir achten sehr darauf, daß keiner einen anderen in Handlungsabhängigkeit bringt. Es herrscht völlige Freizügigkeit. Die häufige Rotation verhindert, daß eine feste Bezugsperson ihren persönlichen Standpunkt aufzwingt.

Manche Leute sagen: »Ich komme am liebsten montags, um Madame Dolto zu sehen.« Andere äußern: »Ich komme lieber dienstags, weil ich ja dann Marie-Noëlle treffen kann ...« Und damit hat es sich. Doch sie haben es ausgesprochen ... Sie sagen: »Ach, ich treffe dort immer die Mutter mit jenem Kind ... an welchem Tag kommt sie denn?« »Sie kommt meistens am Mittwoch.« »Ah ja, na, dann werde ich nicht mehr mittwochs, sondern donnerstags kommen.« Und eines schönen Tages kommt sie erneut an einem Mittwoch, begegnet wieder jener Frau und sagt zu ihr: »Wissen Sie, ich wollte nicht mit Ihnen zusammentreffen, denn Ihr Sohn und meine Tochter können sich nicht ausstehen ...« Wären an allen Tagen dieselben Personen und Verfahrensweisen vertreten, dann gäbe es nie diese Ungezwungenheit, dank derer nämlich Eltern und Kinder für sich selbst entscheiden, und nicht die Mitarbeiter des Aufnahmeteams. Dies können Kommunal- oder Staatsbeamte nur schwer nachvollziehen. Am schlimmsten für sie ist, daß wir weder den Familiennamen noch die Anschrift oder den sozioökonomischen Status der Leute erfahren wollen. Wir führen keine Kartei. Für statistische Zwecke legen wir zwei Blätter an, von denen eines für die Eltern selbst bestimmt ist. Das führt zu amüsanten Situationen, weil die »kleinen Großen« – die bald Dreijährigen – sehen wollen, was ihre Mutter einträgt: »Was schreibst du da 'rein?« »Ich schreibe 'rein, daß du schon zwei Jahre, aber noch keine drei Jahre alt bist.« »Ach so – das steht da in dieser Spalte – dann mach' ich das selbst.« Also führt die Mutter ihrem Kind die Hand, es setzt sein Kreuzchen an die richtige Stelle. So gibt es im Grunde schon selbst Auskunft, daß es als Mädchen oder Junge eines bestimmten Alters zum »Maison Verte« gekommen ist, ob sein Vater und seine Mutter aus Frankreich stammen ...

Wir führen diese Statistik nur deswegen, weil manche Eltern vergeßlich sind, doch das vermerken wir auf einem anderen Blatt. Manchmal überprüfen die Mamas, ob wir gewissenhaft eingetragen haben, und daß ihr Kind dagewesen ist. Die Mitarbeiter des Aufnahmeteams zeigen ihnen gern die sie selbst betreffenden Statistiken. Manchmal möchte eine Mutter wissen, ob sie selbst an einem bestimmten Tag dagewesen ist ... anhand der Aufzeichnungen läßt sich das sofort überprüfen. Ihr wird erklärt: »Wir haben zwar Ihre Statistikblätter nicht mehr, aber wir werden nachsehen, was in unserem kleinen Heftchen drinsteht.« Sie kommentiert, was sie liest: »Sie ist an dem und dem Tag gekommen und am nächsten Tag ist das und das vorgefallen.« Es ist eine aussagefähige Eintragung, aber keine Statistik um ihrer selbst willen.

Die Verwaltung sähe hingegen lieber individuelle Karteikarten. Ist ein Kind als schwierig oder retardiert beurteilt worden, wollen sie dies der Vorschule mitgeteilt wissen. Sie legen Karteikarten an, die das Kind sein ganzes Leben lang verfolgen. Eben dieser polizeihaften Befragung wollen wir nicht zuarbeiten. Ebenso kennen wir weder den Familiennamen noch den sozioökonomischen Status oder die Anschrift unserer Gäste. Es genügt der Vorname des Kindes, wenn der ein oder andere Elternteil des Kindes für ein paar Stunden gekommen ist. Bei Geschwistern wird ein kleines Zeichen vermerkt, an dem abzulesen ist, daß sie Geschwister sind. Und wenn es sich um einen sowohl männlichen als auch weiblichen Vornamen wie zum Beispiel Dominique handelt, wird ein »J« (für Junge) oder ein »M« (für Mädchen) hinzugesetzt, um das Geschlecht eindeutig zu bezeichnen. Diese Unterlagen gleichen jedoch nicht einer Polizeiakte und sind ausschließlich dafür bestimmt, eine bessere affektive Kenntnis dieses Kindes zu erlangen. Sicherlich ist dieses Vorgehen nicht im Sinne der Verwaltung, die eine ständige Überwachung der Bevölkerung anstrebt.

Durch ihren Interventionismus schürt die Verwaltung derzeit eine Art Widerstreit zwischen den Familien und den Jugendlichen. Folgt man dieser Auffassung, muß man die Kinder der jetzigen Generation bald ihrer Familie wegnehmen, sie außerhalb der Familie erziehen. Die heutige Abkapselung hat nachteilige Folgen, weswegen man den Weg der Trennung wählt. Wir dagegen helfen den Kindern, eine allmähliche Ablösung zu leben. Das ist etwas Grundverschiedenes. Es findet kein Widerstreit, sondern Zusammenarbeit statt. Die soziale Gruppe kooperiert um so besser, je mehr Sinnhaftigkeit in der Sprache als auch in der Unterschiedlichkeit erkennbar wird. Diese Unterschiedlichkeit bewegt beide Seiten dazu, im gegenseitigen Respekt zusammenzuarbeiten. So vollzieht sich dieser Prozeß, wird Realität. Ich selbst bin dabei nur Mittlerin. Alle Besucher, die Kindergärten und Kinderkrippen in den verschiedenen Regionen leiten, sind von unserem Experiment absolut begeistert. Sie kehren von ihrem Besuch zurück und schildern das im »Maison Verte« herrschende Klima der Ungezwungenheit: »Ich hätte nie gedacht, daß fünfundzwanzig Kinder und fünfundzwanzig Eltern, mitunter auch fünfunddreißig oder vierzig Kinder und ebenso viele Erwachsene, ohne Lärm, ohne Brüllerei, zusammensein könnten ... es ist schlechthin sozial ...« Natürlich herrscht Stimmengewirr, jeder ist beschäftigt; ein männlicher oder weiblicher Psychoanalytiker steht den drei Mitarbeitern des Aufnahmeteams zur Seite, aber er führt weder Einzelgespräche noch erteilt er irgendwelche Ratschläge.

Dies übersteigt das Fassungsvermögen unserer Beamten, daß ein ärztlicher Analytiker anwesend sein soll, ohne in amtlicher Eigenschaft zu handeln (!), sondern daß er sich wie ein einfacher Bürger verhält, zumal wenn er vor Beginn seiner psychoanalytischen Tätigkeit ausgebildeter Psychiater oder Pädiater gewesen ist.

Vor allem bei den sogenannten »Sozialfällen« ist die Haltung der Verwaltung gegenüber den Eltern völlig anders. Die Sozialarbeiter erklären mit Bestimmtheit, diese Eltern hätten nachteiligen Einfluß, seien unfähig, ihre eigenen Kinder großzuziehen (was sie jedoch nie oder nur in Ausnahmefällen sind, denn schließlich haben sie das Kind ja in die Welt gesetzt). In dieser Situation nimmt sich der Staat der Kinder an, in Wirklichkeit der einzelnen Sozialhilfeempfänger, und durchtrennt die affektive Bindung zwischen Eltern und Kindern.

Im »Maison Verte« zeigen wir den Eltern in sehr behutsamer Weise auf, zu welch besitzergreifenden, kastrierenden und frustrierenden Haltungen sie gegenüber ihren Kindern neigen, ohne daß wir sie deswegen verurteilen. Dies wird ihnen über eine unmittelbare Beobachtung vermittelt, die scheinbar unbedeutend ist. Sie spüren dann das Recht, das Geschehen für sich selbst neu zu erleben. Die Mütter äußern danach: »Wenn ich daran denke, wie es war, bevor ich hierhergekommen bin, alles war derart schwierig ... Dabei ist es doch einfach, ein Kind großzuziehen ... Jedenfalls ist es für mich jetzt einfach. Ich empfinde keine Angst mehr. Das Kind weiß sich in meiner Umgebung selbst zu beschäftigen. Ich kann meine anderen Dinge unbesorgt erledigen.«

Diese Form präventiver Tätigkeit ist etwas Neuartiges, sogar im Hinblick auf die Untersuchungen des Children's Bureau in England, dessen Verantwortliche ein »Zeugnis für die berufliche Befähigung«, Eltern zu sein, in Betracht gezogen haben. Doch eine solche Prävention fände zu spät statt, alles Wesentliche wäre nämlich schon entschieden. Man muß den Babys und ihren Müttern bereits von Geburt an und noch vor dem Eintritt in die Krippe oder den Kindergarten helfen. Wenn wir beobachten, daß die Eltern ängstlich sind und ihre Kleinen mit Reizen überfordern oder hemmend auf sie wirken, dann setzen wir sie nicht ins Unrecht, wir beruhigen das Kind; dadurch, daß wir der Mutter Entlastung verschaffen, entschuldigen wir sie vor ihrem Baby! »Sie verhält sich so, weil sie dich liebt, weil sie sich deinetwegen beunruhigt.« Wir verfügen zum Beispiel über eine mit Wasser gefüllte Wanne, die viele Neuankömmlinge anzieht. Manche Mütter stürzen sich auf ihr Kind, wenn es auf die Wanne zuläuft, und versohlen ihm den Hintern: »Ich verbiete dir, mit dem Wasser 'rumzuspielen.« Wir unterrichten sie über unsere Hausordnung: Wenn man mit Wasser spielt, bindet man sich eine Schürze um. Die Mutter bleibt hartnäckig: »Selbst wenn du eine Schürze anziehst – ich verbiete dir, mit dem Wasser zu spielen.« Das Kind fühlt sich nun ein wenig verloren, muß den anderen Kindern zuschauen, wie sie mit dem Wasser spielen ... Wir erklären ihm dann: »Deine Mama hat Angst, daß du dir eine Erkältung holst ..., aber es sind ja noch so viel andere Sachen hier; du kannst auch mit etwas anderem als mit dem Wasser spielen.« Das Kind ist getröstet, und die Mutter gibt nach: Nach einigen weiteren Besuchen hat sie kein Verlangen mehr, ihrer Angst, das Kind könne sich eine Erkältung holen, oder – aus unserer Sicht – das Verhalten ihres Kindes als Provokation zu empfinden, nachzugeben, nachdem sie sich mit anderen Müttern darüber unterhalten hat, die bei ihren ersten Kontakten mit dem »Maison Verte« dieselben Ängste durchlebt haben.

Ich will noch ein Beispiel für diese Entlastung geben: eine Mutter schreit ihre Tochter an: »Das ist ja fürchterlich!«, weil diese ihr Kleid mit Filzstiften, die zum Malen auf einer Tafel bestimmt waren, verschmiert hat. Sie sagt »Das ist ja fürchterlich!« und sieht sich dabei um, ob man sie beachtet. Und ohne daß ihr irgendwer etwas sagt, wendet sie sich jemandem zu und macht ihn zum Zeugen: »Sie muß doch endlich lernen, daß sie auf ihr Kleid achtzugeben hat ...« Sie fordert dies von ihrem gerade erst einjährigen Kind. Wir sagen nichts dazu. Sie wendet sich an uns: »Finden Sie, daß ich Unrecht habe, ihr den Hintern zu versohlen?« Wir entgegnen ihr: »Aber wer sagt Ihnen denn, daß Sie Unrecht haben?« »Nun, das liegt bei mir eben daran, wie ich erzogen worden bin.« Und dann berichtet sie. Unterdessen kommt das Kind völlig verschmiert zurück: »Was kann ich denn nun machen?« »Sie werden sie halt waschen, wenn Sie nach Hause kommen!« ... Man lacht, nimmt es mit Humor. Einige Tage darauf ist sie wieder da: »Noch nie hat meine Kleine«, sagte sie, »so gut geschlafen und auch so gut gegessen, wie seit unserem Besuch hier!«

Die Sprache der Babys im »Maison Verte«

Im »Maison Verte« erleben wir tagtäglich, wie sehr sich die Beziehungen des Kindes zur Gemeinschaft und zu seiner Mutter sowie diejenigen der Mutter und des Vaters zu ihrem Kind verändern, sobald sie festgestellt haben, daß bereits ein zwei Wochen altes Kind die Sprache versteht und daß ihm die Mutter verbal mitteilen kann, was ihm zugestoßen ist, was sich bei ihm vollzieht und wovon es betroffen ist. Hinter diesen Auswirkungen und Umsetzungen steckt die entscheidende Erkenntnis, daß der Mensch schon vor seiner Empfängnis an ein Wesen der

Sprache ist, daß es ein Begehren gibt, das diesem Menschen innewohnt und daß schon in den Kinderschuhen Entwicklungsmöglichkeiten vorhanden sind, die wir fördern oder unterbinden. Wichtig sind vor allem die Entwicklungsmöglichkeiten des Begehrens, aber wenn dieses nicht aus sprachlichen Elementen gewebt ist, entleert sich die symbolische Funktion, die im Wachzustand stets aktiv ist, dann enthält sie keinen Code, baut keine kommunizierbare Sprache auf. Die interpsychische sprachliche Aufnahme und Kommunikation sind unentbehrlich. Wir halten das Baby der Auffassung von Sprache nicht für fähig, weil es noch keine spezifizierten Töne von sich zu geben vermag, die seinem Verständnis jener Worte entsprechen, die es vernimmt. Doch wenn man Hilfestellung leistet und seine Mimik zu deuten weiß, reagiert ein Baby auf alles.

Im »Maison Verte« werden die anderen anwesenden Mütter – nicht nur die eigene Mutter – auf die ausdrucksvolle Mimik der Kinder aufmerksam. Kürzlich ist eine Frau mit einem noch nicht drei Monate alten Baby gekommen. Sie teilte uns mit: »Ich lasse es Ihnen da; ich gehe nur rasch gegenüber etwas besorgen ...« Diese Frau war zum ersten Mal bei uns, und ich habe ihr gesagt: »Aber Madame, davon kann keine Rede sein. Sie werden ihr Baby nicht hierlassen. Hier läßt keine Mutter ihr Baby allein zurück.« »Aber ich gehe doch nur rasch nach gegenüber.« »Na gut, dann ziehen Sie ihm seine Jacke wieder an, gehen zusammen rasch nach gegenüber und kommen danach wieder hierher.« »Ja, wenn das so ist, dann werde ich nicht wiederkommen.« »Das können Sie machen, wie Sie wollen, aber sie werden Soundso (der Name des betreffenden Babys) nicht hierlassen.« Kaum hatte sie dies gesagt, war am Gesicht des Babys abzulesen, daß es von der Vorstellung, seine Mutter werde es allein zurücklassen, völlig verängstigt war. Die Mutter ist das einzige ihm bekannte Wesen auf der Welt, und sie gedenkt es in einer Umgebung zurückzulassen, die sie selbst erst vor fünf Minuten betreten hat! Ich habe sie darauf hingewiesen: »Aber sehen Sie sich doch Ihr Baby an!« »Meinen Sie? Das ist doch wohl ein Zufall.« Sie hatte es sehr wohl bemerkt, wie all die anwesenden Mütter auch. Dennoch bestritt sie meine Äußerung, es war eben ein Zufall ... Dem Baby habe ich erklärt: »Weißt du, deine Mama wird gemeinsam mit dir weggehen; vielleicht wird sie nicht mehr hierher kommen, aber sie wird gemeinsam mit dir weggehen. Bei uns läßt keine Mama ihr Baby allein zurück.« Es hat sich auf der Stelle beruhigt, seine Mutter angeschaut, und alles war in Ordnung. Sie ist dann mit ihm dageblieben. Am Spätnachmittag hat sie den anderen Müttern gegenüber geäußert: »Ah ja, jetzt habe ich verstanden ... Das ist erstaunlich! Vorhin war ich fest entschlossen, nie mehr hierher zu kommen ... Ich war der Meinung, Madame Dolto wollte mich angreifen, aber ich habe begriffen, daß es im Interesse des Babys geschah ... Das ist erstaunlich, daß ein Baby die Sprache versteht.«

Was hört, was versteht es denn? Sowohl alles, was man ihm sagt, als auch alles Unausgesprochene. Ich will hier die Bekundung des drei Monate und acht Tage alten Claude erwähnen. Bevor er uns demonstriert, wie er die Unterhaltung der Erwachsenen mitbekommt, sprechen wir über die Eifersucht seiner älteren Schwester Lucienne, die drei Jahre alt ist. Es wird daran deutlich werden, daß die Eltern, die das »Maison Verte« aufsuchen, mit der dort geleisteten Arbeit sehr eng verbunden sind, und wie sich an Ort und Stelle Situationen auf sanfte und »direkte« Weise bereinigen, die sich dramatisch entwikkeln könnten, wenn ihnen nicht beizeiten vorgebaut würde.

Die Mutter von Lucienne und Claude war bei ihrem ersten Besuch zum Saint-Charles-Platz gekommen – der ursprünglichen Anschrift des »Maison Verte« –, mit ihrer noch nicht dreijährigen Tochter, die den Kindergarten besuchte. Als der Zweitgeborene drei Monate und acht Tage alt war, suchte sie uns zusammen mit ihrem Ehemann, dem Baby und der Älteren erneut auf. Dem Baby ging es gut, es wurde von seinem Vater auf dem Arm getragen. Beide machten einen ausgeglichenen Eindruck. Doch die Ältere warf sich gleich nach ihrem Eintreffen auf die Erde, wie wenn sie tot sei, und versteckte sich unter dem Ledermantel ihres Vaters. Die Mutter berichtete tief betrübt: »Sie kannten ja Lucienne, sie ist gar nicht mehr wie früher, sehen Sie selbst! Sie ist unerträglich geworden; sie macht wieder in die Hosen usw.« Das Kind, das ich als sehr intelligent und sensibel kannte, lag auf dem Boden, das Gesicht wie ein Paket verhüllt, doch sie vernahm jedes Wort ihrer Mutter. Jene hatte mir gerade anvertraut, Lucienne habe seit der Geburt ihres kleinen Bruders eine bohrende Eifersucht entwickelt. Ich beruhigte die Mutter. »Ja, aber lassen Sie sie; sie macht ihr fötales Leben noch einmal durch, weil sie versucht, ihren kleinen Bruder liebzuhaben, und nicht weiß, wie; vermutlich wollten Sie selbst schon bei Ihrer Geburt einen Jungen.« Sie erwiderte mir: »Ja, genau! Wie können Sie das wissen?« »Nun, auf Grund der Reaktion Ihrer Tochter. Sie haben bei der Geburt dieses kleinen Bruders Ihre Freude gezeigt; sie hat sich dann gefragt, ob man ihr die gleiche

Freude entgegengebracht hat, als sie selbst zur Welt gekommen ist, und zwar als Mädchen.« Ich sprach dies aus, wohl wissend, daß jenes »Paket« unter dem Ledermantel des Vaters alles mitbekam: »Gab es denn in Ihrer eigenen Familie noch ein jüngeres Kind?« Sie berichtete mir: »Ja, ich habe eine kleine Schwester ... Und meine Mutter hat mir erzählt, meine Eifersucht sei schrecklich gewesen.« »Und wie verstehen Sie sich heute mit Ihrer Schwester?« »Oh ... meine Schwester ist für mich wie eine Fremde ...« Sie sprach in einem kalten, sogar aggressiven Ton. Unvermittelt nach dieser Schilderung warf sie sich jedoch an die rechte Schulter ihres Ehemannes, der neben ihr stand und den kleinen Claude auf den Knien hatte. Sie brach regelrecht zusammen, schluchzte an der Schulter ihres Mannes, in jäher Rückerinnerung und neuerlichem Durchleben der Eifersucht ihrer eigenen Kindheit, der Eifersucht auf ihre Schwester, während ihre Tochter dalag und sie diese extrem schmerzliche Erfahrung in der Umgebung des »Maison Verte« noch einmal erleben konnte. Diese Frau war selbst erschüttert über jene unvermittelte Verzweiflung, die sie überflutet hatte. Ihr Mann blickte mich an, versuchte, sie zu beruhigen ... Sie verharrte in dieser schluchzenden Haltung, an der Schulter eines Gatten, der zugleich Papa, Mama, Großvater, Großmutter war ... Im Alter von 25 Jahren durchlebte sie in Geborgenheit noch einmal die Eifersucht auf ihre kleine Schwester. Einige Tage danach kam sie dann abermals und berichtete: »Es ist erstaunlich ... Ich bin so erleichtert gewesen ... Zunächst empfand ich gar keine Aggressivität mehr gegenüber meiner Tochter, die mir ihren Kummer demonstrierte ... Das hat mich verblüfft. Er ist mir schwer zugänglich, aber ich habe begriffen ...

Vor allem habe ich jedoch meine Schwester angerufen, die Sache ist jetzt völlig ausgestanden: Ich habe nichts mehr gegen meine Schwester ... Dabei war sie für mich gewissermaßen eine Fremde gewesen, der gegenüber ich einen Rest von Feindseligkeit bewahrt hatte ...«

Eine Woche, nachdem es im »Maison Verte« zum »Zusammenbruch« gekommen und die Eifersucht auf ihre Schwester restlos beseitigt war, hat sie ihrer Tochter ermöglicht, die Eifersucht auf ihren kleinen Bruder auszuleben, ohne deren Äußerung entgegenzuwirken und ohne Angst zu entwickeln, was sie früher veranlaßt hatte, ihre Tochter auszuschimpfen. Ein glücklicher Ausgang in erstaunlicher Kürze. Zwei Wochen später ist sie ohne ihren Mann wiedergekommen, mit dem kleinen Claude und ihrer ältesten Tochter, die mit den anderen Kindern spielte, ihr altersgemäßes Verhalten zurückgewonnen und die Situation nahezu bewältigt hatte: Ihren kleinen Bruder vernachlässigte sie ein wenig, kümmerte sich nur um andere Leute; sie hat uns wieder von unserem ersten, am Saint-Charles-Platz gelegenen, »Maison Verte« erzählt ... sich letztlich als ein sprachfreudiges und lebendiges Kind gezeigt, wie sie es früher gewesen war.

Soviel zu Lucienne. Nun zu dem drei Monate alten Claude. Während Lucienne spielte, saß er auf den Knien seiner Mutter; an jenem Tag war gerade eine kanadische Gruppe zu Besuch – drei Erzieherinnen, die das Ministerium für Soziales zu uns geschickt hatte. Sie hatten sich erkundigt, was es im Bereich der Kinderkrippen und -tagesstätten in Frankreich Neues gäbe, und das Ministerium hatte sie an uns verwiesen, wie es dies bei Anfragen ausländischer Besucher in der Regel tut. Dominique, ein diensthabender Erzieher, kümmerte sich um jene drei

Besucherinnen, und um ihnen Einblick in unsere Arbeit zu geben, erzählte er ihnen von dem dreijährigen Hector, der sich mit seiner jüngeren Schwester Colette bei uns aufhielt; er war ihr gegenüber derart massiv, daß sie keinen Schritt zu tun wagte; wenn ihr Bruder sie laufen sah, stieß er sie zu Boden. Eines Tages hat uns die Mutter erzählt, Hector sei eines Morgens aufgewacht und habe mit durchdringender Stimme verkündet: »Ich habe einen Traum gehabt, in dem Papa tot war.« Dabei schien er im siebten Himmel zu schweben. »Das ist schrecklich, sein Vater ist unvermittelt in eine Depression gerutscht, als er bemerkte, wie zufrieden sein Sohn darüber war, geträumt zu haben, daß er tot sei.« Am darauffolgenden Samstag war dann der Vater in völlig niedergeschlagener Verfassung gekommen und hatte geäußert: »Mein Sohn liebt mich nicht mehr, da er sich freut, mich tot zu sehen. Wie kann ihm nur so etwas in den Sinn kommen!« Er hatte mit einem der anwesenden Psychoanalytiker gesprochen, der ihm erklärte, daß dieses Kind seiner eigenen Identität »das Leben schenkt« und von diesem Augenblick an das durchzumachen habe, was wir als ödipale Situation bezeichnen – eine Reihe widersprüchlicher Empfindungen. Da er jedoch bezüglich der Psychoanalyse offensichtlich nicht auf dem laufenden war, hatte ihm das nicht sehr viel weitergeholfen. Viele Leute sind der Ansicht, die ödipale Situation setze automatisch mit der Adoleszenz ein, während sie im Alter von etwa drei Jahren der Fall ist und gänzlich unbewußt abläuft.

Man müßte diesem Vater verständlich machen, daß Hector soeben in ihm den Vater zu lieben beginnt, der zur Welt kommt, weil er gerade auf unbewußte Weise, in einem Traum, dabei ist, seinem Vater den Tod zu geben und an seiner Stelle zu Hause das einzige männliche Wesen für seine Mutter zu werden ... Er ist also durch und durch erfreut, den Platz des Vaters einzunehmen, was beweist, daß er ihn liebt, denn wenn dies nicht der Fall wäre, würde er nicht seinen Platz einnehmen wollen; er würde seine männliche Identität nicht auf diese Weise anstreben.

Dominique schilderte also jenen drei Kanadierinnen Hectors Geschichte, um zu verdeutlichen, wie sehr wir diesen Spannungen, die zum Zeitpunkt der Entstehung der ödipalen Situation auftreten, dadurch vorbeugen können, daß wir das Verständnis der Eltern und der Kinder fördern, ohne eine große Psychoanalyse durchzuführen ... Die Entwicklung eines Kindes muß verstanden und ihm begreiflich gemacht werden, daß er ein um so liebender und gesunder Sohn wird, der seinen Vater ehrt, je ausgeprägter er dies träumen kann.

Daneben Claude, der bei seinem ersten Besuch, als er auf dem Arm seines Vaters kam, jenes unerschütterliche Vertrauen gezeigt hatte; Claude, ein Junge von drei Monaten und acht Tagen, begann plötzlich das Gesicht zu verzerren und zu weinen. Seine Mutter hatte mir mitgeteilt, daß dieses Kind niemals weine, sondern stets lächle oder sich ruhig verhalte. Ich sagte mir also: »Claude weint; irgend etwas stimmt nicht ... Er weint, weil Dominique gerade erzählt hat, daß Hector den Tod seines Vaters geträumt hat und daß er darüber glücklich gewesen ist ... Er hat das mitbekommen.« Daher wende ich mich sofort an Claude, den drei Monate alten Jungen, und sage zu ihm: »Aber Claude, das bist doch nicht du, der geträumt hat, daß sein Papa stirbt, denn du, du liebst deinen Vater sehr und könntest so etwas noch gar nicht träumen; Hector hat das geträumt, und nicht Claude ... Claude liebt seinen Papa, und Claude ist zu jung, um zu träumen, daß sein Papa tot wäre.« Unverzüglich beruhigte sich Claude. Er wandte erst seiner Mutter, dann mir, schließlich Dominique, der gerade gesprochen hatte, das Gesicht zu ... Nunmehr beruhigt, gewann er sein lächelndes Wesen zurück. Die kanadischen Frauen, die dies verfolgt hatten, waren sprachlos: »Das ist außergewöhnlich, ein Kind von drei Monaten versteht das!« Ja, und es versteht nicht nur, sondern es nimmt an der Unterhaltung teil, die in seiner Umgebung geführt wird und von der es betroffen ist, durch die mögliche Aufhebung der Bedeutung seiner Gefühle oder, im Gegenteil, deren Stärkung, indem es die Äußerungen verfolgt, die ihm in dieser Situation gelten. Es spielt durchaus eine Rolle, wie man in Anwesenheit eines Babys spricht. Es verfügt über eine Aufnahmefähigkeit, die manchmal weit subtiler und umfassender als die der Erwachsenen ist. Ist das nicht seine persönliche Form des »Verstehens«?

Das Baby steht mit den Gefühlsinhalten des Ausgesprochenen im Einklang. Bei Eltern, die mit ihrem Kind in das »Maison Verte« kommen, läßt sich am Baby, das noch nicht sprechen kann, verstehen, was die Mutter mit Worten selbst nicht auszudrücken vermag.

Vor ungefähr zwei Jahren suchte uns eine Mutter auf, die über ihre kleine Tochter beunruhigt war, weil diese mit 22 Monaten noch nicht sprach: »Als sie 18 Monate alt war, begann ich mich zu wundern, daß sie nicht spricht.« Das Kind hatte einen Teddybär mitgebracht, den es im Arm seines Vaters festgeklemmt hatte, und ich bemerkte, daß sie der Unterredung folgte. Ich sagte zu ihr: »Deine Mutter kommt deinetwegen, sie macht sich gewisse Sorgen, daß du nicht wie andere Kinder in deinem Alter das Sprechen anfängst. Wir werden an deiner Stelle sprechen, und du kannst derweil zuhören.«

Alle drei, ihre Eltern und ich, versuchten wir dann gemeinsam, das Problem zu ergründen. Ich fragte die Mutter, was mit 18 Monaten geschehen sei, weil sie ja in diesem Alter begonnen hatte, sich Sorgen zu machen, warum ihre Tochter nicht mit dem Sprechen anfing. »Nichts, ... nichts«, entgegnete sie mir. Unterdessen beobachtete ich, wie sich das Kind aus einer Ecke eine total heruntergekommene Puppe holte und sie so auf den Schoß der Mutter setzte, daß sie umfiel, während sie hingegen ihren Teddybär im Arm des Vaters festgeklemmt hatte. Sie hob die Puppe auf und setzte sie absichtlich so hin, daß sie wieder umfiel. Also sagte ich der Mutter, auf die Kleine zeigend »Sehen Sie, was Laurence macht. Sie schleppt diese heruntergekommene Puppe an (der liebe Gott mag wissen, ob es überhaupt Puppen in einwandfreiem Zustand gibt), sie schleppt diese Puppe an, setzt sie vor ihren Genitalbereich, und zwar so, daß sie umfällt. Das hat etwas zu bedeuten. Mir scheint, Laurence will mir dadurch mitteilen, daß Sie eine Fehlgeburt gehabt haben, als sie selbst 18 Monate alt war.« »Was? Was sagen Sie da? Aber ja, das stimmt!« Die Kleine schaut nun erst mich, dann ihre Mama und schließlich ihren Papa an ... und begann, sich an ihre Mutter anzukuscheln, während mir diese berichtete: »Ja, es ist wahr ... ich habe auf eigenen Wunsch eine Abtreibung vornehmen lassen, weil wir kein Kind mehr wollten ...« »Eben das ist geschehen: Sie haben es Ihrer Tochter nicht erzählt ... also kann sie es nicht begreifen, und seitdem sagt sie sich: Aber meine Mutter mag mich nicht, weil ich ein Kind bin, denn sie hat ja kein Kind mehr gewollt.« Ein Baby ist zum selben Zeitpunkt wie seine Mutter schwanger, und wenn die Mutter die Entfaltungsmöglichkeiten des Lebens ablehnt, wirkt sich das in dieser Situation auch auf die lebendigen Entfaltungsmöglichkeiten des Kindes aus, die dann gehemmt werden. Laurence ist in dieser Situation ihres Vaters Teddybär geblieben, statt sich als Tochter nach dem Bild ihrer Mutter fortzuentwickeln.

Wer mit der Psychoanalyse nicht vertraut ist, würde dies wohl als eine in jeder Hinsicht magische Unterredung bezeichnen; wundervoll, würden dagegen die Psychoanalytiker sagen, weil das kleine Mädchen wieder eine positive Einstellung zu seiner Mutter gewonnen hat, die sie seit damals nicht mehr besessen hatte: Ihre Mutter war für sie eine potentielle Gefahr in bezug auf das Leben, das sie in sich spürte, weil sie über die vorübergehende Weigerung, ein weiteres Kind zu haben, nicht auf verbalem Wege aufgeklärt worden war. Ihre Eltern vermittelten ihr nicht, vielleicht erst später ein weiteres Kind haben zu wollen, weil es aus finanziellen oder diesen oder jenen Gründen nicht gehe ... das Kind war nicht davon in Kenntnis gesetzt worden, daß dies seinen eigenen fruchtbaren Entwicklungsmöglichkeiten keinen Abbruch tun würde ... da die Fruchtbarkeit bei einem Menschen ja stets aus dem entspringt, was er von anderen empfängt. Daher kann eine Hemmung dieser Fruchtbarkeit auch die gesamte Entwicklung eines Kindes hemmen.

Ohne das Kind hätten wir nicht erfahren, welches Ereignis – die Fehlgeburt ihrer Mutter – sich auf sie ausgewirkt haben könnte. Das Kind selbst hat uns dies verdeutlicht. Selbstverständlich hätte seine Geste genausogut auch nichts ausdrücken, eben ein reiner Zufall sein können. Aber ich glaube nicht an Zufälle. Dieses Kind, das an der Schwelle zur Tochter stand, hatte jenen kleinen Teddybär im Arm ihres Vaters festgeklemmt ... Anschließend hatte sie das Herabstürzen eines Pipis oder A-As in Form einer heruntergekommenen Puppe spielerisch dargestellt. Sie wollte damit etwas zum Ausdruck bringen ... Sie befestigte jene Puppe durchaus nicht so bei ihrer Mutter, wie sie den Teddybär bei ihrem Vater festgeklemmt hatte. Sie vernahm, was wir besprachen und signalisierte uns auf ihre ganz persönliche Art, was sich ohne Wissen ihrer Mutter ereignet hatte.

Ein außergewöhnlicher Vorgang ... Verfolgt man während des eigenen Sprechens aufmerksam die Reaktionen von Kindern, dann stellt man fest, daß sie im Einklang mit ihrer Wahrnehmung stehen. Sobald ihre Mutter, aufgrund unserer Fragen nach der Bedeutung der Geste des Kindes, die eine Fehlgeburt darzustellen schien, tiefbewegt die Richtigkeit dieses Ereignisses bestätigte, zog die angeblich stumme Laurence ihren Vater am Ärmel: »Komm, Papa, komm, diese Frau ist blöd, ich will hier weg!« Ich darf daran erinnern, daß sie 22 Monate alt war und nicht »sprach«.

Das im Tierreich zu beobachtende Bindungsverhalten belegt, daß neben dem Ernährungsritual auch andere Faktoren eine Rolle spielen. Tiere zeigen gegenüber ihrer Ernährerin, der (leiblichen oder Adoptiv-) Mutter, Zuneigung; fehlt diese Bindung, sind sie nicht imstande, selbständig Nahrung zu suchen, und sterben. Verhält es sich beim Menschen anders?

Nein. Auch die Tiere kommunizieren. Aus dem Ei geschlüpfte Enten folgen dem ersten Menschen, dem sie begegnen und der sich um sie kümmert, als sei er ihre Mutter. Konrad Lorenz hat dies eindrucksvoll aufgezeigt.

Wenn er sich nicht vor den kleinen Enten auf seine Fersen hockte, bevor er sie zum Teich führte, folgten sie ihm nicht dorthin. Als ihre Ersatzmutter mußte er ihnen das Beispiel geben, und als sie dann am Ufer angelangt waren, beherrschten sie auf Grund ihres Urgedächtnisses, das ihrem Organismus innewohnt, das Schwimmen. Zu Lande aufgezogen, gingen sie jedoch nur dann zum Wasser, wenn er selbst sie zum Teich führte. Er nahm für sie Mutterfunktion wahr, weil die lebenswichtigen Wahrnehmungsbegegnungen, nämlich die visuellen Kontakte – die optische und sensorische Wahrnehmung usw. – eine Bindung der Tiere zu ihm hergestellt hatten, als sei er ihre richtige Mutter.

Das Kuckucksweibchen legt seine Eier immer nur in ein Nest jener Vogelart, bei der es selbst geboren wurde ...

Es gibt demnach so etwas wie ein Urgedächtnis, was sich im übrigen bei den Kindern, die wir in Therapie haben, manchmal sogar bei Erwachsenen feststellen läßt. Bei den sogenannten Psychotikern vermittelt uns die analytische Arbeit, also die unbewußte Arbeit, was sich im Leben ihrer Mutter abgespielt hat, bevor sie uns gegenüber zum Ausdruck bringt, was in ihrem eigenen Leben geschehen ist. Der Psychotiker stellt eine Ausdrucksform jenes fötalen Lebens dar, das die symbolische Erbschaft erhalten hat, mit der seine Mutter noch belastet war und die keinen Ausdruck hat finden können. Alles unausgesprochen Gebliebene ist im Körper und in den Genen verankert, in diesem artspezifischen Individuum, in seinen eugenischen Funktionen und in seinen vitalen Prozessen. Das artspezifische Individuum nimmt die Schuld des Subjekts seiner Lebensgeschichte auf sich, artikuliert in der Lebensgeschichte der Mutter und des Vaters. Kinder können demnach durchaus ihre Eltern stützen; sie sind die Primärtherapeuten ihrer Eltern, die – in Verdrängung ihrer eigenen Kindheit und damit eines Teils ihrer Lebensgeschichte – diese bei ihrem Kind bekämpfen, wenn es in jenem Alter ist, in dem sie selbst gelitten haben, ohne daß ihnen seinerzeit zugehört worden wäre.

Bis zum Alter von fünf und sogar bis zu zehn Jahren läßt sich dennoch bei psychotischen Kindern mehr rückgängig machen, als bei Psychosen im Jugendalter zu erwarten steht. Das rührt daher, daß die analytische Arbeit frühzeitig durchgeführt werden muß, damit die Schuld, die die Eltern erfolgreich einzugestehen vermochten, die aber in ihnen verborgen bleibt, nicht zu schwer auf einem anderen Kind lastet, das seine persönliche Ausdrucksform braucht. Wer sich ausdrücken muß, soll sich ausdrücken dürfen ... Und wenn es nicht der Elternteil selbst ist, wird es ein anderes Kind sein, vielleicht sein kleines Enkelkind. Es muß sich jedoch im Rahmen dieser verwandtschaftlichen Beziehung ausdrücken, weil es eine symbolische Prüfung ist, ein Leiden, das herausgeschrien und von einem anderen geteilt und aufgenommen werden muß; von jemandem, der es vernimmt, aufsaugt und durch das Zulassen seiner Äußerung den affektiven Wert dieses Individuums, das von neuem Mensch geworden ist, wiederherstellt. »Dies ist weder gut noch schlecht; das Leben ist schwierig, aber es ist deine Bewährungsprobe, und du hilfst deiner Mutter, deiner ganzen Familie, dir selbst und zugleich deiner früheren und deiner zukünftigen Familie, indem du den menschlichen Schmerz äußerst, der zum Ausdruck kommt, dadurch einen anderen anspricht und sich vielleicht rächt ... der aber auch später verziehen wird.«

Die Tierethologie weist in dieser Hinsicht nichts Vergleichbares auf; es liegt in der Eigenart des Menschen, der Lebensgeschichte der Mutter, des Vaters und der Familie Rechnung zu tragen, letztlich mit einer Energie, einem Leiden, beladen sein zu können, das die anderen nicht bewältigt haben. Dieser Prozeß der Weitergabe ist spezifisch für unsere Art. Ich glaube, daß hierin der Mythos von der Erbsünde wurzelt.

Die verschiedenen Gesellschaftsformen haben dieses Schicksal des Menschen umgesetzt und beispielhaft belegt. Selbst in unseren Tagen halten manche an der familiären Verantwortung fest: Man ist für einen Fehler wie auch für eine tapfere Handlung, die ein Nachkomme begangen hat, gleichermaßen verantwortlich.

Das Tragische ist, daß der Mensch nicht zwischen Verantwortung und Schuld zu trennen vermag, sondern sich dessen schuldig fühlt, wofür er verantwortlich ist (obwohl er in keiner Hinsicht Schuld trägt). Und da er sich schuldig fühlt, schämt er sich und hemmt seine eigenen Äußerungen ... wie die Mutter von Lucienne, die sich schämte, von dieser Macht der Verzweiflung ergriffen zu sein, und die eine Schulter zum Anlehnen suchte, um sie äußern zu können ... Es fügte sich, daß es die Schulter ihres heutigen Ehemannes wurde, der ihr in diesem Moment als Großmutter oder als Mutter diente, um verstehen zu können, was ablief. Wie ein Punkt in Zeit und Raum wurde dieser Mann zur Schulter eines Menschen aus ihrer Kindheit, den sie brauchte, um dieses Leiden zu verstehen. Es war weder gut noch schlecht, sondern das Leiden daran, daß ihr Vater und ihre Mutter ein Kind hatten haben wollen, das sie selbst nicht hatte haben wollen und das ihre Schwester war. Genauso verhält es sich für die kleine Lucienne: Ihr Vater und ihre Mutter hatten in ihrer Liebe füreinander das Begehren entwikkelt, Claude in die Welt zu setzen, den kleinen Bruder, den sie nicht wollte: Zunächst einmal war dies ein zweites Kind, das nach ihr geboren wurde, und darüber hinaus gehörte er jenem Geschlecht an, das sich ihre Mutter bei ihr gewünscht hatte ... Und die Realität hatte bewirkt, daß sich das Begehren dieses Kindes im weiblichen Geschlecht verankert hatte. Also sagte sie sich: »Wozu ist das gut, ein Mädchen zu sein ... zu nichts ... ich möchte sterben.« ... Als wenn das Kind – das Subjekt – diesen Körper zugrunde richtete, der nicht mehr für seine menschliche Würde stand. Daher regredierte sie in ihrer eigenen Entwicklungsgeschichte bis zum fötalen Zustand, was ihre Mutter zu der Bemerkung veranlaßte: »Sie wird noch unter diesem Ledermantel ersticken.« »Aber keineswegs: Sie möchte dort ruhig verharren; sie dämmert vor sich hin und bekommt alles mit, was wir reden.« »Wie kann man zugleich vor sich hindämmern und zuhören?« »Wie damals, als sie sich in Ihrem Bauch befand: Sie dämmerte vor sich hin und hörte zugleich zu; Ihrer beider Leben gehörte zusammen.« Lucienne legte in symbolischer Weise noch einmal den Weg zurück, auf dem sie alle Beteiligten, alle Hauptpersonen, an jenen Ort mitnahm, an dem alles zum Stillstand gekommen war. Ein Teil ihrer lebendigen Entwicklungsmöglichkeiten wurde durch Unausgesprochenes behindert, das sie in ihrem Existenzrecht, ihrer Individuation und in ihrer Geschlechtsidentität als große Schwester hemmte.

Im Grunde genommen entsteht jede menschliche Krise aus dem Ungesagten und Falschverstandenen heraus. Beim kleinen Claude war es das Falschverstandene: Es wurde über einen Jungen gesprochen, der für ihn ein Lebensvorbild war; jener kleine Hector, ein »Großer«, der etwas werden möchte. Claude befindet sich hingegen noch in der ohnmächtigen Situation des Säuglings, aber die kleinen Jungen um ihn herum geben ihm ein Bild von ihm, das ihn verlockt, groß zu werden. Und dieses Großwerden würde eben zugleich den Tod des Vaters provozieren. Claude war verzweifelt. Also sagte ich zu ihm: »Aber das bist nicht du ... das ist Hector, der das von seinem Papa geträumt hat, der nicht dein eigener Vater ist; du träumst so etwas nicht von deinem Vater.« Sofort gewann er seine Individuation und seine Identität zurück.

Dies ist ein Beispiel für Prävention, wie wir sie im »Maison Verte« durchführen. Besagte Eltern hätten nie einen Psychiater aufgesucht, weder ihrer Töchter und Söhne noch ihrer selbst wegen.

Die Prävention muß vor allem die Einstellung der Eltern während des fötalen Lebens verständlich machen, die Art und Weise, in der sie sich das Kind vorstellen und Austauschprozesse mit ihm unterhalten, später dann bei der Geburt und während der ersten Lebensmonate. Ich bin der Ansicht, daß man in dieser Periode eine noch genauere Arbeit der Demystifikation und Information leisten kann. In dieser Phase treten nämlich die meisten rezeptiven Gedanken und Mißverständnisse auf. Dies gilt gerade für jenen Lebensabschnitt des Menschen, der Generationen von Erziehern völlig unfaßbar und uninteressant erschienen ist. Noch heute sehen die meisten Erwachsenen bei ihren eigenen Kindern darüber hinweg. Für die ersten Lebensmonate des Menschen bleibt wesentlich mehr Arbeit zu leisten als für die ersten zehn Jahre, die in reichlichem Maße erforscht sind.

Ein wirklich sehr aufschlußreiches, aus dem Leben gegriffenes Beispiel ist die »Sprache«, die ein Kind integriert hat und die es wiederholen muß, um sich selbst wiederzufinden – wobei Sprache im weitesten Sinne gemeint ist.

In unserem »Maison Verte« ist über zwei niedrigen Stufen ein kleines Wasserbecken installiert. In den ersten beiden Jahren passierte es nie, daß Kinder beim Spielen Dreiräder auf die zweite, direkt unter dem Becken gelegene Stufe schoben. Plötzlich amüsiert sich ein etwa anderthalbjähriges Mädchen damit, unter Kraftanstrengung einen kleinen Puppenwagen mit ihren Beinen hinaufzubugsieren und dann mit ihm hinunterzusteigen: tock, tock ... und von neuem beginnt sie den schwierigen Aufstieg. Ohne offenkundiges Nachahmungsverhalten zieht ihr dreijähriger Bruder im Nu sein Spielzeugauto auf die gleiche Weise die Stufen hoch; beide hatten ein Bedürfnis nach diesem Verhalten. Während ich das Auf und Ab beobachtete, bemerkte ich, wie die Mutter und vor allen Dingen der Vater sehr verärgert über dieses von ihren Kindern erfundene Spiel waren, obwohl es niemanden störte. Es hatte offenbar eine besondere Bedeutung für sie. Ich fragte die Mutter: »Sagen Sie, als Ihre Kinder klein waren und im Kinderwagen lagen, mußten Sie da Stufen hinauf- und hinabsteigen, wenn Sie das Haus verlassen haben?« »Erinnern Sie mich bloß nicht daran!« Gemeinsam mit ihrem Mann lacht sie los und flüstert ihm zu: »Erinnerst du dich noch an unsere Wohnung?« Darauf er: »Warum fragen Sie das?« »Weil ich sehe, wie aufgebracht Sie über das sind, was Ihre Kinder machen, obwohl es sonst keinen stört.« Denn er war drauf und dran, sie daran zu hindern. Die Mutter erzählte mir: »Damals wohnten wir im Hochparterre und hatten eine unerträgliche Concierge

(Pförtnerin), die es nicht zuließ, daß ich den Kinderwagen im Hausflur abstellte. Also mußte ich eben stets sieben oder acht Stufen bis zu unserer Wohnung emporklettern; und als das zweite Kind zur Welt gekommen war, lagen zwei Kinder im Wagen, und ich konnte nicht beide hinunterbringen, wieder hochsteigen, um den Wagen zu holen usw.; immer wenn ich hinunterstieg, machte es tock, tock, tock ...« Der Ehemann stellte die Concierge zur Rede und schnauzte seine Frau an, die die Concierge nicht davon überzeugen konnte, daß man den Kinderwagen notwendigerweise unten lassen müsse und daß es wahrlich inhuman sei, eine Mutter zu derartigem Handeln zu zwingen ... So wies er eben hier und jetzt seine Kinder auf dieselbe Art zurecht, in der er sich dort erregt hatte. Sie waren schließlich in eine Wohnung mit Fahrstuhl umgezogen, in der dieses Theater nicht veranstaltet werden mußte. Also sagte ich ihnen: »Genau das machen Ihre Kinder jetzt nach.« Die Kleine hatte es nur drei oder vier Monate lang erlebt, der Junge hingegen seine ganze frühe Kindheit über. Daher brachten sie in ihrer eigenen Sprache, mittels eines Dreirades, wieder die Geborgenheit bei Mama zum Ausdruck, die darin bestand, tock, tock, tock zu machen und wieder hochzusteigen, um tock, tock, tock zu machen. Nichts anderes haben die Kinder in der Tat gespielt.

Gesten, die Eltern belanglos oder untragbar erscheinen, können im Gegenteil äußerst enthüllende Funktionen haben. Jenes Theater stand für die Geborgenheit bei Mama. Die Schelte des Vaters verfehlte ihre Wirkung auf sie; sobald er ihnen den Rücken gekehrt hatte, begannen sie von neuem. Für die Kinder hatte dieses Spiel eine weit gravierendere Bedeutung; sie gewannen ihre Geborgenheit, die der Mißlaunigkeit Erwachsener widersteht, zurück.

Man wird täglich Zeuge, wie Eltern dazu neigen, Äußerungen und Bekundungen ihres Kindes, die ihnen Entscheidendes über seine Intelligenz vermitteln, zu unterdrücken und scharf zu kritisieren.

Diese beiden Eltern haben an jenem Tag begriffen, daß das Kind Geborgenheit spürt, wenn es eine Sprache wiederholt, die es im Kontakt mit seiner Mutter angenommen hat, und die weit über die eigentlichen Worte hinausreicht, die gelungene Lebensbewältigung zum Ausdruck bringt. Es handelt sich dabei um ein positives Grundsensorium: Von klein auf bei sich selbst geborgen zu sein, bedeutet, bestimmte Situationen nachzuspielen und sich über Zurechtweisungen hinwegzusetzen.

Dieses Wiederholungsverhalten von Kindern stellt sicherlich einen Prozeß der Integration und der Heranführung ans Leben dar. Um das wahrzunehmen, bedarf es jedoch kleiner Beobachtungen wie der geschilderten. Das »Maison Verte« eignet sich hierfür, was entscheidend ist, weil solche Ereignisse vor dem Eintritt in die Vorschule stattfinden, mithin bevor das Kind Aufnahme in der Gemeinschaft findet oder auch nicht. In diesem Stadium sind nicht nur Störungen beim Kind, sondern ebenso Mißverständnisse und Mangel an Einfühlungsvermögen bei den Erwachsenen behebbar. Eltern enthüllen die Weltsicht ihres Kindes. Wovon sie zunächst als einem »Tick«, einer »Manie«, Marotte oder Dummheit, die ihnen auf die Nerven gegangen ist, ergriffen worden sind, enthüllt ihnen ein außergewöhnliches Netz psychischer Zusammenhänge, das rund um die alltäglichsten Ereignisse in der frühen Kindheit und im Leben des Kindes gewebt ist, bezogen auf die heutige schwierige Lebenssituation eines jungen Paares. Jener Vater, der über das unaufhörliche Hin und Her mit dem Spielzeugauto oder dem Puppenwagen anfangs verärgert war, konnte am Ende befreit darüber lachen: »Ich hätte nie gedacht, daß sich mein Sohn und meine Tochter an diese Treppenkomödie erinnern und daß es ihnen Spaß machen würde, sie zu wiederholen!«

Schamgefühl ist keine Frage des Alters

Im »Maison Verte« haben wir hinter einer Säule eine Ecke für einen kleinen Wickeltisch reserviert, der nicht mitten im Vorraum stehen sollte. Vor aller Augen die Windeln gewechselt zu bekommen, macht jedem Kind viel mehr aus, als in der vertrauten Umgebung gewickelt zu werden, allein und den Blicken anderer entzogen, was darauf hinzudeuten scheint, daß schon der Säugling Schamgefühl besitzt und gehemmt ist, wenn ihm vor aller Augen jene Körperregion entblößt wird, die zu reinigen ist. Die Mütter sind sich dessen bewußt: »Sie haben recht, es ist viel besser so, fast wie das Wickeln zu Hause.« Zu uns kommen Kinder, die nur dann Pipi oder A-A machen können, wenn sie den Topf holen und sich mitten unter die Leute setzen. Wir sagen der Mutter dann folgendes: »Nein, hier bei uns gehen die Kinder hinter den Vorhang (es gibt einen kleinen Vorhang)[1], die Nachttöpfe werden nicht hinausgetragen.« Eine Mutter hat sich zu der Behauptung verstiegen: »Aber dann dürften sie ja auch nicht vor aller Augen essen?«, worauf ich erwidert habe: »Doch, weil wir in unserem Kulturkreis vor den Augen anderer Menschen essen, ohne uns deswegen zu schämen. Wann immer Sie etwas mit einem Kind anstellen, denken Sie daran, daß es wie Sie selbst ist. Würde es Ihnen denn Freude bereiten, Ihren Nachttopf für alle sichtbar hereinzubringen?« »Nein, natürlich nicht ... Aber bei den Kindern ist das etwas anderes.« »Mag sein.« Und sofern man das Kind respektiert, sieht man daran, daß es – selbst als Kleinkind – eine Würde seiner selbst erwirbt, die es in bezug auf diese Bedürfnis- und Reinigungs-Verrichtungen vorher nicht besaß.

Im 17. Jahrhundert gaben die Adligen Audienzen und saßen dabei auf ihrem Nachtstuhl. In den Augen des Pöbels sowie ihrer Angestellten und Kinder war dies ein Zeichen sozialen Aufstiegs. Bei einem solchen Erwachsenenvorbild will das Kind genauso werden. Warum soll man ihm Verrichtungen aufzwingen, die jene Person, die das Erwachsenenideal verkörpert, aus Schamgründen nicht ausführen würde?

Viel zu wenig beachtet, entsteht und entwickelt sich in jedem Kind das intuitive Vorhaben, als eigenständige (erwachsene) Person angesehen zu werden. Ferner erwartet das Kind, daß man sich ihm gegenüber ebenso verhält und den gleichen Respekt entgegenbringt wie gegenüber einem Erwachsenen. Es hat recht mit dieser Auffassung.

Diese Forderung darf man im gesamten Schambereich nicht aus dem Auge verlieren. Nehmen wir die alltäglichsten Situationen, etwa jene, bei denen Eltern im Adamskostüm zu Hause herumlaufen. Ich werde häufiger gefragt: »Ist das nun gut oder nicht, wenn uns die Kinder so sehen?« Ich entgegne in solchen Fällen: »Wenn Sie Freunde, die Sie schätzen, bei sich zu Gast haben, zeigen Sie sich dann nackt?« »Aber nein!« »Nun gut, dann tun

Sie es auch nicht vor dem Kind. In Gegenwart Ihres Gatten können Sie natürlich nackt herumlaufen. Ihr Kind ist jedoch nicht Ihr Ehepartner. Wenn Sie sich jedoch gemeinsam mit anderen nackt zeigen – warum nicht?«

Eltern, die zu Hause nackt herumlaufen, stellen mit Erstaunen fest, daß Jungen zwischen sechs und acht Jahren eine geradezu krankhafte Scham entwickeln. Noch schwerer fällt es zu begreifen, daß die kleinen Mädchen schon im Kindergarten und die Größeren in der Vorschule die Toiletten abklappern, um zu beobachten, wie sich die Großen ausziehen, um so der Intimität des Inzests zu entfliehen ... und dies gilt auch für andere wie für Papa oder Mama. Ich habe zahlreiche Briefe von Eltern erhalten, die ihr Kind, das sich in der Toilette einschließt, ausschimpfen oder sich darüber aufregen. Das Schamgefühl entwickelt sich sehr früh, wird vom Kind jedoch erst dann zum Ausdruck gebracht, wenn es nicht mehr anders zu handeln weiß und sich durch den Blick des anderen bedroht fühlt.

Die Generation des 1968 Zwanzigjährigen machte sich Sorgen, ihren Kindern nicht den Glauben vermitteln zu können, daß der Körper keinen Anlaß zur Scham biete, was im Gegensatz zu früheren Generationen stand, die ihren Körper noch weitgehend verbargen: »Zeig dich nicht jedem!« Doch gleichzeitig gaben die Eltern das Beispiel, sich selbst nicht nackt zu zeigen. Heute tun sie dies und berücksichtigen dabei nicht, daß sich ein Kind im Vergleich zum erwachsenen Körper seiner Eltern, der ihm so schön erscheint, minderwertig fühlt. In ästhetischer Hinsicht kann es mit dem erwachsenen Körper nicht mithalten. Wenn Kinder unter sich sind, macht ihnen Nacktheit nichts aus. Die Nacktheit fremder Erwachsener stört sie nicht, doch die ihrer leiblichen Eltern wird auf ganz besondere Weise erlebt; für das Kind stellen seine Eltern verinnerlichte Vorbilder dar. Wenn das Äußere Eindruck zu machen sucht und sich zur Schau stellt, erkennt das Kind seine künftige Erwachsenheit überhaupt nicht mehr, weil sie dadurch in Frage gestellt wird, daß sein eigener nackter Körper den Vergleich nicht aushält. Jene Frauen, die sich, ich weiß nicht, bis zu welchem Alter, nackt vor ihrem Jungen zeigen, reduzieren den Freiraum ihres Kindes. Nacktheit wurde zum »Alltag«. Doch die Nacktheit von Mutter oder Vater kann man für das Kind nicht zum Alltag machen. Die Dinge sollten wieder auf den Punkt gebracht werden. Eltern sind bei diesem Thema heute genauso ratlos wie ein Priester, der gefragt wird, ob Christus bei der Eucharistiefeier wirklich gegenwärtig ist, und darauf antwortet: »Urteilen Sie nach Ihrem Gewissen.« Die heutigen Eltern sind zwischen der Sorge, Nacktheit wie ihre eigenen Eltern zu handhaben, und sie dem Kind als etwas Natürliches hinzustellen sowie dem Respekt vor einem bestimmten Mysterium hin- und hergerissen.

Die gleiche Befangenheit stellt sich in Gegenwart der Kinder auch bei der Paarbeziehung ein. Nacktheit ja, doch was ist mit der Zärtlichkeit? Nur wenige von den Paaren, die darauf verzichten, sich vor den Kindern zu umarmen und einander nicht einmal kleine Zeichen der Zuneigung geben – wo das Kind doch das Wissen braucht, daß sich seine Eltern liebhaben –, und von jenen Paaren, die sich in aller Öffentlichkeit stürmisch liebkosen, wissen ihre natürliche Art zu bewahren.

Das läßt sich recht einfach regeln, ich sage den Eltern: »Wie verhalten Sie sich gegenüber Ihren Gästen? Nun, verhalten Sie sich vor Ihren Kindern wie vor Gästen, an denen Ihnen liegt; gehen Sie bei Ihrem Kind nicht über diesen Rahmen hinaus.« Es gibt keine anderen Kriterien. Zahlreiche Eltern verfügen nicht über eine solche ethische Haltung. Überzeugt davon, daß ihnen ihre Erziehung die emotionalen, affektiven und sexuellen Schwierigkeiten, unter denen sie leiden, bereitet hat, möchten sie diese bei ihrem Kind verhindern und streben letzten Endes danach, das Gegenteil dessen zu tun, was ihre eigenen Eltern getan haben. Das Resultat ist, daß sich ihre eigenen Kinder in die entgegengesetzte Richtung entwickeln. Es hat äußerst nachteilige Folgen, wenn die Eltern gegenüber ihren Kindern ein Verhalten annehmen, das ausschließlich Abhängigkeit von ihren eigenen Eltern aufweist; die menschliche Spezies läßt sich schließlich auch auf andere Weise erhalten. Überdies gilt es, Rücksicht auf die Freiheit der anderen zu nehmen.

Die Freiheit eines Kindes zu respektieren, bedeutet, ihm Vorbilder anzubieten und ihm die Möglichkeit zu lassen, sie nicht nachzuahmen. Ein Kind kann sich nur dadurch entwickeln, daß es »Nein« sagt. Angesichts seiner wiederholten Ablehnung sind die Eltern zutiefst verunsichert und scheitern ständig. Doch was scheitert eigentlich? Ihre Zielsetzung, den Sprößling nach ihrer persönlichen Norm zu entwickeln. Doch nicht die Zielsetzung, die ihr Kind in sich trägt. Dadurch, daß sie ihr Scheitern schlecht ertragen, stimulieren sie die Sexualität des Kindes in überstarkem Maße. Sie verhalten sich, als wenn die Zukunft dieses Kindes nur für den Augenblick ihrer geschlechtlichen Intimität und nicht für das restliche Leben Sinn gehabt hätte. Sie leugnen, daß sein Begehren, ihren Erwartungen nicht zu entsprechen, einen Sinn hat.

Im Kreise der Erzieherinnen einer Kindertagesstätte

Ich habe zwei kleine Kinder aus Mauretanien betreut, Bruder und Schwester, die einer Kindertagesstätte anvertraut worden waren – den dreijährigen Dominique und die 12 Monate alte Véronique –, zwei Vornamen ähnlichen Klanges. Der Junge war seit drei Monaten da, hatte aber noch kein einziges Wort gesprochen. Er attackierte seine Schwester, die antriebslos und depressiv war, er sprach jedoch nicht und wurde daher für retardiert gehalten, was er aber keineswegs war. Er befand sich lediglich in einer Umgebung, die ihn nicht aufgeklärt hatte, warum er plötzlich von seinen mauretanischen Eltern getrennt worden war. Ihm war nur seine kleine Schwester als Erinnerung an seine Familie geblieben. Daher attackierte er sie, weil er vermutlich wünschte, sie solle ein Baby bleiben, wie vor der Trennung von den Eltern.

Die Mutter kam ein einziges Mal, zusammen mit ihrem Mann, und schaute die Kinder noch nicht einmal an. Sie war eine Frau, die ihrer persönlichen Stammesumgebung in Mauretanien entrissen worden war und sich nicht im mindesten an Paris gewöhnt hatte; sie ging putzen, um Geld zu verdienen. Daraus wird verständlich, daß sie wegen ihrer dritten Schwangerschaft die beiden Erstgeborenen nicht versorgen konnte.

Aufgrund der Beschwerde von Nachbarn, daß die Kinder geschlagen würden, hatte das Gericht die Trennung verfügt und die Betreuung in einer Kindertagesstätte angeordnet. Ich sah die Eltern, die schockiert waren, daß man ihnen ihre Kinder weggenommen hatte, nur weil die Mutter, die trotz ihrer dritten Schwangerschaft weiterhin arbeiten mußte, das Geschrei der kleinen Véronique nicht länger ertrug. Beim Erscheinen der Eltern flüchtete sich die kleine Tochter zu den Betreuerinnen und weinte, aus Furcht, ihre Mutter könne sie mitnehmen. Der Junge hingegen ging erst auf seine Mutter, dann auf seinen Vater zu.

Ich sagte mir: Der Älteste ist hier unglücklich und hat nur deswegen regrediert, weil diese Kleine auf die Welt gekommen ist und das Familienleben gestört hat. Daß er gerade dieses Kind attackiert, ist demnach völlig normal. Ein anderes gleichaltriges Kind würde er in Ruhe lassen; er greift daher seine Schwester an und nimmt ihr alles weg, was sie anfaßt ... weil diese Schwester ihm seine Mama genommen hat, und damit ist auch sein Zuhause zerbrochen. Doch wenn man ihm die näheren Umstände nicht erklärt, wird er dieses Verhalten beibehalten und dadurch das Zweitgeborene in seiner Entwicklung behindern, weil er ihm jegliches Interesse für einen Gegenstand untersagt, indem er es ihm sofort aus den Händen nimmt. Die Kinder zu trennen, wäre ein Fehler, denn damit würde man die Familie endgültig trennen. Darum muß man sie zusammen lassen, doch zugleich dem Älteren verstehen helfen, daß sein Verhalten, mit dem er seine Schwester am Leben hindert, ihm selbst nicht mehr Lebensraum verschafft. Man muß ihm ferner den Sinn verdeutlichen: Er verbietet, daß seine Schwester einen Gegenstand anfaßt, weil sie ihm durch ihre Geburt seine Mama weggenommen hat. Er glaubt, wenn seine Schwester nicht geboren worden wäre, hätte man ihn nicht aus der Familie gejagt, seine Mama wäre nicht so gereizt gewesen, hätte sie nicht so geschlagen, die Nachbarn hätten sich nicht über das Geschrei beklagt und der Richter hätte sie nicht ihren Eltern weggenommen. Man erklärt ihm das Ganze, und er versteht alles. Seine Handlungsweise gegenüber seiner Schwester ist weder gut noch schlecht, sondern »beredt« und ausschließlich, er selbst wird dabei in eine Dynamik zurückversetzt, die für ihn einen Sinn hat. Und nun beginnt er, von neuem zu kommunizieren statt zu verhindern, daß seine Schwester mit den Gegenständen kommuniziert.

Das Schema dürfte hinreichend bekannt sein: der Ältere stört die mit dem Baby beschäftigte Mutter, weil er zum Beispiel kommt und dem Baby die Windeln wegnimmt oder aus dessen Fläschchen trinkt; die Mutter gibt ihm einen Klaps, er weint und bekommt noch einen Klaps. Eines Tages erregen die Klapse dann tatsächlich Aufsehen bei den Nachbarn, führen zur Beschwerde. Der hinzugezogene Richter ordnet eine Untersuchung an: unterentwickeltes Milieu, sogenannter »Sozialfall«; die Kinder werden den Eltern weggenommen. Diese ganze Entwicklung muß von neuem durchgearbeitet werden. Der Ältere entwickelt jene Fixierung auf seine Schwester, weil er sich sagt, sie sei schuld an allem Mißgeschick. Es wird ihm jedoch nicht verbal vermittelt, wodurch er begreifen könnte, daß die Situation vollkommen anders gelagert ist: Seine erschöpfte Mutter ist erneut schwanger; sie ist eine gute Mutter, doch ohne die Hilfe ihrer eigenen Mutter (die Großmutter war in ihrem Heimatland geblieben) muß sie die Kinder ganz allein großziehen, was in ihrer Familie schwierig ist. Die Kinder waren ein Hindernis, daß sie eine Putzstelle fand, weil kein Arbeitgeber wollte, daß sie ihre beiden kleinen Kinder mitbrachte.

Man muß dem Jungen verständlich machen, daß er in dem Irrglauben befangen ist, der Verlust ihres Zuhauses sei die Schuld seiner Schwester (oder seine eigene) oder die seiner Eltern, die der Justiz gegenüber machtlos sind.

Ich sagte ihm: »Das liegt nicht daran, weil du Dominique bist; jedes noch so große Kind, das seine Mama braucht, wäre in dieser Situation unglücklich gewesen ... Pierre, Paul oder Jacques ... Dominique, das warst du, und du ganz persönlich warst unglücklich und glaubtest, Véronique sei schuld daran. Es liegt aber daran, daß deine Mama zwei Kinder gehabt hat, und das war sehr anstrengend, weil sie nebenher Putzarbeiten verrichtete, um Geld zu verdienen.«

Statt sich auf Interaktionen mit gleichaltrigen Kindern einzulassen, lauerte Dominique ständig seiner Schwester auf, um sie an ihrer Existenz zu hindern. Die Kleine ging dabei allmählich zugrunde, weil sie ihren Bruder liebte, und um ihm zu gehorchen, schränkte sie sich bis zur Selbstaufgabe ein.

Erzieher, die darauf achten, daß sich die Kinder altersgemäß entwickeln, bemerken, wenn ein Kind zurückbleibt und ein anderes stagniert. Das war zwischen den beiden nur scheinbar der Fall; in Wirklichkeit mußten die beiden den Grund erfahren, warum sie in die Tagesstätte gekommen waren und daß dies nichts mit ihnen persönlich zu tun hatte, sondern mit einer Situation, in der sie Kinder eines bestimmten Alters waren. Aber sie sind eben nur Kinder und damit Subjekte ihrer eigenen Intentionalität ... das heißt, der Triangulation Vater – Mutter und ihrer Geschwisterbeziehung.

Damit er zwischen Subjekt und Individuum des betreffenden Alters zu unterscheiden vermochte, sagte ich zu Dominique: »Du selbst verstandest, aber dein Körper war noch Kind und wußte sich nicht anders zu verhalten, daher glaubte deine Mutter, weil du ein Kind warst, daß du begreifen würdest, wenn sie dir ein paar draufgäbe ...

Aber du, du wußtest nicht, wie du dich verhalten solltest.« Und unabhängig von ihrem Alter sagte ich zu ihnen: »Das liegt nicht an dir, Fräulein Soundso, das liegt daran, daß du in diesem Alter bist, aber das hätten auch Pierre, Paul oder Jacques sein können ... Dominique ist nicht schuld, sondern die Situation ist schwierig.«

Der Zustand der Kindheit steht auch für die Machtlosigkeit eines bestimmten Alters, Begehren entrinnen zu können, die Ausdruck finden müssen. Dominique wollte sich ausdrücken, er besaß jedoch nur dieses eine Mittel – seine Schwester zu schlagen.

Am Ende dieser Unterredung mit Dominique, die in Gegenwart seiner kleinen Schwester und unter Mithilfe einer Erzieherin erfolgte, hat der Junge die Sprache wiedergefunden und keine Psychotherapie mehr gebraucht. Er ist in die Vorklasse des Kindergartens eingetreten, der in die Tagesstätte integriert ist, und belästigt seine kleine Schwester nicht mehr, die nachts im selben Schlafsaal wie er untergebracht ist; er schläft in ihrer Nähe und verhält sich sehr brav. Danach habe ich mich um seine Schwester gekümmert, die ebenfalls sprachlichen Beistand brauchte. Ich habe mich mit den Erzieherinnen der Tagesstätte abgestimmt: »Ich möchte die kleine Véronique ganz allein sehen, denn der Große ist schon aus dem Schlimmsten heraus, besucht die Klasse, mag seine Schwester durchaus und geht mit seinen Eltern ganz zufrieden um, wenn sie zu Besuch kommen ... Aber die Kleine hat noch ein wenig Angst: Auf ihren Vater geht sie zu, aber ihre Mutter meidet sie. Die Mutter ist also unglücklich, weil sie ihre Tochter natürlich dennoch liebt.« Nach meinen Vorabinformationen war diese Frau gewiß nicht in der Lage, ohne Familienhilfe eine Tochter großzuziehen. Sie war immer noch den Gewohnheiten ihres Heimatlandes verhaftet, hing Erinnerungen nach und lebte vollkommen isoliert. Selbstverständlich war es für die Nachbarn unerträglich zu hören, wie diese Frau ihren Kindern zu pausenlosem Geplärr Anlaß gab. Véronique hatte lebhafte, intelligente Augen, war jedoch sprachlich zurückgeblieben. Ich bot ihr Vorbilder an, wobei ich sagte: »Das ist Geneviève« (die am Vormittag diensthabende Erzieherin) oder »Das ist Christine« (die am Abend diensttuende Erzieherin), oder »Das hier ist Madame Dolto«. Wenn ich ihr einen Gegenstand gab, stieß sie unbeholfen ein oder zwei Laute hervor, wobei ich bemerkt hatte, daß sie, während sie sich mit dem Sprechen alle Mühe gab, mit ihrem Hinterteil hin- und herwackelte, wie eine Ente, die mit ihrem Bürzel spielt. Daraufhin sagte ich zu ihr: »Véronique, du möchtest mit deinem Mund sprechen, mit deinem Mund im Gesicht; und dabei spricht der Mund von deinem Hinterteil.« Sie hat mich sehr interessiert angeschaut, und beim nächsten Mal hat sie gleichzeitig gesprochen. Sie hat darüber laut losgelacht, wie sie gleichzeitig ihr Hinterteil bewegte und einzelne Laute hervorstieß. Diese Sprache ging anfangs von zwei Polen aus. Dann begann dieses Kind, den oralen Pol bevorzugen zu wollen, aber immer, wenn sie sprach, waren es in Wirklichkeit die von ihrer Mutter auf das Hinterteil erhaltenen Schläge, die zu ihrem Hinterteil sprachen. Ich hatte mit ihr noch nicht über die Schläge auf den Po geredet, sondern ihr lediglich bewußt gemacht, daß beim Sprechen ihr Hinterteil sprach, bevor ihr Mund sprach. Sie fand das recht lustig, weil es zutraf.

Über Vorbilder versuchte ich sie anzuregen: »Das da ist die Kuh«, sie lächelte und wiederholte die Wörter. Als sie

»biau« statt »blau« und »Fiuß« statt »Fluß« sagte, half ich ihr, von neuem anzufangen. Ich achtete sehr sorgfältig darauf, selbst die einfachsten Laute, die sie erzeugte, zu korrigieren, weil dies bedeutete, mit einem Kind ganz mitzuleben. Bevor sie den berichtigten Laut versuchte, mußte sie zunächst ihr Hinterteil schütteln. Dann schaffte sie es. Sie wollte es packen, sie wollte fehlerfrei sprechen ... aber dazu muß man zuvor A-A machen ... Das Fehlerfreie ist in der Gegend des Hinterteils lokalisiert, das die Schläge empfangen oder A-A gemacht hat, der bevorzugte Körperteil in der Beziehung der Mutter zu ihrem Baby. Denn im Grunde genommen ist es ein Geschenk, das sie dem Erwachsenen macht, mit dem sie kommuniziert: ihm einen Laut als Geschenk zu geben, der dem, was der Erwachsene verlangt, entspricht. Und wenn sie es fehlerfrei sagt, wird sie von allen Kindern und von jedermann verstanden. Hier setzt ihre Gewandtheit ein. So kann eine Psychotherapie ablaufen. Doch wenn man dieses Kind filmen wollte, was bekäme man dann zu sehen? Ein Kind, das sich selbst stimuliert und ständig sein Hinterteil einsetzt ... Man könnte schwer verstehen, in welchem Augenblick expressiver Intentionalität dies bei ihr ineinander übergeht: sich fehlerfrei verhalten ... unten oder oben? Man weiß es nicht. Die kleine Véronique hat noch keine anderen Mittel als ihr Hinterteil, um sich auszudrücken: Hier ist der Ort, der ihrer Mutter Befriedigung verschaffte; dorthin kehrt sie zurück. Sie ist außerordentlich intelligent, reagiert auf die kleinste Bemerkung ihr gegenüber. Das ist herrlich! Man bemerkt, daß das Kind noch nicht über die altersgemäßen sprachlichen Mittel in einer Kultur verfügt, in der mit dem Mund gesprochen wird, und um die Laute zu finden, muß sie ihr Hinterteil – das gleichzeitig ihr Geschlecht verkörpert – hin- und herschütteln, und ihr Begehren wird dort von ihrer Mutter, später von den Erzieherinnen, in ihrer Beckenregion akzeptiert und respektiert. Eine ganze Kultur kommt darin zum Ausdruck, indem man etwas mit den Händen macht (»machen« in der mit A-A und Pipi verknüpften Bedeutung), die Verschiebung der Schließmuskel-Vorstellung auf die mit der Knetmasse beschäftigten Hände. Der erste Gegenstand, den ein Kind anfaßt, ist oft sein A-A. Und was hebt es auf seinen Spaziergängen auf? Prompt die Hunde-A-As, für die es Interesse zeigt. Man muß sich auf die Ebene des Kindes begeben. Will man es an die Kultur heranführen, dann muß man sein Interesse auf einen anderen Gegenstand verschieben. Man kann jedoch nicht alles auf einen Schlag verschieben, und der Körper spielt in der Erinnerung noch mit jener Zeit, in der man von der Mutter gewickelt wurde. Was die Kamera nicht zeigen kann, bringt die Psychoanalyse vor Zeugen wie den Erzieherinnen, die das beobachtete Resultat bestätigen können, zum Vorschein.

Alles Tun des Kindes muß auf der dynamischen Ebene erklärt werden, wodurch ihm das Schuldgefühl des Kindes genommen wird. Letztlich ist nicht wichtig, daß es ein Kind ist, sondern daß man sich ihm als einer Person zuwendet, die nur vorübergehend auf die Möglichkeiten des Kindes beschränkt ist.

Das Ziel der Eltern besteht darin, dem Kind soziales Verhalten beizubringen, aber sie werden ihm nicht auf seiner eigenen Ebene gerecht. Sie wollen unverzüglich ein Ergebnis sehen, wobei sie seine Wurzeln kappen.

In Wirklichkeit liegt alles im familiären und sozialen Verhalten begründet, über den Weg des Vergessens, die

Amnesie des fötalen und neonatalen Lebens, der frühen, in neurologischer Hinsicht unausgereiften Kindheit.

Die Mutter von Véronique teilte ihr mit, daß ihre Tochter sofort wieder schmutzig sei, sobald sie ihr die Windeln gewechselt habe. Da Véronique gestillt worden war, hatte sie nicht die üblichen Anfangsprobleme, sondern Sekundärstörungen gehabt: Da sie sich das Interesse ihrer Mutter sichern wollte, behielt sie die Gewohnheit bei, Stuhlgang zu haben oder zu urinieren, um damit ihre Mutter zurückzuholen. Die Mutter vermittelte hingegen, das sei nicht mehr möglich; also versohlte sie ihr den Hintern, damit sie nicht ständig weiterhin Pipi oder A-A machte.

Die Behauptung sei gewagt, daß die Erziehung zu stark auf der »Verpflanzung« und dem »Steckling« gründet. Die Wurzeln werden gekappt, und dem Kind fehlen somit die Grundlagen seiner eigenen Lebensgeschichte: Es ist nicht mehr imstande zu kommunizieren, es ist gänzlich verloren.

Die Erwachsenen sind der Ansicht, es sei nützlich, das Kind aus seinem unreifen, animalischen Stadium herauszuführen. Sie verhehlen sich den ökonomischen Grund: Die Mutter will die Freiheit haben, ihrer Berufstätigkeit nachzugehen. Nun braucht das Kind sie aber. Und sie selbst brauchte gewiß ihr Kind ebenso, wie seinerzeit, als sie selbst klein war und – der Mama beraubt – ihre Großmutter sie bei sich hatte und überallhin mitnahm. Dieses Kind reagiert nun auf das unbewußte Begehren der Mutter: sich nicht von ihrem Kind zu trennen, und dennoch »Piepen« zu verdienen, wie man sagt. Das ganze Drama jener Kinder, die zu früh in die Tagesstätte gebracht werden, hat hier seinen Ursprung.

Viele Mütter, die mit ihren Nerven am Ende sind, schlagen ihr Baby, damit es nach dem Wechsel der Windeln nicht sofort wieder einnäßt. Sie müssen aus dem Haus, sind überlastet und ausgelaugt. Man hat ihnen eingeschärft, das Kind müsse den Gesellschaftskodex akzeptieren und dem Erwachsenen Befriedigung geben, weil ihm dieser vermittelt: »Mach das, weil ich es brauche usw.« Er selbst geht woandershin. Das Kind wird den Kodex schließlich nur dann akzeptieren, wenn er mit ihm selbst verknüpft ist, wenn es die positive Beziehung zu sich selbst, an die sich der Körper erinnert, wiedergefunden hat. Daher spricht man das Subjekt an, das ihm als ein respektierter Gesprächspartner innewohnt, indem man ihm erklärt, was das Subjekt mittels dieses Körpers gerade ausdrückt. Falls nicht, regrediert das Kind und treibt im Dunkel, auf der Suche nach sich selbst, und kann kein Verständnis für die normativen Äußerungen der Erwachsenen entwickeln. Es devitalisiert sich und lehnt eine Norm ab, die es für ein Verbot des Lebendürfens hält. »Ich muß ein Gegenstand werden, ein Gegenstand, der nicht mehr funktioniert.« Also geraten all seine Funktionen aus dem Rhythmus. Bevor ich mich mit ihr befaßte, waren der kleinen Véronique Appetitanreger verabreicht worden, um zu erreichen, daß sie zur festgesetzten Zeit schlief und sich nach dem Wachwerden Bewegung verschaffte; sie war jedoch völlig passiv geworden, regelrecht erloschen und gab in der Tagesstätte Anlaß zur Beunruhigung. Man nannte sie »die Zurückgebliebene«, weil sie diesen Eindruck erweckte, diese kleine doch so intelligente Person!

Selbst in der »Schönen Welt« kann man die Bedürfnisse des Kindes nicht auf biologische Unzulänglichkeiten reduzieren.

Ich glaube, das spezifisch Menschliche (beim Tier ist es

jedenfalls nicht zu beobachten) am Begehren ist das Verlangen nach interpsychischer Kommunikation mit dem Erwachsenen. Der ganze Umgang mit dem Erwachsenen stellt für ein Kind Sprache dar ... Die Geschichte jener mauretanischen Familie ist hierfür bezeichnend.

In unserer heutigen zivilisierten Gesellschaft, in der es so viele Kinder einer entwurzelten Mutter oder eines entwurzelten Vaters gibt, läßt sich verfolgen, wie sich diese Kinder in sprachlicher Hinsicht schließlich akkulturieren. Die Eltern unterhalten mit ihren Kleinen Formen der Kommunikation, die von denen ihrer eigenen Kindheit abweichen. Sie möchten jene Sprache fortsetzen, die sie als Baby von ihrer Mutter empfangen haben, befinden sich jedoch nicht in den Situationen, in denen sie diese »Stammessprache« einsetzen können. Das Kind weiß überhaupt nicht mehr, wie es sich entwickeln soll. Die Mutter möchte, daß sich das Kind auf eine Weise verhält, die ihr selbst die Berufstätigkeit erlaubt, was im eigenen Stammesleben ganz und gar nicht der Fall war.

Gerade die Therapie der ganz kleinen Kinder bestätigt uns die entscheidende Erkenntnis, daß der Mensch von seiner Zeugung an fest mit einer Lebensgeschichte verbunden ist. Aber er kann sich nur dann entwickeln, wenn ihn nichts seiner Vergangenheit entfremdet. Er kann sich ferner nur dann von einem Körperbild trennen, wenn dieses Körperbild durch die Sprache Symbolisierung gefunden hat.[2] So kann zum Beispiel ein Baby, das von der Mutterbrust trinkt, erst abgestillt werden, wenn die Mutter denselben Prozeß wie das Kind leistet und selbst mehr Freude darauf zu ziehen beginnt, mit ihm über die Sprache statt über die Versorgung durch den Körperkontakt zu kommunizieren. Wenn sie das Baby abstillt, es aber weiter über seinen Körper liebkost – das heißt, daß sie durch ihren Mund das Recht auf seinen Körper hat –, dann erlebt das Baby einen völligen Widerspruch: Es ist zur Brust der Mutter geworden, bekommt aber selbst die Brust nicht mehr. Außerdem erhält es die »Milch der Sprache« nicht mehr, denn die Sprache ist eine Milch des Hörens. Das Baby wird zu einem Genußobjekt, ohne daß beide Seiten Vergnügen empfinden. Sein Vergnügen wird es, das Objekt seiner Mutter und nicht mehr das Subjekt seiner eigenen Suche nach Kommunikation zu werden. So nimmt eine Störung ihren Anfang, die sich bis zur Debilität oder zur Psychose fortsetzen kann. Je intelligenter Kinder sind, um so stärker werden sie ausgebeutet und enden in Debilität oder in einer Psychose. Véronique geriet in eine Psychose, ihr älterer Bruder in die Debilität, weil er nicht mehr sprach, und da ihm die Kommunikation durch die Sprache fehlte, stellten seine Hände ein aggressives Maul dar, das seiner Schwester jeden Gegenstand wegnahm. Man mußte seine Schwester vor ihm schützen, während er aß. Er hätte ihr das Essen weggenommen, damit sie es nicht erhielt: »Damit ich mich in jenem Zustand befinde, der vor ihrer Geburt herrschte, denn damals war das Leben in Ordnung.« Dies bringt sein Verhalten zum Ausdruck, und zwar nicht, daß er ihr das Existenzrecht bestreitet, sondern: »Ich selbst möchte mich wieder als lebendig empfinden.«

Heute, wo er seine persönliche Lebensebene gefunden hat, trifft er einmal in der Woche seine Eltern, und alles läuft bei ihm in geordneten Bahnen. Sie haben sogar Véronique übers Wochenende mit nach Hause genommen, von wo sie gänzlich narzißtisch zurückgekehrt ist, typisch mauretanisch frisiert, mit lauter kleinen Knoten in den Haaren. In der darauffolgenden Woche hat sie geweint, und zwar nicht, wie sie dies vor Beginn der Therapie tat, weil sie ihre Mama, sondern weil sie ihren Papa gesehen hatte. Letzterer hatte sich wohl über etwas geärgert und dabei vermutlich gesagt: »Sieh dir einmal an, wie lange du brauchst, um dir die Haare zu machen ...« Ich wußte nicht, was vorgefallen war, aber der Vater mußte ihr Angst eingeflößt haben. An der Hand der Erzieherin ging sie auf ihre Mutter zu ... und stand ihr in der Gewißheit gegenüber, daß sie ihre Mutter wieder lieben konnte.

Die Erzieherinnen dieser Tagesstätten führen gemeinsam mit mir die analytische Arbeit durch. Ich selbst bediene mich dabei ausschließlich der Sprache, während die Erzieherin den Körperkontakt zum Kind hält. Wenn ich etwas sage, blickt Véronique Geneviève an, und ich sage: »Geneviève, deine Ersatzmama, erlaubt es, daß ich dir dies sage.« Dann ist sie zufrieden; das Ganze läuft über die Vermittlung des Körperlichen.

Wird ein Kind in Gegenwart seiner Mutter therapiert, müssen wir ebenso vorgehen. Auch die Mutter beginnt zu verstehen, wie intelligent ihr Kind in seinen Reaktionen ist – bis zu jenem Augenblick, wo das Kind die Mutter nicht mehr um sich haben will. Sein Verhalten ist dann äußerst eindeutig. Es nimmt die Tasche der Mutter, legt sie ihr auf die Knie und zieht die Mutter in Richtung Tür. So handelt ein Kind, das sich der Sprache noch nicht zu bedienen vermag. »Sehen Sie, Ihr Kind möchte heute mit mir alleinbleiben ... Erlauben Sie das?« Die Mutter erwidert: »Ja, aber meine Tasche kann ich doch dalassen.« Das Kind nimmt in einem solchen Fall die Tasche und drückt sie ihr in die Hand, es will nicht, daß irgend etwas von seiner Mutter dableibt.[3] In dieser Situation gilt es wahrhaftig umsichtig zu agieren, weil die Mutter stark darunter leidet. Manche Kinder lassen auch ihre Mutter eintreten und bleiben selbst an der Tür stehen. Dann läßt man die Tür offen; das Kind geht hinaus und kommt wieder. Nun tritt es allmählich in Kontakt zu uns, während wir gleichzeitig mit der Mutter reden. Dadurch trägt man in dieser Situation dem Rechnung, was das Kind in bezug auf diese beiden Personen (den Therapeuten und seine Mama) unternimmt.

Dabei ist der Ablauf stets wie folgt: Zunächst deutet das Kind eine Gebärde an, zögert aber nicht, seiner Mama auf den Schoß zu klettern. Wenn es etwas mit seinen Händen unternimmt, zum Beispiel mit der Knetmasse spielt, weiß es nicht, ob diese Beschäftigung nicht zur Durchtrennung seiner eigenen Wurzel, die in der Mutter verankert ist, führen wird. Die psychopathologisch durchgängig auffälligen Kinder sind stets Kinder, deren Mutter den richtigen Zeitpunkt des Abstillens verpaßt hat. Das Kind möchte ein Objekt bleiben, um sich seines eigenen Körpers im Körper der Mutter sicher zu sein, aber sobald es zu funktionieren (sich auszudrücken) beginnt, hat es Angst: Da es seine Mutter ja binnen einer Minute vergißt, hat es Angst, sie könne es genauso machen. Sprachlich kommt das folgendermaßen zum Ausdruck: »Weißt du, du kannst mal für eine Minute vergessen, daß deine Mama hier ist; sie gestattet, daß du vergißt, daß sie hier ist, da sie ja zusammen mit dir hierher gekommen ist, damit du du selbst wirst, ein kleines Mädchen (oder ein kleiner Junge), das mit anderen Kindern befreundet ist.« Solche Äußerungen stellen den Versuch dar, die unmittelbare Angst des Kindes sich ausdrücken zu lassen. Das Kind entfernt sich von seiner Mutter, man weiß, dies wird keine zwei

Minuten lang vorhalten. »Du willst kommen, um sie wiederzusehen? Du willst gucken kommen, ob deine Mama immer noch da ist?« Man weiß nicht, wonach es eigentlich gucken will. Also gibt man ihm Hilfestellung. »Du siehst, deine Mama ist immer noch da, sie läßt dich nicht im Stich, sie wartet auf dich.« Das Kind kommt erneut, läuft wieder weg; es hat irgend etwas gebastelt und möchte es seiner Mutter bringen. Man folgt ihm, redet darüber: »Ihr Kind hat Angst, Sie könnten ärgerlich sein, wenn es etwas macht, was Sie nicht sehen ... Vielleicht schauen Sie auch stets nach, was für A-A es gemacht hat.« »Was es da mit seinen Händen gemacht hat, ist in gewisser Weise dem Pipi ähnlich, es handelt sich jedoch um ein *Machen*, immer handelt es sich um ein Machen.« Aragons Traktat über den Stil beginnt mit dem Satz: »Machen bedeutet im Französischen soviel wie scheißen.« Es enthält soviel Wahrheit, dieses kindliche Empfindungsvermögen, das die Dichter an den Tag legen, wenn sie das Wesentliche ausdrücken, das jeder empfindet, aber nicht in Worte zu kleiden vermag.

Es geht hierbei um eine Verschiebung des Machens. Bei Véronique spricht entweder ihre Vulva oder ihr Anus. Doch beides läßt sich mit Worten zum Ausdruck bringen und ist äußerst anständig, keinesfalls erotisierend, sondern – im Gegenteil – eine Form, das Erotische zu verlassen und in die sprachliche Kommunikation einzutreten.

Dies sind neuere Erkenntnisse ... die aber noch in den Kinderschuhen stecken! ... Und jedes Kind ist wieder anders. Doch hier kann ein neuer Ansatz Schritt für Schritt Gestalt annehmen.

Ebenso wie die Mütter sind die Erzieherinnen von den

materiellen Verrichtungen stark in Anspruch genommen, sie finden kaum Zeit, um mit den Kindern zu reden und zu spielen. Hinzu kommt: Wir haben noch nicht einmal Papier, geschweige denn Spielzeug. Sobald etwas angeschafft ist, wird alles kaputtgemacht, folglich kann man den Kindern kein Spielzeug mehr in die Hand geben.« Ich halte ihnen entgegen: »Ja, das verstehe ich durchaus. Aber darin besteht schließlich Ihre Aufgabe ... eben gerade die Entwicklung dieses Kindes schrittweise zu fördern.«

Sobald das Kind genügend darauf vorbereitet worden ist, kommt es gemeinsam mit einer Erzieherin in den sogenannten »internen Kindergarten«. Dort sind hinreichend Materialien vorhanden, was im Bereich der zwischen sechs Monate und drei Jahre alten Kinder nicht möglich ist: Sehr bald gibt es dort nur noch Scherben; ständig Ersatz zu schaffen, käme zu teuer. Im Aufenthaltsraum der Tagesstätte verfügen die Kleinen lediglich über Stoffetzen, Decken und Gefäße, aber sie haben nichts für schöpferische Aktivitäten, das heißt zum Spielen.

Die Erzieherinnen sind etwas frustriert, weil sie nur mit den Bedürfnissen des Kindes konfrontiert werden. Die Begehrensseite des Kindes kommt erst im »internen Kindergarten« zum Vorschein, dort beginnt es, mit seinen Händen etwas zu unternehmen. Allein die Tatsache, daß sie an den therapeutischen Gesprächen mit den Kindern teilnehmen und das Prozeßhafte daran begreifen, verändert den Umgang der Erzieherinnen mit ihnen und mit den anderen Kindern, die weniger Probleme bereiten.

Kinder als Motivationstalente

Manche Kinder sind geborene Animateure für die ganz Kleinen. Man darf sie allerdings nicht mit ihren Geschwistern zusammenbringen. Ich weiß aus Erfahrung, wie kritisch das ist.

Im »Maison Verte« haben wir ein kleines fünfjähriges Mädchen aufgenommen, das ein regelrechter Parasit seines dreijährigen Bruders war (inzwischen dürfen wir nur noch Kinder unter drei Jahren aufnehmen): Sie war ständig mit ihm zusammen und ergriff von ihm Besitz, als sei er ein Teilobjekt von ihr. Als wir ihr untersagten, sich mit ihrem Bruder zu beschäftigen, hatte dies hervorragende Wirkung. Und ihr Bruder bekam wieder Luft zum Atmen, da er von seiner Schwester nicht mehr erstickt wurde. Es handelte sich um eine Art ödipale Situation: Sie wollte zugleich Mutter und Vater dieses Kindes sein. Letztlich verabscheute sie ihn ebenso sehr, wie sie ihn zum Leben brauchte. Dann kümmerte sie sich allerdings sehr wohl um die anderen Kinder, und zwar von dem Augenblick an, wo wir sie anwiesen: »Solange du dich in diesem Gebäude hier aufhältst, ist dein Bruder ganz für sich und darf tun, was er möchte. Und du selbst machst das, wozu du Lust hast, gemeinsam mit den anderen; oder du verläßt das Haus und darfst nicht mehr wiederkommen ... Du kannst nach draußen gehen, dort findest du andere Kinder ...« Sie hatte begriffen. Wir drei Mitarbeiter des Aufnahmeteams bildeten gewissermaßen eine verschworene Gemeinschaft. Die Mutter ließ zu, daß ihre Tochter bei ihrem viel jüngeren Bruder schmarotzte. Und von dem Augenblick an, wo ihr gesagt wurde »Du kannst bei jedem schmarotzen, nur nicht bei ihm hier«, besetzte sie auch die anderen Kinder nicht mehr parasitär, sondern interessierte sich für sie und nahm ihnen gegenüber eine animierende Rolle ein.

Alles ging reibungslos vonstatten, weil sie in die ödipale Situation der anderen nicht eingebunden war; im Verhältnis zu ihnen war sie ein kleines Mädchen, das für jene Kinder kein Doppelgänger von deren Vater oder Mutter war. Ein Übertragungsprozeß fand statt. Eine unmittelbare genetische Bindung hemmt die Übertragung, es tritt eine Art Verzerrung der ödipalen Situation ein, und der kleine Bruder ist für sie wie ein eigenes Kind, als habe sie ihn in ihrer Vorstellung von ihrem Vater oder ihrer Mutter empfangen. Ein älterer Bruder von neun Jahren, der zu Hause seinen kleinen Bruder »ständig zum Brüllen brachte«, wußte die anderen Kinder exzellent anzuregen. Die Mutter berichtete mir: »Wenn wir in einen öffentlichen Park gehen, sind alle Kinder um ihn herum; er bringt sie zum Spielen, und das macht ihm Spaß. Von Zeit zu Zeit sagt er dann: ›Ich bin müde! Ich nehm' mir jetzt ein Buch, und ihr laßt mich in Ruhe ...‹ Er zog sich dann in einen stillen Winkel zurück, während die anderen warteten, bis er mit dem Lesen fertig war und sich ausgeruht hatte.« Ein Älterer kann also außerhalb seiner realen Geschwisterbeziehung jüngere Kinder führen, ohne daß es zu Sekundärstörungen kommt.

Ebenso gibt es Großmütter, die hervorragende Spielinitiatorinnen, ihren eigenen Enkeln gegenüber aber zu besitzergreifend sind. Andere, weniger besitzergreifende Großmütter werden aktiv und versammeln fremde Kinder um die eigenen. Ich bin der Meinung, daß alte Menschen in den Freizeitzentren, in denen kleine Kinder aus verschiedenen Familien zusammenkommen, durchaus ihren Platz haben. Die körperliche Inbesitznahme hat tyrannischen Charakter, wenn das Kind praktisch nur ein Teil seiner selbst ist und beständig »verfolgt« werden muß. Über die Sprache können alte Menschen besser mit den Kindern kommunizieren.

Derzeit werden Gruppen aus Großmüttern eingerichtet, die Geschichten erzählen. Einige von ihnen sind sogar zum Fernsehen gegangen. Ich könnte mir durchaus eine Rundfunkreihe vorstellen, in der ausschließlich Geschichten erzählt würden. Warum nicht? Man könnte dort ebenso von sprachgewandten Personen Auszüge aus großen Dichtungen vorlesen lassen.

Lange Zeit hinweg hat François Périer im Programm von France-Inter Geschichten vorgelesen. Unlängst erzählte Annie Giradot im Programm »Europa I« jeden Morgen eine Geschichte, und zwar eine wahre Geschichte. Sie forderte ihre Hörer auf: »Schicken Sie mir eine Geschichte, die Ihnen selbst oder jemandem, den Sie kennen, passiert ist.« Dann überarbeitete sie diese stilistisch und trug sie vor: wahre Geschichten von jungen berufstätigen oder von ausgebeuteten Frauen, von scheinbar glücklichen Ehen, in denen jedoch nach der Heirat der Wolf, der in dem früheren Liebhaber und jetzigen Ehemann steckte, die Zähne zeigte. Man könnte ein interessantes Experiment durchführen, nämlich einen Radiosender (etwa einen »Piratensender«) einrichten, der die Kinder auffordert, Geschichten zu erzählen. Dies könnte die anderen Kinder das Zuhören lehren, sie würden sich bewußt, daß nicht nur sie selbst bestimmte Dinge erlebt haben. Außerdem hätte die dabei verwendete Sprache äußerst befreiende Wirkung.

5 Kinder als Sprachrohr

An die zukünftigen Eltern, die pädophiles Verhalten ablehnen

Freud hat seine Zeit durch die Erkenntnis aufgerüttelt, daß die sexuellen Verhaltensweisen der Erwachsenen in der Entwicklung der Beziehung zwischen dem Individuum und seinen Eltern wurzeln, in den unterschiedlichen Identifikationen und Rivalitäten, die bei allen Menschen auftreten, und zwar bei dieser ersten Abhängigkeit von den zeugenden und Geborgenheit gebenden Personen und den ersten sensorischen wie sinnlichen Fixierungen, dieser Abhängigkeit von Eltern und Geschwistern, bevor sie selbst, auf inzestuöse Weise, in die Genialität eintreten und diese Tatsache emotional zur Quelle der Angst wird. Diese unvermeidliche, beim Erwachsenen vergessene Angst (was die Ursache für Freuds Ablehnung seitens der wissenschaftlichen Welt ist) hat er als Kastrationsangst bezeichnet, die im Zusammenhang mit Konflikten im Alter von fünf bis sieben Jahren auftritt, einer Phase, die er in Anlehnung an den antiken Mythos als Ödipus-Komplex bezeichnet hat.

In jener Phase, die man früher das »Alter der Vernunft« nannte, kommt die Lösung dieses Konfliktes in der bewußten Akzeptanz des Gesetzes vom Verbot, dem inzestuösen Begehren nachzugeben, zum Ausdruck. Diese Akzeptanz variiert entsprechend den Gegebenheiten des ethnischen Milieus. Jener Schnittpunkt des »Vernunftalters« ist die Akzeptanz des Gebotes, das alle gleichgeschlechtlichen Individuen bis in Vorstellungsprozesse hinein bestimmt. Beim Kind erzeugt dies eine Veränderung, nämlich die Integration des für seine bewußten Handlungen verantwortlichen Subjekts in die Gesellschaft. Wird ihm sein Freiraum von den Eltern belassen, dann entwickelt das Kind Autonomie und Interesse an sämtlichen Gesetzen des sozialen Lebens und strebt, über das Familienleben hinaus, in seiner Altersgruppe nach Erfolg. Das ist dann die Ausrichtung seines Begehrens am spielerisch technologischen, der Geschicklichkeit nützlichen und kreativen Lernens, das Hineinwachsen ins heiratsfähige Alter. Die Adoleszenz verändert die angelegte ödipale Struktur und trennt das genitale Begehren definitiv von seinen inzestuösen Zielen, indem sie die energieerzeugende Verdrängung inzestuöser Triebregungen zugunsten der Suche nach außerfamiliären Objekten in der Gemeinschaft gewährleistet. Vom Körper her erwachsen, sichert das zeugungsfähig gewordene menschliche Individuum den Fortbestand seiner eigenen Art. Wirklich gesichert wird deren Überleben aber durch die symbolische mütterliche und väterliche Funktion des Individuums, die Liebe zu den eigenen Kindern, die Bedeutung der Verantwortung für sie sowie seine Fähigkeit, eigene Verpflichtungen zu akzeptieren, Geborgenheit und Schutz vor Gefahren zu bieten. Eben diese elterliche Verantwortung hat die Gesellschaft zum Gesetz erhoben, die Keuschheit des Begehrens der Eltern gegenüber ihren Kindern, erwachsener Erzieher und Lehrer gegenüber jungen Menschen, die, über die Vorbildfunktion und die Sprache, das Begehren der Jugendlichen über die Realität und deren Gebote unterrichtet, sie stimuliert, Initiativen zu ergreifen, an familiären und sozialen Aktivitäten teilzunehmen, wofür sie selbst Beispiel geben. Durch die Weitergabe des Wissens um das Inzestverbot stärken die Erwachsenen das Vertrauen des Jugendlichen in seine künftige Genialität, die er anderen Menschen außerhalb seiner Familie zuwendet. Sie ermutigen auf Grund eigener prägender Erfahrungen im Verlauf ihrer persönlichen Entwicklung die Kinder und Jugendlichen zu freiem Lernen, indem sie nach und nach die familiäre Geborgenheit und Kontrolle lockern und so dem Jugendlichen ermöglichen, als Subjekt, das für ihre Äußerungen und Handlungen verantwortlich ist, Zugang zum sozialen Leben zu finden und dabei in moralischer Hinsicht autonom zu werden.

Beim Menschen ist es nicht die körperliche Zeugungsfähigkeit, die Erwachsene zur Erziehung der Kinder befähigt, die sie in die Welt gesetzt haben, seien sie einander nun durch Heirat, ihr Begehren oder ihre gegenseitige Liebe verbunden oder einfach glücklich, Kinder zu zeugen und sich das Elterndasein vorzustellen. Machen es kleine Kinder nicht genauso? Wie viele Eltern haben ein fetischistisches Verhältnis zu ihren Kindern, wie viele verhalten sich pädophil oder machen ihre Sprößlinge zu Sklaven, wie viele mißhandeln oder lassen sie ohne Hab und Gut, ohne Fähigkeit, ohne Wissen, ohne Kommunikation, ohne Freude, während andere die Kinder in einen goldenen Käfig einsperren und sie durch ihre Überbehütung ersticken.

Die Liebe der Eltern zu ihren Kindern – und weder

das Bedürfnis noch das Begehren, etwas davon zu haben – führt sie an das menschliche Bewußtsein ihrer schützenden Verantwortung heran und vermittelt jedem Elternteil, getrennt oder gemeinsam, das Gefühl dieser Verantwortung, die für sie ebenso wichtig ist wie ihre persönliche Verantwortung sich selbst gegenüber. Da der Zugang zu dieser väterlichen und mütterlichen symbolischen Ebene fehlt, treibt die Zeugung von Kindern den Erwachsenen in die Falle der Ablehnung oder der Abhängigkeit von der Rolle, die ihm das soziale Gesetz zuweist, die Rolle des Verantwortlichen, der Rechte auf seinen Sprößling hat. Er empfindet das Kind als einen Schmarotzer, zugunsten dessen er mühsam auf seine verlorene Freiheit verzichtet und von »Opfer« spricht, was die Gewalt miteinschließt, der seine Wünsche durch diese Verantwortung unterworfen sind, eine Gewalt, die – auf unbewußte Weise – in den Ausprägungen seines mütterlichen und väterlichen Schutzes zum Ausdruck kommt.

Die Psychoanalyse hat die Erkenntnis ermöglicht, daß die Fähigkeit zur Verantwortungsübernahme für das Leben und das Verhalten des eigenen Kindes im Verlauf seiner Entwicklung, für sein Überleben und für sein Heranführen an Gefahren mit der Keuschheit des erwachsenen Begehrens gegenüber dem Jugendlichen verknüpft ist; ferner mit der Duldung seiner Erfahrungen im Laufe seiner Entwicklung, mit den richtigen Antworten auf die Fragen, die die geistige Entwicklung des Menschen von ihren Lebenslehrern zu erhalten wünscht, mit der Freiheit, Zugang zum Wissen über die eigene Person und die Welt, die einen selbst sowie die anderen umgibt, zu erlangen.

Verängstigte Eltern, die sich in der Befriedigung ihrer

eigenen Begehren enttäuscht sehen, verhalten sich unbewußt intolerant gegenüber den Freuden und Nöten ihrer Kleinen, die sie durch die gestische und verbale Sprache übermäßig behüten, dabei deren Initiativen einschränken und mit aller Strenge vorgehen, wenn die Kinder, ganz bewußt, die ihrer Freiheit gesetzten Grenzen überschreiten, die durch ihre psychologische und motorische Entwicklung hinfällig geworden sind.

Über ihre Vorbildfunktion sowie über die Sprache nehmen Eltern die Erziehung der Kinder und deren Zugang zur Verhaltensautonomie auf sich, im Respekt vor der Freiheit des anderen, in der Beherrschung und Aufgabe des unkritischen Aggressions- und Herdentriebes und in der Verantwortung für seine Handlung, wobei sie dem Kind uneingeschränkt zugestehen, im Spielerischen, in der Phantasie und in der gesprochenen Sprache Begehren zu äußern, die mit den Grenzen der Wirklichkeit und der Gesellschaft nicht vereinbar sind. Über das Bezähmen ihrer eigenen Sinnlichkeit gegenüber der Verführung, durch die das Begehren des Kindes danach strebt, Vater und Mutter zu seinen Lustobjekten zu machen, offenbaren die Eltern ihre erzieherische Befähigung, nicht über ihre permissive Schwäche oder ihre repressive Gewalt angesichts der Freiheit zum Ausdruck des kindlichen Begehrens.

Die Intelligenz des Kindes ist intuitiver und beobachtender Art. Aus seinem Blickwinkel nimmt es bei den Erwachsenen Haltungen wahr, die im Widerspruch zu deren Äußerungen stehen, und entwickelt dann ein Gefühl der Unsicherheit, wenn es nicht weiß, daß die Eltern ihm gegenüber dem gleichen, allgemeingültigen Gesetz unterliegen, in bezug auf den Respekt vor seinem

Leben und dem sexuell-genitalen Verlangen, das aggressiv und im Hinblick auf sein Objekt verführerisch ist. Deswegen muß der Erwachsene dem Kind dieses Gesetz verdeutlichen, und zwar ebenso durch die Keuschheit seines Verhaltens und seinen Haltungen dem Kind gegenüber wie durch seine wahrheitsgemäßen Äußerungen bezüglich der Begrenzung seiner Rechte auf die Kinder, selbst wenn es seine eigenen sind. Es geht nicht um die »Unterdrückung« der Äußerung des unbewußten Inzestwunsches des Kindes, sondern schlicht darum, in der Realität nicht darauf einzugehen, unempfänglich zu sein für die von den Kleinen an den Tag gelegten Forderungen nach sinnlichen Vertraulichkeiten, die stets begierig nach Vergnügungen sind und nicht wissen, daß es welche gibt, deren Durchführung für sie gefährlich werden könnte. Es handelt sich also um die Frage der psychoaffektiven Identifikation des Kindes mit dem moralischen Verständnis des Geborgenheit gebenden Erwachsenen, der selbst in seinem erwachsenen Begehren geordnet ist und dieses Gesetz respektiert. Der Erwachsene geht auf das Kind ein und bringt ihm sowohl durch die Sprache als auch durch das Beispiel etwas bei.

Dieser Prozeß vollzieht sich auch über den täglich wachsenden Freiraum, den der Erwachsene dem Kind zugesteht, zur Erprobung seines Begehrens, seiner Rechte und sogar seiner Pflicht, sich selbst zu erhalten und gegen Feindseligkeiten anderer, Erwachsener wie Kinder, in der sozialen Gemeinschaft zu schützen ... Das Kind muß sich, über eigene prägende Erfahrungen, dem ständigen elterlichen Schutz und den häuslichen Geschwisterrivalitäten entziehen.

Wie soll man dem Kind im Verlauf seiner Erziehung zur

Autonomie verhelfen? Françoise Dolto hat manches Mal Gelegenheit gehabt, mit Lehrern und Erziehern darüber zu diskutieren. Ihre Auffassungen haben einen Schriftwechsel ausgelöst, der die irrigen Annahmen und Widersinnigkeiten der Erwachsenen aufdeckt, insbesondere jener, die alles verstanden zu haben glauben.

Das Schwierigste ist, den Lehrern, die das neue Wort »autonomisieren«, geprägt haben, begreiflich zu machen, daß die »Autonomisierung« eines Wesens dessen mangelnde Autonomie voraussetzt. Das Kind muß seine Unabhängigkeit ergreifen und nutzen dürfen. Hierfür ist es unerläßlich, daß die Eltern ihm gegenüber auf Distanz gehen und ihm Vertrauen schenken. Das bedeutet nicht, dem Kind Gleichgültigkeit entgegenzubringen, sondern es ganz im Gegenteil als autonomes Wesen zu lieben. Eltern geben in allem nach und versagen sich zum Beispiel, ihr Kind allein zu Hause zu lassen, weil es ihnen seine Launen aufzwingt. »Wenn ich nicht tue, was mein Kind verlangt, dann sagt es, ich sei böse und hätte es nicht mehr lieb!«

Müttern, die mir solche Szenen schildern, entgegne ich: »Und es tut Ihnen weh, wenn es Ihnen das sagt? Lassen Sie es das sagen. Es tut ihm gut, Ihnen das zu sagen, und Ihnen selbst tut es auch nicht weh. Wenn Sie es allein zu Hause lassen, erklären Sie ihm, daß Sie Lust auf Abwechslung haben, Freunde treffen möchten. Das Kind wird zu Hause sehr gut zurechtkommen. Wenn es sich langweilt, kann es zu den Nachbarn gehen oder Freunde anrufen ...« »Aber dann«, so protestieren diese Mütter, »mache ich mein Kind doch unglücklich!«

Sie können es nicht ertragen, daß jemand zu Ihnen sagt: »Du hast mich nicht lieb.« Damit das Kind seine

Autonomie erlangt, ist es darüber hinaus erforderlich, daß der Erwachsene, der sich seiner annimmt, ihm ein Beispiel dafür gibt, wie man seinen persönlichen Freiraum nutzt und die eigene Autonomie verteidigt. Viele Erwachsene akzeptieren Beziehungen zu Kindern nur in dualer Konstellation: Vater/Tochter, Lehrer/Schüler.

Wenn ein Mann den Platz beansprucht, dann ist der Sohn dieser Frau freilich verpflichtet, weder an seinem Vater noch an seiner Mutter zu kleben. Die Triangulation ist gewährleistet. Andere weitverbreitete Irrtümer sind die Annahme, die Autonomie eines Kindes könne sich nur in der Gruppe regen und äußern, sowie die Bemühung, ihm einen Gruppenersatz für die Kernfamilie zu beschaffen. Muß ein Kind wirklich unbedingt in eine Gruppe eintreten, wenn es das selbst nicht will? Wenn es sich lieber zurückzieht, sollten wir diesem Wunsch nicht entgegenwirken. Hingegen sollten wir sämtliche Erfahrungen, die es machen möchte, unterstützen. Das Kind wird begreifen, daß es seinem eigenen Begehren auf den Grund gegangen ist und dessen kurz-, mittel- und langfristige Wirkungen erfahren hat.

Hilfe und Fürsorge sind nicht dasselbe

Geborgenheit in der Familie und Öffnung gegenüber von außen hereingetragenen Ideen, Aufnahme durch Erwachsene wie Kinder in anderen Familien, Austauschprozesse mit anderen familiären und sozialen Gruppen, uneingeschränkte Diskussion von außerhäuslichen Beobachtungen und Erlebnissen, all das unter Wahrung des besonderen Stils jeder Familie – so sollte die Lebensweise aussehen, die im Elternhaus das Urteilsvermögen der Kinder und Jugendlichen formt, die dort aufwachsen.

Eben diese familiäre Lebensweise bereitet sie darauf vor, sich ihren Eltern gegenüber allmählich selbst zu steuern und in fortschreitender Unabhängigkeit persönliche Verantwortung zu entwickeln. Sie werden dadurch zu Jugendlichen, die sich der Risiken des Lebens bewußt sind und sie zu akzeptieren vermögen, vor allem, wenn ihre Eltern ihnen aus dem Wissen heraus vertrauen, sie rechtzeitig ausgerüstet haben für die Belastungen auf Grund von Begegnungen, Beeinflussungen, verratener Freundschaft, unmöglicher oder flüchtiger Liebe und bezähmten, wenngleich noch so schmerzlichen Begehrens, wenn sich der erträumte Partner in der Realität verweigert; ferner aus dem Wissen heraus, daß im Rahmen des menschlichen Begehrens, das keine animalische Brunst ist, junge Menschen und junge Erwachsene beiderlei Geschlechts im Respekt vor dem anderen akzeptieren müssen, daß sich dieser dem eigenen Begehren, der eigenen Freundschaft oder Liebe verweigert.

Gedankenaustausch, Kollaboration in der Arbeit, Achtung vor dem menschlichen Wert von Menschen aller Generationen, Herzensbindung aus gegenseitiger Wertschätzung heraus und Tolerierung unterschiedlicher Lebensformen oder Beschränkung der Freiheit der einen durch die Autorität der Starken, die die Schwachen zu zerbrechen suchen, sowie menschlicher Beistand – dies sind die lebendigen Kräfte in einer Gesellschaft, die ihre Bedeutung aus dem Wert jedes einzelnen Mitgliedes gewinnt, aus der Ausstrahlung von Lebensfreude und der seelischen Gesundheit der Kinder und Jugendlichen, die in ihr aufwachsen.

Das Kindesalter und das Greisenalter bedürfen des Beistandes der restlichen Bevölkerung. Die Jugend braucht Freiraum und Vertrauen. Der Beistand, den junge und alte Menschen benötigen, bringt oft eine Geringschätzung der natürlichen Schwäche dieser Altersgruppen seitens der Bevölkerung mit sich. Dies ist zweifellos ein Zeichen für die Geringschätzung des Seelenlebens, das ja gerade den Menschen auszeichnet. Diese Geringschätzung ist die Inflation des aus rein materiellen Errungenschaften der Produktivität beigemessenen Wertes, ein Betäubungsmittel, um das Mysterium der raschen Vergänglichkeit des menschlichen Lebens zu leugnen, das die Angst vor seinem individuellen körperlichen Tod und dem anschließenden Unergründbaren bewältigt.

Der Einklang mit dem Kreislauf der Natur, die Achtung vor allen Kreaturen, der Schutz von Arten, sofern sie von der Anzahl her der menschlichen Gattung nicht schädlich werden, das Mitgefühl für diejenigen, die an Einsamkeit und Not leiden, sind geeignete Werte, um junge Menschen an unsere Kultur heranzuführen, die miterleben, wie der rein materielle Fortschritt und dessen Verwaltung die Energie der Erwachsenen beanspruchen, die ihrerseits wollen, daß junge Menschen denselben Weg nehmen, wogegen sich diese zur Wehr setzen.

Beistand ist eine zwischenmenschliche Angelegenheit und keine Fürsorge seitens eines bürokratischen Staates, die eine Schicksalsethik ohne Risiken entwickelt, in der das Begehren und die Liebe sterben und das Schmarotzertum eine Tugend darstellt. Erfindungsreichtum und Kreativität lassen sich weder vom Monarchen noch vom Staat, der sich aus etlichen Bürokraten mit Ermessensspielraum zusammensetzt, inszenieren. Man kann Eltern nicht mehr

Rechte auf ihre Kinder zugestehen, als sie in der Familie haben, mehr als das Recht, über einen anderen Menschen zu verfügen, kann man niemandem übertragen, sei es nun hinsichtlich der Kenntnisse aus der anonymen Masse oder einer privilegierten Schicht. Die Vorstellung einer vom Staat für jeden Bürger gewährleisteten Sicherheit hat in einem demagogischen System inmitten antidemokratischer Realität bei uns Gestalt angenommen.

Krankt unsere Gesellschaft nicht daran, für alle die gleiche Sicherheit und Versorgung gewährleistet wissen zu wollen, ohne Rücksicht auf anderweitige Quellen, auf das individuelle Geschick sowie das ganze Leben? Allen Kindern sollten Versorgung, Unterstützung, Nahrung, Natur sowie lebendige Stätten der Erziehung und Freizeitaktivitäten zur Verfügung stehen; die Gesellschaft sollte sich die Förderung ihrer Entwicklung nicht in Form von finanziellen Beihilfen an die Eltern schuldig sein. Man sollte allen Kindern helfen, nicht nur jenen, deren Eltern finanziell oder persönlich benachteiligt sind, was durch die Schaffung von Begegnungsstätten, Bildungsangeboten, Freizeitaktivitäten und der Organisierung gemeinschaftlichen Lebens möglich wäre, wenn die Kinder den Wunsch verspüren, der Langeweile oder ihrer »Familienhölle« zu entkommen.

Man sollte Kindern den persönlichen Umgang mit dem Geld lehren, vom heiratsfähigen, besser noch vom Schulalter an, indem man sie auf stärker individuelle Weise für ihre Pünktlichkeit, Eifrigkeit, ihren Fleiß und Beitrag zum sozialen Leben, ihre körperlichen, manuellen wie intellektuellen Erfolge und Leistungen entlohnt. Man müßte die Vergütung kultureller und sportlicher Erfolge wie auch materiell produktiver Teilzeittätigkeit einführen, um den Erfindungsreichtum und die Kreativität junger Menschen anzuspornen, über die die Eltern nicht verfügen und die sie solange nicht zur Entwicklung ihrer Vorlieben und Neigungen zu nutzen wissen, wie die Gesellschaft die soziale Funktion der jungen Menschen weder schätzt noch für zulässig erklärt. Für die Altersgruppe zwischen 16 und 55 Jahren käme die individuelle Unterstützung durch Naturalien und Geld nur für die Behinderten und Beeinträchtigten in Betracht, die sich durch Arbeit nicht selbst ernähren könnten. Die Berufstätigen sollten hingegen keine materielle Unterstützung bekommen und wären im Falle von Krankheit oder Unfall gehalten, auf individuelle Weise Hilfe zu organisieren. Von 55 Jahren an würde dann die Gemeinschaft die notwendige Pflege und Fürsorge gealterter Menschen übernehmen, die ohne Familie und mittellos dastehen. Bestattungen und angemessene Beisetzung stünden unabhängig vom Alter kostenlos jedem zu, dessen Angehörige mittellos sind. Ein solcherart neu konzipiertes System der sozialen Sicherung, das im Kindes- und Jugendalter sowie von Beginn des Seniorenalters an kostenlos in Anspruch genommen werden könnte, böte die Möglichkeit, daß die gesamte erwerbstätige Bevölkerung die wirklich Bedürftigen unterstützt, ohne daß die zwischenmenschliche und familiäre Hilfeleistung an Bedeutung verlöre. Unser gegenwärtiges System begünstigt Abhängigkeit und Regression, Flucht in die Krankheit und die Geltendmachung des Rechtes auf Gesundheit in jedem Alter[4], wo doch eine körperlich oder seelische pathologische Lebensweise von so vielen Bürgern bewußt gewählt wird.

Ich bin nicht der Auffassung, die Neustrukturierung

des Systems der sozialen Sicherung müsse eine Utopie bleiben. Vielleicht müßte man abwägen, was unser System mit sich bringt, wie die soziale Gesinnung hinter der Verantwortung des einzelnen sich selbst und seinen Mitmenschen gegenüber zurücktritt; ich denke dabei an alt gewordene Eltern, die einem eigene Schwäche verdeutlichen. Die Psychoanalyse ermöglicht die Erkenntnis, wie der Einfluß des Unbewußten das Begehren schwächt und welche bewußten sekundären Vorteile im Falle der Prüfung des Begehrens aus der Flucht in Unfälle oder Krankheit entstehen.

Unsere Gesellschaft muß den Gesetzmäßigkeiten des Unbewußten Rechnung tragen. Die Gefahr und die Angst vor der Gefahr gehören zum Begehren und stärken die Vitalität der begehrenden Wesen, die wir nun einmal sind. Sie zu unterdrücken führt zu einer Entwicklung der sozialen Gemeinschaft und zur Enthumanisierung des individuellen Lebens.

Die »Impfung« des Kindes gegen die Krankheit der Mutter oder des Vaters

Manche Wahrheiten sollte man allen Eltern ins Gedächtnis rufen – schmerzliche Wahrheiten für manche Eltern, die für psychotische Kinder Verantwortung tragen und sich deswegen schuldig fühlen, die aber für die Eltern von sogenannten »schwierigen« Kindern, die in ihrer eigenen Krankheit selbst gelitten haben oder deren Babys fortwährend von Pflegemüttern versorgt worden sind, äußerst aufschlußreich sein können.

Jedes Kind ist gezwungen, die Atmosphäre, in der es

aufwächst, aber auch die pathogenen Einflüsse zu ertragen, die Nachwirkungen der pathologischen Entwicklungsgeschichte nicht nur seiner Mutter und seines Vaters, sondern auch seiner Bezugsperson darstellen. Das Kind ist Träger dieser Schuld, die es in seiner pränatalen Verschmelzungsphase, später in den prägenden postnatalen Abhängigkeiten eingegangen ist. Dieser Prozeß ist unvermeidlich, und indem es seinen Teil der Angst übernimmt, hilft das Kind seinen Eltern, mitunter erdrückt diese Last jedoch seine eigenen Lebenskräfte.

Wir wollen nachdrücklich darauf hinweisen, daß die Erfahrung der Therapie psychotischer Kinder zur Kenntnis des Menschen in seinen ersten Lebensjahren beiträgt: Die Intensivierung des Unbehagens, die aus der Unmöglichkeit, sich aus eigener Kraft zu individualisieren, herrührende Unausgewogenheit und der Glaube an ein »eugenisches« Gefühl der Sicherheit und des Vertrauens, dessen Opfer das schwer erschütterte Kind für den Beobachter und Therapeuten ist, führt auf die Spur der Prozesse, die sich bei vielen kleinen Kindern im weniger Wahrnehmbaren, im Angedeuteten, abspielen. Wir wissen heute, daß wahnhafte Reaktionen beim Kind häufig durch seine scheinbar gesunden Eltern hervorgerufen werden. Im Säuglingsalter webt sich das Neugeborene in die unbewußte Erfahrung seiner Mutter ein, die ihm die Sprache der Liebe darstellt, unabhängig vom Verhalten seiner Pflegemutter. Der Säugling vermag noch nicht das Pathogene in dieser Sprache einer verängstigten Frau und die Auswirkung ihrer eigenen Anspannung zu verstehen, die sie selbst so aus dem Gleichgewicht gebracht hat, daß sie »die Schnauze voll hat«, ohne sich bewußt zu werden, daß sie dadurch bei ihrem Baby die Atmosphäre für die emotionale Störung unbewußt auslöst. Sobald das Baby über die Verbalsprache verfügt, kann es sich dagegen zur Wehr setzen: »Meine Mutter erzählt unsinniges Zeug, das kommt, weil sie unglücklich ist ... Und wenn man unglücklich ist, redet man Unsinn daher ...« Das Kind wird darunter leiden, aber es vermag sich selbständig zu entwickeln, wenn es wahrnimmt, daß der Erwachsene, den es liebt und von dem es ebenso geliebt wird, leidet und mit sich selbst uneins ist; das Wissen darum macht die Situation erträglich.

Solange dieser Zustand nicht verbalisiert wird, »hat es etwas davon«, indem es auf fusionellem Wege die Ängste oder die Verrücktheit seiner Mutter »mitmacht«, es hat gewisse Gemeinsamkeiten mit den unbewußten Phantasien oder dem Wahngebäude der Mutter, und dies raubt ihm den Verstand. Im Kind wird das Bedürfnis genährt, sich wegen seiner Mutter zu ängstigen, und dadurch nimmt es sich gleichzeitig ihrer an. Mit ihr mitfühlend, ist es ihr Haupttherapeut. Aber Therapeut und zugleich Opfer zu sein, führt dazu, daß es schließlich ganz geopfert wird, wie früher in der Mythologie. Es kann und weiß sich noch nicht zu verteidigen. Iphigenie ist wegen des Inzestwunsches ihres Vaters ihr gegenüber und auch wegen ihres eigenen Inzestwunsches gegenüber dem Vater geopfert worden. Sie mußte die Gemeinschaft retten, indem sie das erste Opfer dieser lebendig gewordenen Phantasie und zwangsläufig den Göttern dargeboten wurde. Jede Gesellschaft versucht auf ihre Weise, das Kind zu impfen. Ich glaube, die Beschneidung soll verhüten, daß der Junge das Opfer seines Vaters wird. In der jüdischen Gemeinschaft verliert das männliche Individuum seine Vorhaut als Zeichen für das Begehren seines

Vaters wie als dessen Ebenbild vor Gott, aber nicht wie ein Stück Vieh, das seinem Herrn ganz gehört und unterworfen ist, seinen Kopf verliert. Die Söhne Isaaks schützen sich gegen die überlieferte Geste von Abraham, der Gott seinen einzigen Sohn anbot, als sei er sein schönstes Stück Vieh. Gott fiel ihm in den Arm und gab sich mit einem Ziegenbock zufrieden. Die Gesellschaft kann die Besitzansprüche der Eltern gegenüber ihren Kindern beschränken und die Kinder sogar aus der Verfügungsgewalt von Vater oder Mutter befreien. Das jüdische Gesetz überantwortete das Kind der alleinigen Autorität seiner Eltern. Christus sprach zu den Erwachsenen: »Lasset die Kindlein zu *mir* kommen« statt sie *euch* zu überantworten. Dies bedeutete eine Veränderung der bis dahin üblichen Beziehungen.

Sein Ausspruch, er werde Zwietracht unter den Familien säen, (LK 12, 49-53) geschah vielleicht gerade in der Absicht, ihre Nachkommenschaft vor der servilen Unterwerfung unter die Eltern zu retten. »Der Sohn verlasse Vater und Mutter, um sich mit seiner Frau zu vermählen«, heißt es in der Bibel.

In der christlichen Gemeinschaft des Mittelalters wurde das Kind alsbald seiner Mutter weggenommen. Die Frage scheint erlaubt, ob darin nicht ein gewisser Schutz der seelischen Gesundheit des Kindes lag, was selbstverständlich schwer zu beurteilen ist.

Die Eltern rechtfertigen sich: »Wir werden vom allgegenwärtigen Wissen, den auf der Straße aufgeschnappten Kenntnissen, dem Fernsehen und der Mobilität, die heutzutage schon die Kleinkinder haben, regelrecht überrollt, überfordert usw.« Eltern brauchen nicht fortgesetzt die Auffassung zu vertreten, es sei von vornherein schlecht, wenn ihre Kinder aus anderen Quellen trinken, da ja zahlreiche historische Gemeinschaften gerade den Kindern erlaubten, weniger isoliert zu sein und in Handwerkszünfte, in das Erwerbsleben, einzutreten.

Den Mißbrauch des elterlichen Einflusses zu mildern, ist nichts Schlechtes, falls das Kind in bestimmten Fällen Gefahr läuft, durch das Bedürfnis nach materieller Hilfe oder schlimmer noch, durch das Verlangen seiner Eltern nach seiner Anwesenheit, erstickt oder verschlungen zu werden – eine Abhängigkeit von der elterlichen Willkür, die den Kindern als Tugend des Gehorsams eingetrichtert wird.

Die Familie behandelt ihre Kinder in rigider Weise, um eigenen Leiden zu entgehen. Häufig legt einer der Ehegatten eine Laissezfaire-Haltung an den Tag. In den sozioökonomisch benachteiligten Schichten kommt dies selten vor, wenngleich es auch in mittellosen Familien anzutreffen ist. Dabei handelt es sich um Störungen der symbolischen Beziehung zwischen der Familie des Kindes und dem sozialen Umfeld.

Die Macht der beim Kind wirksamen Triebregungen erfordert eine strukturierte Begegnung, nicht mit einem gleichaltrigen Kind, sondern mit einem gealterten Erwachsenen. Ein Großvater oder eine Großmutter stellen für einen Jungen oder ein Mädchen Personen dar, die das Erwachsenenleben hinter sich haben und dem Kind das Bild einer idealen Geborgenheit vermitteln. Sind sie sehr alt geworden, bedeutet dies, daß es ihnen gelungen ist, das Mütterliche und Väterliche in sich zu verwirklichen. Man kann durchaus nachvollziehen, daß Romanschriftsteller ihrer frühen Kindheit nachspüren, aber die Persönlichkeitsbilder von Kindern, die sie nachzeichnen, entsprechen eher Zehnjährigen als Fünfjährigen. Noch immer ist kein Roman über die Beziehung zwischen einem ganz kleinen, nicht einmal fünfjährigen Kind und einem Erwachsenen geschrieben worden. Wenige Kinder unter vier oder fünf Jahren haben ohne psychoanalytische Therapie die Möglichkeit, das auszudrücken, was sie über dieses Stadium ihres Lebens, von dessen Kränkungen sie gezeichnet sind und deren Narben sie tragen, mitzuteilen haben.

Die post-freudianische Psychoanalyse hat die Erkenntnis gewonnen, daß bis zum Alter von sechs oder sieben Jahren alle frühkindlichen Erfahrungen verdrängt worden sind, auch bei jenen Erwachsenen, die ihre eigenen Kindheitstraumata vergessen haben und deren Erlebnisse bei ihren Kindern im selben Alter wieder aufleben, weil sie – auf Grund dieser Verdrängung – keine symbolische Darstellung finden konnten.

Das ewige Rätsel des Lebens

Die frühe Psychoanalyse beschäftigte sich kaum mit der Entwicklung des Subjekts bis zum »Vernunftalter« von acht oder neun Jahren. Erst später hat sie sich für die frühe Kindheit interessiert.

Heute beginnt man zu begreifen, daß das pränatale Leben für die Entstehung von Neurosen wie auch für die Sicherung der psychosozialen Gesundheit wichtig ist, wenn nicht gar entscheidend ist.

Das Es ist gründlich erforscht worden; danach hat das Ich die Szene, die Couch, beherrscht. Das »Je«[5] bleibt auf der Strecke. Doch eben diese Realität liegt der Beziehung der Triangulation zugrunde, und deren Erforschung markiert den Wendepunkt der Psychoanalyse. Die wahre symbolische Natur von Gesundheit als eines Gefüges aus Neurosen und Psychosen, der Körper als Sprache des Unausgesprochenen, der Übertragungscharakter der unzulänglich bewältigten ödipalen Situation sowie narzißtische Übertragungsreaktionen und Zwangsvorstellungen lassen mehrere Generationen in einem neuen Licht erscheinen.

Der Körper des Kindes ist Ausdruck der Lebensgeschichte seiner Eltern. Um lebensfähig zu bleiben, wehrt sich der Fötus mit seinen Körperflüssigkeiten. Erfährt er durch die Sprache Befreiung, durch diese Form der Erhellung, dann reinigt er sich von seinen körperlichen Verstimmungen, die ihren psychotischen Charakter verlieren. Hier liegen Anhaltspunkte für eine neue metaphorische Deutung frühkindlicher psychosomatischer Erkrankungen. Nehmen wir die Risikoschwangerschaften als Beispiel. Wenn die Mutter alle Schwierigkeiten auf sich genommen und überwunden hat, will das nicht besagen, daß das Kind von den Belastungen der Mutter nicht gezeichnet ist. Wenn die Mutter von einer schweren Depression ergriffen ist, kann das Kind dennoch robust und widerstandsfähig sein, weil der Fötus darum gerungen hat, die Depression der Mutter zu kompensieren. Es besteht also keine direkte Beziehung zwischen Ursache und Wirkung, sondern eine lebendige Dialektik.

Was ist das »Je«? Ist dieses grammatikalische »Je« die Metapher eines Subjekts, das Verkörperung sucht? Doch wie ist es strukturiert? Zweifellos eher metaphysisch als gegenständlich. Es scheint mit den anderen, vom »Ich« verdeckten und mißbrauchten Subjekten in Beziehung zu stehen. Das Ich (»Moi«) ist zum Sterben bestimmt. Das »Je« als Repräsentant des Verbs »sein« führt das Individuum, das ausschließlich der ethnischen Gruppe und der Arterhaltung dient, mit einer völlig reinen Dynamik in eine wie auch immer geartete Struktur ein. Wenn aber das »Je« genetische Energie-Materialisierung ist, wäre der individuelle Tod aus diesem Blickwinkel lediglich eine Übertragung dieser Energie.

Läßt man sich auf solche Überlegungen und Bewußtwerdungen ein, dann halten die vorgeblichen Kriterien, anhand derer die Gesellschaft über die Lebensfähigkeit einer menschlichen Existenz entscheiden könnte, der Analyse nicht stand. Das »Je« kann sich trotz aller körperlichen Beeinträchtigung vollständig in einem Individuum verkörpern. Der Lebens- und Überlebenswille eines Fötus ist entscheidend und setzt sich mit ihm durch.

In den letzten Jahren haben sich Teams aus Gynäkologen und Geburtshelfern auf die Zeugung im Reagenzglas spezialisiert. Sie entsprechen damit der Bitte zeugungsunfähiger Paare, die unbedingt ein Kind wollen. Die Publizität der sogenannten Retortenbabys führt zu einer Überbewertung der Medizin. Dennoch wissen die Mediziner, die durch eine Labormanipulation die Vereinigung der Samenzellen gewährleisten und den Embryo in den mütterlichen Uterus einpflanzen, über den Ursprung des Lebens, über die Möglichkeit, die das Leben einem neugeborenen, werdenden Menschen schenkt, auch nicht mehr als andere Menschen. Kein Forscher schenkt Leben oder zeugt das Kind, jedenfalls hat er keinen größeren Anteil als die leiblichen Eltern bei der Befruchtung auf natürlichem Wege.

Dennoch bewegen diese Experimente ihre Befürworter zu neuen Überlegungen. Man muß sich zudem die für sie offenbar entscheidende Frage stellen: Wächst der im Reagenzglas befruchtete Embryo wirklich zu einem menschlichen Wesen heran? Wo beginnt der »Übergang« aus dem animalischen Leben in unsere spezifisch menschliche Differenziertheit? Die Mitglieder eines dieser medizinischen Teams in der Beckler-Klinik des Dr. Jacques Testard sehen sich als Erforscher einer »Medizin des Begehrens«. »Nur durch das Begehren der Eltern«, so behaupten sie, »kommt der im Reagenzglas gezeugte Fötus als menschliches Wesen zur Welt.«

Ich kann mir unter einer »Medizin des Begehrens« nichts vorstellen, wo doch das Rätsel des Begehrens noch immer ungelöst ist. Wir werden das Leben nie wirklich erkennen, selbst mit den ausgeklügeltsten Beobachtungsinstrumenten nicht. Keiner jener Gynäkologen darf behaupten, er schenke im Reagenzglas das Leben, allenfalls: »Ich assistiere bei der Vereinigung zweier Samenzellen.« Als Psychoanalytiker wissen wir, daß das Leben das Begehren selbst ist. Nur ist derjenige, der zu leben begehrt, nicht der Erzeuger, sondern derjenige, der zur Welt kommt. Bei der Zeugung nimmt der Begehrende stets Gestalt an. Wir ignorieren ständig, welches Wesen sich zu verkörpern beginnt, das aus Sprache besteht – der Sprache des Begehrens, durch die Mittlerrolle der beiden anderen Wesen, die die Entwicklungsmöglichkeiten eines werdenden Menschen beeinflussen können. Es ist also pervers, das Vermögen, das Leben des Kindes zu schenken und zu erhalten, dem Begehren der Erzeuger und Beschützer anheim zu stellen. Jedes Kind schenkt sich durch sein Begehren nach Leben selbst das Leben. Täuschen wir uns nicht durch den Ausspruch: »Ich habe nicht danach verlangt, auf die Welt zu kommen.« Diese Verweigerungshaltung ist bei übermäßig verwöhnten Jugendlichen häufig anzutreffen, deren Eltern ihre eigene Quelle des Begehrens trockengelegt haben. Die Jugendlichen sind unfähig geworden, das Lebensbegehren fortzusetzen, und interpretieren rückwirkend, die anderen hätten ihre Zeugung, Geburt und ihr Überleben beschlossen.

Ein Neugeborenes liebevoll aufzunehmen, bedeutet in erster Linie, sein Begehren, zur Welt zu kommen, unangetastet zu respektieren, unabhängig von der Ähnlichkeit mit eigenen Vorlieben. Der Fötus bringt neue Energien mit sich. Wenn man ihn sich unter Nutzung dieser Energie entwickeln läßt, strahlt er sie nach allen Seiten aus und kann sich zum Erwachsenen vervollkommnen. Er wird fortlaufend schöpferisch tätig sein, und sofern er nur die Kraft und die Unterstützung seiner Eltern zum Überleben und zum Leben selbst hat, wird er das Begehren bewahren.

ZWEITER TEIL

Utopien von morgen

Die schöpferische Kraft der Kinder

»Kinder leben an der Quelle allen Wissens.
Sie sind echte Metaphysiker.
Wie wissenschaftliche Forscher
stellen sie die entscheidenden Fragen
und suchen nach Antworten.«

»Es muß die Stätte eines von Beziehungen
getragenen Lebens geschaffen werden;
nur so kann die Entfaltung innerpsychischer
Kommunikation gefördert werden.«
Françoise Dolto

1 Das Spiel vom Erwachsensein

Im Haus der Kinder

In Frankreich hegen die bedingungslosen Anhänger der Kernfamilie starke Vorurteile gegenüber Formen der Kollektiverziehung, bei denen Eltern und Kinder auf Zeit voneinander getrennt werden. Eine solche Form der Sozialisierung des Kindes ist für sie gleichbedeutend mit dessen affektiver Frustrierung. Die Erfahrungen scheinen jedoch das Gegenteil zu beweisen. Entfremdung kann auch von familiärer Abkapselung herrühren. Clara Malraux hat beobachtet, daß die in einem Kibbuz in Israel erzogenen Kinder, die ihre Eltern nur am Abend sahen und erst dann der mütterlichen Vereinnahmung und Überfürsorglichkeit ausgesetzt waren, eine hervorragende sprachliche Entwicklung und eine sehr positive Sozialisierung durchliefen. Sie hatte etliche israelische Psychologen und Pädagogen hierzu befragt, die sich diese Entwicklung an der Beziehungsvielfalt unter den Kindern erklärten.[6]

Die Kibbuz-Kinder unterliegen nicht dem überzogenen Einfluß Erwachsener. Bereits mit achtzehn Monaten sind sie ganz unter sich, ohne Erwachsene, sogar nachts. Zudem können sie frei entscheiden, wann sie schlafen, kommen und gehen wollen. Sehr früh ergreifen sie Initiativen, in bezug auf den eigenen Körper, die Ernährung, das Aufstehen und Zubettgehen, die Pflege ihres kleinen Gemüsebeetes und ihre Spielgestaltung. Die Eltern basteln für ihre Kinder Spiele, die Miniaturausgaben ihrer eigenen Gerätschaften sind: alte Autos werden für sie hergerichtet, alte Motorräder, alte Ackergeräte, mit denen die Kinder selbst Feldwirtschaft betreiben. Die Kleinen identifizieren sich so auf spielerischem Wege mit dem Vater auf seinem Traktor, mit der Mutter bei der Feldarbeit, mit Geräten, die keine Funktion mehr haben und von denen alle potentiell gefährlichen Teile entfernt wurden. Bei der Bodenbewirtschaftung lassen die Kinder die Arbeitsaktivität ihrer Eltern lebendig werden. Im Haus der ganz Kleinen (jünger als achtzehn Monate) übt ein Erwachsener eine gewisse Aufsicht aus, doch untereinander sind sie völlig frei; diese Person verhindert überzogenen Sadismus bei den Kindern, und sie spricht mit ihnen in vernünftiger Weise, wie es jeder Erwachsene tun sollte, ohne ihnen Recht oder Unrecht zu geben; sie verbalisiert die Motivationen, die für die Meinungsverschiedenheiten ausschlaggebenden möglichen Standpunkte der einen und der anderen. Die Kinder sehen ihre Eltern zudem täglich wenigstens zwei Stunden lang: von fünf bis sieben Uhr abends. Dabei wird der Unterschied zwischen Bedürfnis und Begehren deutlich: Diejenigen Eltern, die wenig verbalen Austausch pflegen, gehen in die Küche, um Milchprodukte oder Kuchen zu holen; andere Eltern zeigen Fotos, lesen Geschichten vor, spielen mit ihren Kindern, deren Wortschatz sich in diesen zwei Stunden enorm erweitert, in denen sich die Mutter wie der Vater ausschließlich der Beziehung zu ihren Kindern widmen. Das ist von großer Bedeutung. Diejenigen Eltern jedoch, die ihre Kinder in dieser Situation nur vollzustopfen wissen, nehmen erstaunt zur Kenntnis, daß sie am Abend, das heißt eine Viertelstunde, nachdem sie in ihrem Beisein Kuchen gegessen haben, eine volle Mahlzeit einnehmen: »Wie können sie denn zweimal essen?« Und die Kinder erwidern: »Aber das ist doch nicht dasselbe, was man bei den Eltern ißt, und das, was wir unter uns essen.« Anorexie kommt bei den Kindern im Kibbuz nicht vor, während sie sonst doch recht häufig auftritt.

Gläubige Juden befolgen Nahrungsmittelverbote, zu denen sie die Kleinen allerdings nicht anhalten, sondern damit warten, bis jene alt genug sind, um sie zu befolgen. In oraler Hinsicht fühlt sich das Kind mit sämtlichen Rechten ausgestattet. Im Verlauf ihrer Entwicklung verspüren sie Durst nach Sprache, großes Verlangen, etwas zu lernen. Die Kibbuz-Kinder machen von sich aus Jagd auf die Beziehung zu ihren Eltern, die nichts mit ihrem alltäglichen Bedürfnis zu tun hat. In orthodoxen jüdischen Familien wird der Schlaf der Kinder in hohem Maße respektiert. In den Kibbuzim stehen die Kinder in ihrem Haus nachts auf, gehen von einem Bett zum anderen, was die anderen nicht stört: Jeder folgt seinem individuellen Rhythmus, weil die Kleinen eben nicht verpflichtet sind, im Bett zu bleiben. Es gibt keine Einflußnahme Erwachsener auf sie.

Spätestens mit dreizehn, vierzehn Jahren haben sie dann denselben Schlafrhythmus wie die Erwachsenen. Bei manchen setzt er bereits mit acht, bei anderen mit dreizehn Jahren ein. Als ich an einem schulfreien Tag eines Nachmittags einen Kibbuz besuchte, war ich überrascht: Im Haus der Kinder lagen etliche auf ihrem Bett und lasen, manche schliefen sogar. Man erklärte mir: »Wissen Sie, nicht alle Kinder mögen die Gemeinschaft, daher sind sie froh, an einem Tag, an dem die anderen draußen sind, allein in das Gemeinschaftshaus zurückkehren zu können. Dabei wird ihnen freie Hand gelassen; es ist ihr Haus, sie tun dort, wozu sie Lust haben. Ihnen wird nicht gesagt: Nein, nein, es ist jetzt keine Zeit zum Schlafengehen. Wenn sie sich wieder hinlegen wollen, dann legen sie sich eben hin ... selbst wenn es am schulfreien Tag ist; an den anderen Tagen wird ihr Rhythmus durch die Schule bestimmt.«

Die Begründer und Wegbereiter der Kibbuzim, ledige Erwachsene, haben folgendes für alle Gesellschaftsformen gültiges außerordentliches Eingeständnis gemacht: man hatte den ersten Kibbuz eröffnet, ohne an die Kinder zu denken, die zur Welt kommen würden: Dieses eher positive als negative Experiment ließ sich wenig verheißungsvoll an, weil ja kein Platz für die Kinder vorgesehen war. Man hatte eine Gemeinschaftsstätte für Erwachsene geschaffen und das Kind darüber vergessen. Eine Gesellschaft ohne Kinder ist die reinste Fiktion. Ein absurd anmutendes Postulat: zu vergessen, daß es zur Zeugung von Kindern kommen kann, wenn man sich liebt, und daß die Kinder dann an diesem Ort zur Welt kommen. Die Pioniere haben sich vor Ort gefragt: »Was sollen wir tun?« Man hätte eine Modellvorstellung entwickelt und zum Beispiel ein Kinderdorf neben der Siedlung der Eltern planen können, vielleicht hätte man zahlreiche Fehler begangen, weil man es hätte allzu gut machen, zuviel organisieren, zuviel rationalisieren wollen.

Man hätte zum Beispiel die Kinder aus zwei oder drei Kibbuzim zusammenlegen können, was schrecklich gewesen wäre. Kinder brauchen unbedingt die Verwurzelung in ihrem Herkunftsmilieu, was einem beim Besuch eines Kibbuz' deutlich wird. Sieben- bis neunjährige Kinder übernehmen die Führung. Im Laufe des Besuchs wird man von ihnen auf die Kleinen hingewiesen, denen man begegnet: »Sehen Sie die Kleine da mit dem Trikot, das ist meine Schwester. Und der andere dort, der Große, das ist mein Bruder, der Drittälteste; ich selbst bin das vierte Kind. Dann habe ich noch einen kleinen Bruder, aber er ist nicht da; wenn wir ihn treffen, werde ich ihn Ihnen zeigen ...« Sie kennen ihre Geschwister und teilen den Besuchern dies mit; sie zeigen einem den kleinen Bungalow ihrer Eltern. Sie sind ganz und gar nicht namenlos; das Entscheidende ist die namentliche und enge familiäre Verbundenheit mit ihren Geschwistern, die in Häusern leben, in denen sie selbst sich nie aufhalten, die sie aber regelmäßig sehen, in Verbundenheit mit ihren Eltern.

In allen Arbeiten über Erziehung ist der Beziehung zwischen Kind und Erwachsenen viel zu viel Bedeutung beigemessen worden. Die Geschichte der Beziehungen von Kindern untereinander muß erst noch gründlich erforscht werden.

Genau das habe ich im wesentlichen im »Maison Verte«[7] realisieren wollen. Doch hierzu muß man wissen, daß Beziehungen zu anderen Kindern durch Vater und Mutter vermittelt werden sollen, was in den Kibbuzim stets der Fall ist. Während des Säuglingsstadiums ist die Mutter wenigstens bei einer der Mahlzeiten dabei, morgens oder abends, solange das Kind noch klein ist, bis es dann allein zu essen vermag; während dieser Phase kann niemand anderer die Mutter ersetzen; die Person, die mit ihnen zusammen ist, hat ein wachsames Auge auf die Kinder, aber keinerlei Einfluß auf sie; ausschließlich Mutter und Vater sind die Wegbereiter des sozialen Lebens.

Dies ließe sich auch auf den schulischen Rahmen übertragen: Würden die Lehrer für eine Mittlerfunktion ausgebildet, dann könnte der Lernprozeß der Beziehungen von Kindern untereinander ein Hauptthema in der Schule bilden, mit Lehrern, die eine Mittlerrolle zwischen Kindern und Erwachsenen einnehmen, von den Eltern eingesetzt und beauftragt werden, und die über eine Fachausbildung im Hinblick auf die Stabilisierung der Beziehung zu den Eltern verfügen. Das Kind trägt so lange ein Teilobjekt in sich, bis es definitiv zum Subjekt wird; und während der Phase, in der es noch Objekt des Subjekts – der Mutter – ist und sich als Subjekt zwischen eben diesem Vater und dieser Mutter zu erfahren beginnt, braucht das Kind unbedingt das Gefühl, daß sein Vater oder seine Mutter es als Objekt persönlich dem Subjekt anvertrauen – der Grundschullehrerin als zusätzlicher Stütze und nicht als Ersatz der Eltern. Dann wird dieses Subjekt seines Papas und seiner Mama, über die Identifizierung mit dem Körperlichen und unter der vorübergehenden Trennung von ihnen, zum Subjekt in der Beziehung zur Lehrerin; es wird nicht zum kleinen verängstigten Objekt inmitten der anderen, mit der Vorstellung, die Lehrerin habe ihnen gegenüber Ermessensfreiheit. Manche Lehrer und Lehrerinnen, vor allem auf dem Land, pflegen sehr positiven Kontakt zu den Eltern: Man kommt das Kind abholen, man hat ein wenig Zeit, plaudert, vertritt dieselben Anschauungen. Die auf dem Lande tätigen Lehrer sind nicht geheimnisumwittert, während ihre städtischen Kollegen abstrakte Ganzheiten verkörpern. Für ihre Schüler gleichen sie Friedensrichtern: sie stellen eine Art Rechtsbeziehung her: »Dies ist erlaubt, jenes ist verboten ...; ich bin berechtigt, ich bin nicht berechtigt«, schlechte Noten, Hausaufgaben machen, Lektionen lernen, alles wird sanktioniert. Nicht von ungefähr heißt es ja auch: einen Erfolg sanktionieren: Es ist bezeichnend, daß Mißerfolge ebenso »sanktioniert« werden.

In einer öffentlichen städtischen Schule werden die Schüler nicht ihrer individuellen elterlichen Abstammung entsprechend behandelt; sie werden regelrecht anonymisiert. Man versucht dies durch kleine Dinge wieder wettzumachen, etwa durch ein Fest nur mit Müttern und nur mit Vätern – das Pathogene schlechthin. Wo bleiben denn die mutterlosen Halbwaisen? Oder jene, deren Mutter sie verlassen hat oder nicht kommen darf? Niemand kümmert sich um den kleinen Gegenstand, den sie für den »Muttertag« basteln; dabei müßte doch gerade in dieser Situation etwas äußerst Wichtiges geschehen: »Du tust das für deine Mutter, deine Mutter, die du nicht mehr hast, der du das aber voller Freude schenken würdest, wenn du sie hättest. Sie selbst würde sich über dieses Geschenk genauso sehr freuen, dennoch bleibt sie immer in deinem Herzen. Laß uns sehen, was man mit diesen kleinen Muttertagsgeschenken machen kann, wenn man keine Mama mehr hat.« Man kann durchaus auch ein Foto der Mutter nehmen und dem Kind sagen: »Siehst du, du schenkst es deiner Mutter, ich bin Zeuge ... es ist nicht für mich, die Lehrerin ... Es ist für deine Mutter, deine Mutter, die dich zur Welt gebracht hat. Was die jetzige Frau deines Vaters angeht, kannst du ihr auch ein Geschenk machen, wenn du das für richtig hältst, denn sie ist auch eine Mama, nur nicht deine Mama.« In gleicher Weise kann man hinsichtlich Stiefvätern verfahren, seien es nur welche »auf Zeit« oder richtige Stiefväter.

Feste mit Müttern oder Vätern können Gelegenheiten bieten zur Erziehung des in der Verwandtschaft gebräuchlichen Wortschatzes sowie der Sexualität und ihres Zwecks, der von zwei Erwachsenen verantwortlich getragenen Zeugung in der Lust körperlicher Vereinigung. Eine Erziehung, die im Sinne des Wortes zum Ziel hat, die Kinder aus der Natur in die Kultur zu geleiten, ja müßte es sich, gerade durch die Schule, schuldig sein, über die Bedeutung der Worte des Wortschatzes die Verwandtschaft und die Rechtsvorstellungen zu klären, ebenso den Gesetzeskodex bezüglich der Ehe und die natürliche, rechtmäßige Verwandtschaft.

Was wird aus den in den Kibbuzim großgezogenen Kindern? Sind sie besser als die, die bei Vater und Mutter aufgewachsen sind?

Von allen Kibbuzim, die ich besuchte, habe ich nur einen einzigen kennengelernt, in dem es harmonisch zuging; es handelte sich um einen Kibbuz, dessen Bewohner ein gemeinsames Interesse hegten: die Musik. In den anderen Kibbuzim bewältigten die Kinder ihre während der Pubertät auftretende sexuelle Krise nur mit Mühe. Sie hatten nie gelernt, gegen die Versuchungen der Außenwelt anzukämpfen und sich dabei auf Vorbilder zu stützen. Nun gibt es aber in einem Kibbuz kein elterliches Sexualvorbild, alle schienen sie wie Laienbrüder und -schwestern zu leben. Die Jugendlichen verließen den Kibbuz ohne Geld; sie schrieben sich an der Universität ein, und samstags und sonntags kehrten sie zurück, um sich in ihren Kibbuz zu flüchten – in die Geborgenheit. Die Verantwortlichen haben rasch reagiert und den Austausch von gleichaltrigen Kindern zwischen den Kibbuzim organisiert. Samstags und sonntags brachten sie Kinder verschiedener Kibbuzim zusammen, damit sie einander kennenlernten, sich schrieben und zudem Außenbeziehungen für spätere Begegnungen aufbauen sollten. Ansonsten lebten sie völlig isoliert, und später im Studium trachteten sie nur danach, ihre Kameraden aus den Kibbuzim wiederzutreffen, die gleichfalls studierten und mit denen sie sich gemeinsam abkapselten. Sie versuchten, ihre frühere pseudo-familiäre Gruppe wiederherzustellen und unterhielten darüber hinaus keine anderen Beziehungen; sie lebten inmitten junger Menschen und liebten sich wie Bruder und Schwester. Nach Verlassen des Kibbuz hat es recht viele Unangepaßte innerhalb der Gesellschaft selbst gegeben. Diese Erfahrung ist zwar spezifisch für Israel, sie bestätigt jedoch Erkenntnisse der Psychoanalyse oder Bedingungen, die den Anpassungsprozeß junger Erwachsener an die Gesellschaft beeinträchtigen.

Der Kibbuz befreit die Kleinen von den Gefahren familiärer Überbehütung, aber er schiebt das Problem der Abkapselung nur hinaus: er bewahrt die Kinder vor ihr und verschiebt die Isolierung auf die jungen Erwachsenen, die Schwierigkeiten haben, diesen Lebensraum zu verlassen. Immerhin ist das Haus der Kinder eine belebende Stätte. Der Bericht von Bruno Bettelheim über die Kinder aus den Kibbuzim ist in bezug auf die Entwicklung von Verantwortungsgefühl bei Mädchen wie bei Jungen recht ermutigend.

Im Kinderhaus halten sie ihr eigenes Geflügel und ihre kleinen Ziegen, versorgen ihren bescheidenen Obst- und Gemüsegarten und führen, der Rentabilität wegen, Buch über die Ausgaben, das Futter für die Tiere, die Einnahmen aus dem Verkauf der Produkte ... So unterhalten sie bereits einen Landwirtschaftsbetrieb im kleinen und stehen dafür zu beliebiger Nachtzeit auf. Ihr Verhalten regelt sich über ihre eigene Verantwortung. Sie spüren nicht den

Einfluß Erwachsener auf sich lasten. Die Beziehungen der Kinder untereinander genießen Vorrang vor dem Druck seitens der Erwachsenen, die ihr Haus nicht mit Beschlag belegen. Das hindert sie nicht, erwachsen zu spielen, denn sie ahmen in ihrem eigenen Haus nach, was die Erwachsenen im Kibbuz insgesamt tun. Sie folgen dem stets gleichen Vorbild der Erwachsenen: Man braucht Geld, um etwas auf die Beine zu stellen, und dies muß einträglich sein. So erlernen sie die Prinzipien der Geschäftsführung, wie sie in der kapitalistischen Gesellschaft üblich sind.

Bis zum Alter von drei Jahren entwickeln sie – unter mütterlichem Schutz – Selbstverantwortlichkeit, später spezifische Verhaltensformen. In der Zeitgestaltung haben sie freie Hand, denn seine Zeit selbst zu gestalten, bedeutet auch, den eigenen Magen, den Körper, zu gestalten. Niemand zwingt sie zu irgend etwas. Die Mahlzeiten finden zu festgesetzter Stunde statt, sie nehmen sie ein oder eben nicht, niemand zwingt sie zum Essen ... Magersucht kommt daher, wie schon erwähnt, nicht vor. Aber in einem der Kibbuzim, die ich gesehen habe, hatten die Kinder – leider – die Erlaubnis, bei Unpäßlichkeiten ihre Eltern aufzusuchen, die über Klappbetten verfügten, damit die Mutter ihr Kind beaufsichtigen konnte, wenn es Fieber hatte, statt es im Krankheitsfalle in der Krankenabteilung für Kinder zu besuchen (was dennoch stattfindet: Für ernstlich erkrankte Kinder gibt es eine eigene Krankenabteilung, in der die Eltern Besuche machen dürfen) ... Dort war dies jedoch nicht der Fall: Wenn das Kind krank war, durfte es die Nacht im Hause seiner Eltern verbringen. Daher traten in diesem Kibbuz erhebliche (psychosomatische) Störungen bis zum Alter von sieben bis acht Jahren auf. Dies ist sehr aufschlußreich: Eine Reihe von »Unpäßlichkeiten«, Erbrechen, Bauchschmerzen, Kopfschmerzen, Wehwehchen, Erschöpfungen, bewirken, daß man zu Mama darf ... Der Mutter sagt dies ebenfalls zu. Das geschieht in der ödipalen Situation. Und mit acht Jahren hört dieses Verhalten plötzlich auf, die Erkrankungsrate weist dann denselben (sehr niedrigen) Stand wie in den anderen Kibbuzim auf.

2 Unterricht nach Plan und nach Wahl

Eingepfercht im öffentlichen Schulwesen

Was ich schrecklich finde – weil ich es gegen Ende meiner Schulzeit selbst habe erleben müssen –, ist die in Gymnasien vorgenommene zeitliche Zersplitterung in Form des Stundenplans. Es ist durchaus möglich, daß ich kein Interesse für irgend etwas entwickelt hätte, wäre ich von Kindesbeinen an damit groß geworden. Diese Zerstückelung der Zeit hat für die Intelligenz der Kinder und ihren persönlichen Rhythmus nachteilige Folgen.

Ich ging seinerzeit nicht aufs Gymnasium; bis zum Abitur lernte ich in einem kleinen Arbeitskreis, den man einmal in der Woche besuchte – Unterrichtsfächer waren Französisch, Literatur, Diktat, Aufsatzgestaltung; ein weiterer wöchentlicher Unterrichtsblock war den wissenschaftlichen Fächern, Rechnen und Mathematik, gewidmet. Darüber hinaus lernte jeder für sich allein. Man hatte Muße, in einem Wörterbuch nachzuschlagen; so saß ich mitunter zwei Stunden lang über dem Wörterbuch, die Hausaufgabe war unerledigt, aber da sie ja erst in drei Tagen abzugeben war, hatte man nicht das Gefühl, die Zeit sei einem davongelaufen und man habe die Aufgabe nicht geschafft. Für ein Kind ist es etwas Schreckliches, ein Wörterbuch unverzüglich wieder zur Seite legen zu müssen. Man klappt es auf, um ein Wort nachzuschlagen und wird rasch von anderen Wörtern gefesselt. Viele Kinder schlagen nie etwas in einem Wörterbuch nach, weil es die reine Frustration ist, wenn man eine Hausaufgabe fristgerecht abzuliefern hat. Muß man seine Arbeit hingegen nur zweimal in der Woche – das eine Mal in den wissenschaftlichen, das andere Mal in den Kulturfächern – abliefern, dann hat man Muße zum Nachdenken. Man muß ein Gedicht lernen, aus einem Buch voller Gedichte. Dabei stößt man auf all die anderen Gedichte! Man liest sie, und die Zeit ist verstrichen: man hat sein Gedicht nicht gelernt. Der eigene Schaden! Man wird es am Abend oder morgen lernen ... Es sind ja noch drei Tage Zeit.

Wenn ich meine neuen Schulbücher zu Hause das erste Mal benutzte, dann las ich diese Bücher ganz durch und fand es blödsinnig, daß sie in Kapitel von zehn oder zwanzig Seiten Umfang aufgeteilt waren. Mich interessierte schließlich alles! Manchmal landete man im Monat Juni, und ich wußte dann alles, was sich auf den Juni bezog, während ich eigentlich die ersten Monate des Jahres zu bearbeiten hatte, doch woran ich interessiert war, stand im Schluß des Buches ... Warum durfte ein Schüler nicht mit dem Ende des Buches beginnen? Bei manchen Büchern, zum Beispiel bei Geometriebüchern, ist das nicht möglich – wunderbar; es war eine wirkliche Erkenntnis für mich: man konnte das zweite Buch nicht verstehen, wenn man das erste nicht begriffen hatte. Ich fand dies heraus, indem ich die Bücher von allen Seiten her las ... wobei ich natürlich mit dem Vorwort begann. Und wenn der Autor in der Einleitung schrieb: »Ich habe das Wort X absichtlich vor das Wort Y gesetzt«, dann befaßte ich mich mit dem Wort X. Wieso hatte er das absichtlich getan? Dieses Vorwort veranlaßte mich in starkem Maße zum Nachdenken, und das Buch war für mich das Werk einer Person, die sich Gedanken gemacht hatte und der es gelungen war, nach so manchen Fragen von Schülern etwas zu bieten.

Was die »Pflichtzeit« war, begriff man einmal im Trimester, wenn man Klassenarbeiten schrieb: Man hatte dann eine beschränkte Zeit zur Verfügung, um das zu bewältigen, was man sonst im indivduellen Rhythmus absolvierte. In den meisten schulischen Einrichtungen ist pünktliches Erscheinen Pflicht, ansonsten wird man nicht hereingelassen. Kommt man drei oder vier Minuten zu spät, kann man seine Koffer packen. Der Rektor der britischen Schule von Summerhill berichtet, er habe folgende Regelung eingeführt: Kein Schüler braucht an einem bestimmten Kurs teilzunehmen, aber wenn er es tut, hat er pünktlich zu sein; wahrlich eine bestechende Idee! Und wenn der Schüler nun eines Tages gerne teilnehmen möchte und fünf Minuten zu spät dran ist? Kein Zutritt mehr! Ich halte diese Einstellung für verkappten Faschismus ...

Statt den anderen beizubringen, daß das Verhalten des einzelnen die anderen nicht beeinflussen soll, wird das Kind dem Joch des Herdentriebes unterworfen. Der Herdentrieb ist keine menschliche Verhaltensweise, er reduziert den Menschen auf ein soziales Tier und führt vom Rudel zur Herde. Die Schulen sind regelrechte Schafspferche. Den Menschen wird daher beigebracht, dieser Instinkt, den sie in Ähnlichkeit zu sozialen Tieren hätten, sei die pädagogische Triebkraft. Dabei müßte eine derartige Einstellung untersagt werden. »Tauscht euch mit euren Mitschülern aus, aber macht nicht alle dasselbe, weder dieselbe Übung noch dieselbe Aufgabe.« Warum bearbeiten alle Kinder dieselbe Aufgabe, warum haben alle dieselben Schulbücher? Geben wir doch zu, daß dasselbe Aufsatzthema ein-, zwei- oder dreimal im Jahr gestellt wird, weil das dem Lehrer die Korrekturarbeit erheblich erleichtert. Aber ansonsten können wir doch jedem eine individuell unterschiedliche Übung aufgeben, die die Anwendung des Gelernten beinhaltet. Warum muß alles gleichgeschaltet werden? Für den Lehrer ist es bequemer, aber der Schüler ist schließlich nicht für ihn da; jedes Kind ist für sich selbst da. Das unantastbare Prinzip des für alle verbindlichen Stundenplans und der Pünktlichkeit bleibt auch für den Lehrer im dunkeln. Das Argument der Pädagogen, ein Kind, dem man freistelle, wann es zum Unterricht erscheinen wolle, werde nie lernen, einen Zug oder ein Flugzeug pünktlich zu erwischen, sticht nicht. Das Kind wird von allein zu unterscheiden lernen. Verpaßt es einen Zug oder ein Flugzeug, wird es künftig pünktlich sein. Hinter dieser Einstellung steht vielmehr das wahre Argument: Der Lehrer möchte in seiner Klasse eine Art gottähnlicher Herrscher, ein unangefochtener Führer sein. Folglich wird der Herdentrieb ins Spiel gebracht: »Nimm dir ein Beispiel am anderen!« Falsch! Vielmehr müßte es heißen: »Wenn du willst, kannst du dir am Lehrer ein Beispiel nehmen ... Daß der Lehrer pünktlich da ist, geht in Ordnung.« Er gibt damit auch ein Beispiel, seine Stunde zur vorgesehenen Zeit zu beginnen, und die anderen haben den Anfang zu ihrem eigenen Nachteil versäumt ... Aber warum regt sich der Lehrer auf, wenn man zu spät gekommen ist? Wenn es den Mitschülern doch nichts ausmacht? Es ist einfach der Ärger des schlechten Pädagogen. Er hat Angst, zu wenig

Anregungen zu vermitteln oder seine Zuhörer nicht zu fesseln. Dies ist der wahre Grund seines Ärgers. Das »Erlernen« der Pünktlichkeit ist bloß ein Vorwand. Was einen interessiert, das verpaßt man nicht.

Tut ein Kind etwas gerne, dann will es das, was es gerade macht, nicht beiseite legen. So weiß man, daß Kinder sogar in die Hose machen, um bei einem Lehrer, der ihre Aufmerksamkeit fesselt, ja keine Minute zu versäumen. Möchte das Kind aber während des Unterrichts auf die Toilette gehen, dann ist es unsinnig, es am Austreten zu hindern, zumal in einem Stadium, wo die Motorik von solch starker Bedeutung für die Kinder ist ... In der Schulpause drängt es sie so sehr herumzutollen, daß sie ihren körperlichen Bedürfnissen während der Pause nicht abhelfen. Sie kommen zum Unterricht und müssen plötzlich austreten. Der Lehrer einer achten Klasse suchte mich auf, um mir mitzuteilen, der Rektor seiner Schule wolle nicht, daß die Kinder auf den Gängen herumliefen. So lautete die Schulordnung. Er selbst fand das inhuman. Ich ermutigte ihn: »Lassen Sie die Schulordnung ruhig beiseite. Der Rektor verfolgt einen bestimmten Zweck, Sie einen anderen. Sie sollten die Kinder in Kenntnis setzten: Der Herr Direktor will das nicht. Wenn ihr ihm dabei begegnet, werdet ihr euch Ärger einhandeln, aber ich möchte euch nicht daran hindern, auf die Toilette zu gehen; es wäre mir lieber, wenn ihr eure Bedürfnisse während der Pause erledigt, aber ich weiß nur zu gut, daß euch die Pause so wichtig ist, daß ihr lieber herumtobt als auf die Toilette zu gehen. Verhaltet euch also ruhig; geht, wenn ihr müßt, und fragt mich nicht jedes Mal um Erlaubnis, geht einfach und kommt unauffällig zurück und stört die anderen nicht.« Er wandte ein: »Aber dann riskiere ich praktisch einen Gänsemarsch zur Toilette!« »Mag sein, wenn Sie keine Ausstrahlung haben; aber das glaube ich nicht. Ich glaube, wenn Sie so mit den Kindern reden, dann werden sie Sie mögen und von allein aufpassen.« Er war entsetzt über diese Kinder, die so wenig gehorchen, vom Bedürfnis des Pinkelns erfüllt sind und denen das Austreten untersagt wird, weil der Unterricht bereits begonnen hat, ein Unterricht, der sie womöglich langweilt; aber durch Drangsalieren gewinnt man nicht die Aufmerksamkeit der Kinder, ganz im Gegenteil, man bringt damit die Kinder gegen sich auf.

Auf die Gefahr hin, schlecht angeschrieben zu sein, hat sich dieser Lehrer nicht so verhalten, wie es sein Direktor wünschte; er hat als Mensch gehandelt, dessen Aufgabe es ist, sich für jedes Kind zu interessieren. Der »Gänsemarsch« war nicht von langer Dauer. Binnen acht Tagen hatten sich die Schüler von allein so angeglichen, daß sie den Unterricht nicht mehr verlassen mußten. Zahlreiche Lehrer berufen sich auf die in der Schulordnung erlassenen Verbote, weil sie jenen Augenblick der Wahrheit des Interesses an ihrem Unterricht fürchten, wenn jene, deren Aufmerksamkeit nicht gefangengenommen wird, jederzeit hinausgehen können. Ein unsympathischer Lehrer hat keine Chance, das Interesse seiner Zuhörerschaft zu wecken. Man muß also zunächst jedem seinen persönlichen Lebensstil belassen, um das sein zu können, was so banal als »sympathisch« bezeichnet wird. Weiß man dann das Interesse der Kinder zu wecken, wird einem auch zugehört.

In so vielen schulischen Einrichtungen läuft man mit gesenktem Kopf umher. Wie kann man eigentlich ernsthaft einem Kind mit Gewalt ein Wissen durch eine Person eintrichtern wollen, wenn diese Person die natürlichen Bedürfnisse des Kindes beeinträchtigt, indem es sie dazu zwingt, Urin und Stuhl zurückzuhalten? Das Kind hat nur dies eine im Sinn. Natürlich kann es jenem Lehrer dann noch weniger folgen, der ihm auf Grund dieser Tatsache zunehmend unsympathischer wird. Wird das Kind nicht ihm zuliebe zum Masochisten, dann empfindet es ihn als Sadisten.

Um auf das Verbot, den Unterricht zu verlassen, zurückzukommen: Ich verstehe durchaus, daß ein Direktor diese Ordnung erlassen hat. Schließlich gehört es zur Funktion eines Verwaltungsbeamten, Regelungen zu erlassen. Doch jeder Lehrer sollte sie an jene anpassen, für die er verantwortlich ist, um keinem zu schaden. Die Ordnung ist für den Menschen gemacht und nicht der Mensch für die Ordnung. Würden die Lehrer dafür ausgebildet, im Dienst der Kinder zu stehen, dann verlöre die Ordnung ihre Funktion einer Sicherheitsbarriere, hinter der sich die Erwachsenen verschanzen, als anonyme Funktionäre gegenüber roboterähnlichen, austauschbaren Schülern, abgesehen davon, daß sie entsprechend ihrer Fügsamkeit als gute, mittelmäßige oder schlechte Schüler beurteilt werden.

Für diesen Zweck genügten Lehrmaschinen, wenigstens würde man von ihnen nicht mehr erwarten ... Von einem augenscheinlich menschlichen Wesen erwartet man hingegen doch anderes!

Die Revolution auf der Ebene der Pädagogik

Die Zeit ist reif für Entscheidungen. Wie sieht der Wille des Volkes aus? Wohin tendiert die Sozialgemeinschaft? Was strebt sie an? Will man auf ewige Zeiten eine hierarchisierte Gesellschaft fortsetzen, oder will man, an der Basis ansetzend, alle Möglichkeiten eines Menschen ausfindig machen, damit sich der einzelne ab einem gewissen Alter, etwa ab dreizehn oder vierzehn Jahren, seinen Fähigkeiten entsprechend individuell orientieren kann? In diesem Fall wäre die Erziehung nicht mehr auf Autorität gegründet. Das Problem stellt sich doch wie folgt: Kann man ohne Hilfe wissen, was man wirklich will? Ich bezweifle das, wenn mir Zyniker und Desillusionisten gleichermaßen entgegenhalten: »Die Form der Erziehung, die Sie für die frühe Kindheit befürworten, wird denkende Individualisten hervorbringen; doch unsere Welt will im Grunde Menschen, die nicht denken, sondern gehorchen.«

Die Vermassung weckt noch mehr Befürchtungen, daß die Politik die Interessen der Jugend mißachtet. Welch geringen Weitblick haben jene bewiesen, die zur Gewährleistung der Schulpflicht bis zu sechzehn Jahren ein System beibehalten haben, das für einen bestimmten Schülerteil galt. Mit wachsender Zahl der Schulpflichtigen siecht das System dahin, mit dem Ergebnis, daß die Menschen, frei von Skrupeln, das »Mitschwimmen in der Masse« bevorzugen: So vollzieht sich die Selektion.

Talente, Inspirationen und Sehnsüchte werden eliminiert, weil man die breite Masse in ein System hat einbinden wollen, das darauf nicht eingerichtet war und das unseren heutigen Kommunikationsmöglichkeiten nicht mehr entspricht. Die Jugend kann durch viele andere Medien als durch die Schule Zugang zu intellektuellen Aspekten finden: durch Radio, Fernsehen, Ausstellungen, auch durch maschinelle Vorrichtungen, die die Arbeit erleichtern; daneben bestehen allerdings auch die charakterliche Bildung, Körperbeherrschung, Koordination und manuelle Geschicklichkeit, die Initiation, das Gedächtnis und die Beherrschung des Sensorischen.

Kann man die öffentliche Schule reformieren?

Man muß den Mut zur Äußerung besitzen, daß sich die Schule in ihrer heutigen Konzeption für das Kind erst ab einem bestimmten Alter eignet. Es müssen andere Bedingungen geschaffen werden. Die Behauptung, man wolle »die Schule humanisieren«, ist vielleicht ebenso utopisch wie den Krieg »menschlich« gestalten zu wollen. Krieg kann man niemals humanisieren! Man kann ihn stärker technisieren, seinen Schrecken ins Unermeßliche steigern, aber das ist auch die Grenze des Handelns. Einen humanitären Krieg kann es niemals geben.

Ich frage mich, ob eine staatliche Schule jemals eine Stätte der Jugend sein kann, wenn sie so bleibt, wie sie ist, wie sie von jeher gewesen ist, mit ökonomischer, ganz auf den Wettbewerb ausgerichteter Zielsetzung, und ob man sie von innen heraus reformieren kann. Ich glaube, die Erneuerung der Schule muß von außen kommen.

Selbst wenn sich der Sekundarunterricht nicht ändert, wäre das schon »besser« als den Beginn der Schulpflicht vorzuverlegen. Denkbar wäre aber auch eine »Schule der offenen Türen«.

Warum soll man einem wissensdurstigen Kind nicht stufenweise den Weg zum Erlernen dieses Wissens weisen? Warum müssen alle gleichzeitig dasselbe lernen?

Nehmen wir das Lesenlernen. Wie viele Kinder können selbst in der 5. oder 6. Klasse nur unzulänglich lesen? Sie sind in jeder Beziehung gehemmt. Sie haben andere Dinge gelernt, wo sie doch noch nicht einmal richtig mußten, wo man sich ausschließlich mit dem Lesenlernen befaßte. Warum kann das Lesenlernen nicht stufenweise erfolgen, bis die ausdrucksstarke Alltagslektüre beherrscht wird? Daraus eröffnet sich der Zugang zu allen persönlichen Interessen. Man schreibt sich in Geschichte, in Geographie, in Wirtschaftskunde ein. Warum soll man mit acht Jahren nicht schon an Wirtschaftskunde teilnehmen dürfen? Warum nicht am Tanzen, Zeichnen oder Musikunterricht?

Schule nach Maß

1935 führte das von Henri Wallon vom Collège de France geleitete Laboratorium für Psychobiologie des Kindes (Ecole pratique des Hautes Etudes) eine Untersuchung über verhaltensauffällige Schüler anhand der im Sekundarunterricht gemachten Beobachtungen durch: Die von den Forschern ausgewählte Schule hatte sich zum Ziel gesetzt, »mit normaler Intelligenz begabte Kinder, die im Prinzip zu Hochschulabschlüssen in der Lage sind, aber in großen Klassen nicht oder nur schlecht zurechtkommen«, wiedereinzugliedern. Der mit der Untersuchung beauftragte André Ombredane schloß seinen Bericht wie folgt: »... Statt an ein und derselben Schule mehrere Klassen der heterogenen Klassenstufe einzurichten, sollte man verschiedene Klassenformen anstreben, die an die Möglichkeiten verbreiteter Schülerpersönlichkeiten angepaßt werden sollten, also das zu realisieren, was Claparède die Schule nach Maß genannt hat.

Ein Programm nach Wahl. Eine Ausbildung nach Maß, zum Teil individuell abgestimmt, mit vorgegebenen und mit Prüfungen verbundenen Stufen, zu denen sich die Schüler anmelden könnten, sobald sie sich dazu in der Lage fühlen und wozu sie ständig berechtigt sein müßten.

Würden die in der Volksbildung Tätigen und die Lehrergewerkschaften dem folgen? Sähen sie darin nicht Maßnahmen zur Bekämpfung ihrer Privilegien? Die im öffentlichen Bildungswesen beschäftigten Beamten werden nach ihrem Dienstalter und nach den Klassen, die sie unterrichten, bewertet und vergütet (ein Lehrer an einer ersten Klasse der Grundschule erhält nicht dieselbe Vergütung wie ein Lehrer in einer Oberprima). Hier bekämpft man sich in einem wahrhaftigen Feudalsystem, das die Politik der geringsten Unannehmlichkeiten und der größten Bequemlichkeit fortsetzt. Ein Lehrer, der ein echter Pädagoge, ein wahrer Freund der Schüler sein möchte, bekleidet eine Art Priesteramt, was immer seltener wird. Lehrer werden nicht zum Diskussionsleiter ausgebildet. Daher verlieren sie an Kontur, sobald sie aufgefordert werden, ihr Pult zu verlassen, sobald sie veranlaßt werden, im Unterricht aufzustehen und umherzugehen, sie haben Angst und wissen nicht weiter. Sie vermögen den Raum und das Leben in diesem Raum nicht zu strukturieren. Zudem würden sich die Schulleiter auf Sicherheitsvorschriften berufen. Ganztagsschulen sind 16 von 24 Stunden geschlossen. Es kommt nicht in Frage, Freizeitaktivitäten in der Schule abzuhalten, weil kein Aufsichtspersonal vorhanden ist und keine Versicherung die Unfallrisiken abdeckt.

Die Erziehung wird in immer stärkerem Maße bürokratisiert; all diese genannten Variationen des Unterrichtens und des Wissenserwerbs werden schwierig zu realisieren sein, wenn sie individualisiert werden, obwohl man sich eine solche Umwandlung von der Einstellung her bereits vorstellen können sollte. Das Bildungswesen gilt in Frankreich als das am schwersten regierbare Ministerium. Während der stabilsten Regierungsperioden unter de Gaulle fanden die meisten Ministerwechsel im Ressort Bildungswesen statt, und selbst bei unvoreingenommener Betrachtung muß man einräumen, daß alle bisherigen Amtsinhaber Schiffbruch erlitten haben.

Ein Programm, in dem sich alle Kinder einander gleichen, alle denselben Kenntnisstand haben müssen, ist absolut inhuman. Manche Kinder sind in Mathematik begabt und rechnen mit neun Jahren Mathematikaufgaben, die andere erst mit sechzehn Jahren bewältigen. In Wirtschaftskunde gibt es fähige Zehnjährige, die das Wesen einer Geschäftsführung bereits begreifen. Ich schlage vor, in den Hauptfächern Urkunden für das Erreichen der 1., 2. und 3. Stufe zu vergeben, unabhängig vom Alter.

Ich erlebe Kinder, die in der Schule vor Langeweile sterben; wer bei Schuleintritt schon lesen kann, muß in den ersten Grundschulklassen ausharren, wo stockend gelesen wird. Im Unterricht würden solche Kinder gerne die ganze Zeit über lesen, aber kein Gedanke daran, sie werden gezwungen, besonderen Nachdruck auf das Tätigkeitswort und die Umstandsbestimmung zu legen. Manche Kinder schwärmen für Grammatik: Warum sollte es keine unterschiedlichen grammatikalischen Bildungsstufen geben? Man könnte die 1., 2., 3. Stufe erreichen, und ab der 4. Stufe besucht man dann keinen Grammatikunterricht mehr, sondern kann Grammatik allein weiterüben und wird so zu einem sehr bewanderten Grammatiker. Warum nicht? Doch die Schule lehrt über die 3. und 4. Grammatikstufe hinaus nichts mehr.

Manche Kinder versagen in Mathematik und werden nicht in die nächste Klasse versetzt, obwohl sie in den geisteswissenschaftlichen Fächern, in Geschichte oder in Geographie sehr gut sind. Eines Tages werden auch sie Zugang zur Mathematik finden, und wenn nicht, läßt sich eben auch nichts daran ändern.

Die Kinder werden in jeder Hinsicht zur Einheitlichkeit gezwungen; ein fürchterlicher Zustand. Diese Einheitlichkeit wird selbst bei den Mahlzeiten gefordert, wo alles aufgegessen werden muß, obwohl man keinen Hunger mehr hat. Dies verleidet einem Kind das Interesse an intellektuellen, manuellen und körperlichen Dingen sowie an einer den eigenen Kenntnissen entsprechenden Entwicklung. Technologisch könnten Lehrmaschinen eine Chance bieten. Man möge nicht einwenden, es gäbe dann weniger Kontakte, weil die Lehrer Organisatoren wären, statt Wissen zu vermitteln. Sie könnten durchaus mit dem Kind sprechen, das etwas sucht: »Du kannst es mit diesem Gerät selbst herausfinden und dann mit mir darüber sprechen«; kurz, die Lehrer wären Forschungsleiter, abrufbar und könnten die Wißbegier und die Anstrengungen der interessierten Kinder steuern, anläßlich des Erklimmens ihrer gewählten »Stufen«. Stellen wir uns vor, man könnte in bestimmten öffentlichen Einrichtungen das ganze Jahr über in allen Fächern Stufen-Prüfungen ablegen. Die Schüler meldeten sich freiwillig für unterschiedliche Schwierigkeitsgrade eines bestimmten Faches an, bewältigten altersunabhängig diese Stufe und könnten dann die entsprechende Urkunde erhalten.

Sie stünden zum Beispiel in Mathematik auf der 4. Stufe, in Geschichte auf der 5. – oder im Ballettunterricht auf der 3., in Volkswirtschaftskunde auf der 5. Stufe.

Menschen sind nicht ihr ganzes Leben lang zu denjenigen Fächern motiviert, zu deren Studium sie angehalten werden. Daher vertrete ich folgendes: Diejenigen Kinder, die ein Jahr lang für ein Fach motiviert wären, sollten ausschließlich diesem Fach – der Geographie oder dem Zeichnen –, nachgehen dürfen, in welchem sie die höchstmögliche Stufe erreichen könnten.

Zur Erprobung dieser Änderung müßte man, soweit es das öffentliche Bildungswesen betrifft, nicht von völlig anderen Grundlagen ausgehen, sondern von motivierten und als Forschungsorganisatoren ausgebildeten Hochschulabsolventen. Man könnte diese Freiwilligen im selben Projekt beschäftigen: Zum ersten Mal wird die Schule dann den Anforderungen an Kenntnissen und Ausbildung der Kinder entsprechen. Der Staat könnte ein festes Zentrum zur Überprüfung eines bestimmten Stufenwesens (auch für den Bereich manueller Techniken wie Holz- und Metallarbeiten) einrichten. In allen Landesteilen gäbe es jeweils einen permanenten Prüfungsort.

Nach absolvierten Prüfungen hätten die Schüler die 2. Stufe in Holzarbeiten, die 3. Stufe in Geographie, die 1. Stufe in Geschichte, die 5. Stufe in Volkswirtschaftskunde, die 4. Stufe in Völkerkunde oder in einer Sportart, im Kochen, in Hauswirtschaft, im Ballettunterricht erreicht, und zwar unabhängig vom Alter. Sie hätten dadurch »Tickets« erworben, Bestätigungen ihrer technischen Kenntnisse oder ihres Wissens, die genauso wie Schulzeugnisse ausgestellt werden könnten. Die Schulen müßten sich zwangsläufig ändern, weil die Kinder ja zum

Teil ganz allein arbeiten würden, mit Hilfe von Fachbüchern, die sie selbst ausgewählt haben, angeleitet von Lehrern und beraten von einem Fachmann, Professor, Betreuer oder Künstler aus jenem Fachbereich, oder direkt in Werkstätten und Bibliotheken. Die Schulen wären dann in der Tat Stätten für Jugendliche, ihre »Schauplätze des Lebens«.

Die Jugendlichen könnten auch an anderen Orten lernen, um sich in diesem oder jenem Fach auf Prüfungen vorzubereiten.

Von der Basis aus wird nichts zu verändern sein, weil niemals alle einverstanden wären, sondern nur durch das Schaffen eines als europäischer Institution fungierenden Zentrums. Viele Fächer könnten in allen Sprachen unterrichtet werden, und die Fehde zwischen Privatschule und öffentlicher Schule wird endgültig der Vergangenheit angehören.

Die Teilnahme am herkömmlichen Unterricht wäre freigestellt. Es bestünden weiter Schulen des alten Systems, Klassen obligatorischer Art, weil rückständige Eltern ihre Kinder auf die gleiche Weise wie sich selbst erzogen wissen wollten. Doch es gäbe auch viele andere Klassen, wo die Teilnahme am herkömmlichen Unterricht freigestellt wäre, ausgenommen die Wahlfächer, die das Kind aus freien Stücken belegt und die wie Zeitverträge einzuhalten sind.

Will man jeoch die Klasseneinteilung beibehalten, könnten die Schüler in jenen Fächern Klassen überspringen, in denen sie den höchsten Stand erreicht haben, wie das in Musikhochschulen möglich ist.

Man darf Kinder nicht in ein umfassendes Gebilde zwängen, sondern muß ein Ministerium für Jugend schaffen und dabei zwischen der Pädagogik der Instruktion und der Vermittlung von Bildung unterscheiden. Dabei wird jedoch deutlich, daß diese beiden Bereiche vermengt worden sind, die Pädagogik ist der Instruktion untergeordnet worden.

Das Verrückte am Menschen ist seine ständige Neugier und die damit verbundene Anstrengungsbereitschaft; er ist jedoch häufig auf etwas anderes neugierig als auf das, was man ihm bietet.

Das Bildungswesen könnte dem Ministerium für Jugend, Familie und Gesundheit zugeordnet werden, dessen Aufgabe es u. a. ist, Körper und Geist zu formen, sämtliche kulturellen Ebenen wie Musik, Tanz, die Graphik-, Mal- und Bildhauer-Künste und -Techniken, körperliche und manuelle Geschicklichkeit sowie geistige Beweglichkeit wären im Rahmen der bekannten Fächer zugänglich. Und auch in den noch fremden Fächern, wo Kinder und Jugendliche – ohne formale Bestätigung ihres Kenntnisstandes – sich ohne Zeitdruck mit ihrem eigenen Anspruch vertraut machen könnten, und zwar bei einem Erfinder, der ihnen gerne etwas beibringen möchte.

Die Zuständigkeit eines Ministeriums für das öffentliche Bildungswesen ergäbe sich aus dem Aufgabenbereich des Unterrichtsministeriums, das mit der Überprüfung von Kenntnissen beauftragt ist, zu dessen Aufgaben ferner die Erwachsenenbildung und die Weiterbildung gehören, insbesondere von Lehrern, die ihr Fach beherrschen, aber als Pädagogen, da diese Prüfungen ja altersunabhängig wären. Nehmen wir die Botanik als Beispiel: Manche Menschen sind von Pflanzen fasziniert ... Man kann, über das Interesse an der Botanik und ihr Studium, in

Intelligenz sollte nicht erst ab dreizehn Jahren gestattet sein

Im gegenwärtigen Schulsystem des einheitlichen Pflichtunterrichts gelten Schüler, die Klassen überspringen, als Wunderkinder und werden von den Medien gerühmt wie früher Jahrmarktsattraktionen.
Solche Fälle sind jedoch seltener als man glaubt; sie würden allerdings allgemein häufiger, wenn man die Kinder dahingehend ermutigte, in jenem Fach, das sie frühzeitig fesselt, einige Stufen zu überspringen; dabei sollten sie wechseln dürfen, wenn das »Verlangen« nach dem ersten Fach erschöpft ist.
Einige Beispiele: Ein junger Sowjetbürger nimmt schon mit zehn Jahren das Universitätsstudium auf. Bereits mit zwei Jahren ließ er eine beachtliche wissenschaftliche Begabung erkennen. In Mathematik überdurchschnittlich begabt, wandte er sich mit acht Jahren der Vererbungslehre zu. In Kalifornien bringen die immer eher vor einen Computer gesetzten »Computerkinder« Kindern und Erwachsenen die Informatik ins Haus. Ein 15jähriger Franzose hat über den Bau eines einfachen Rechners ein Interface entwickelt, das Berufskonstrukteure in Erstaunen versetzt hat.
Der 13jährige Stephen ist ein brillanter Informatiker an der New Yorker Universität, was ihn nicht am selbständigen Handeln hindert. Ruth, ein 10jähriges englisches Mädchen, hat im Fachbereich Mathematik des sehr angesehenen Oxford-Colleges Aufnahme gefunden. In Frankreich ist Jean E. – im Alter von sechs Jahren – Musiker, Graphologe und Fotograf. Pierre T., ein Nordfranzose, der mit elf Jahren das Abitur ablegte, strebte schon mit sechs Jahren den Beruf eines Börsenexperten an. Die intellektuelle Frühreife von Kindern und Jugendlichen verliert ihre Erstaunlichkeit, wenn man berücksichtigt, daß das Gehirn bei der Geburt von allen menschlichen Organen den fortschrittlichsten Reifezustand aufweist. Im Alter des Begehrens, zwischen null und zehn Jahren, darf man Kinder nicht einengen, sondern muß die Neigung zur Spezialisierung oder Multidisziplinarität begünstigen, die beide für das Kind natürlicher als für den Erwachsenen sind.

höchstem Maße bereichert werden; gleiches gilt für die Begeisterung für Zoologie, Biologie, Chemie, Physik und deren Spezialgebiete, selbst wenn man die anderen allgemeinen Studien nicht um ihrer selbst willen macht. Man braucht sich nur die Vorliebe der Kinder für Tierfilme anschauen! Ein Schüler, der sich ganz besonders für ein Fach interessiert, ist gezwungen, seine Zeit in einem Unterricht abzusitzen, der ihn kaum anspricht, und am Abend langweilige, uninteressante Hausaufgaben zu erledigen.

Je mehr ich darüber nachdenke, um so mehr sage ich mir, daß dieses Konzept vielleicht zur Veränderung der Gesellschaft beitragen könnte – hinsichtlich ihrer Beziehungen zum Wissen; dabei könnte man dem Wissen eine vitalisierende und förderliche Kraft für den einzelnen belassen, seine Funktion der Sublimation und sozialen Bindung für den einzelnen, sogar auf überregionaler Ebene, einer Sublimation allerdings, die dem persönlichen Begehren überlassen bleibt.

Sehen Sie sich zum Beispiel einen Sportler an: Könnte er auch nur einen Zentimeter weiter springen, eine Zehntelsekunde schneller sein, wenn er nicht motiviert wäre? Die Menschen haben ein Bedürfnis danach, ihre Energien auf ein Ziel zu konzentrieren. Die Hoffnung, es eines Tages zu erreichen, hält sie am Leben! Dies ließ sich u. a. während des Krieges in Paris beobachten: In die Sprechstunden kamen auch nicht mehr niedergeschlagene Menschen als sonst, die stationär aufgenommen werden mußten, weil die Menschen das Gefühl hatten, gebraucht zu werden, und sei es, daß sie schon ab vier Uhr morgens aufstehen mußten, um für sich selbst oder für ihre Nachbarn Brot zu bekommen, wenn die Bäckereien um sieben Uhr öffneten. Sie kämpften für oder gegen etwas. Man wird dem Menschen diese Konzentrierung auf ein Begehren nie nehmen können, die – wenn sie zur beherrschenden Kraft wird – ihn zur Arbeit motiviert. Die Möglichkeit, sich selbst in einem Fach individuell zusätzliche Kenntnisse anzuzeigen, könnte meiner Meinung nach viele junge Menschen wieder zu geistiger und affektiver Gesundheit, zum Kenntnishunger, verhelfen; sie könnten in freier Entscheidung alle Stufen dieses oder jenen Faches erreichen und dabei durch den Schulbesuch dennoch in ihrer Altersgruppe verbleiben, wobei die Schulgebäude allen stets offenstehen könnten, ohne Absonderung und Abgrenzung, wie sie derzeit stattfindet.

Der Mai 1968 hat enorme Unruhen nach sich gezogen. Die nichtdirektive Pädagogik scheint sich in die falsche Richtung entwickelt zu haben, denn sie hat keine Theorie der Motivationen junger Menschen entworfen, sondern eine prinzipielle Oppositionshaltung eingenommen und alles bis dahin Aufgebaute abgelehnt. Die Autorität sollte abgeschafft, die Beziehung zwischen Erwachsenen und Kind unverzüglich verändert werden. Das hat bis zum Verzicht, zu Zusammenhanglosigkeit und Mutlosigkeit gereicht. Es hat weder einen konkreten Plan noch ein umfassendes Konzept noch den entscheidenden Willen zur Veränderung der, wie es in Fabriken hieß, »Arbeitsbedingungen« gegeben. Die Arbeitsbedingungen in der Schule sind in der Tat nicht verändert worden. Mal ließ man das Feld unbestellt und die Kinder machten, was sie wollten, mal kehrte man zunehmend zu einer stark konservativen Pädagogik zurück. Die letzten fünfzehn Jahre sind von solchen Schwankungen gekennzeichnet.

Mit Sicherheit hat seit Montessori, seit Freinet, keine wirkliche Innovation stattgefunden; daher stellt man heutzutage fest, es sei eigentlich eine Revolution vonnöten. Es geht nicht darum, wie es so heißt, »die bestehende Ordnung umzustürzen«, sondern wirklich von einer gänzlich anderen Basis auszugehen, Barrieren zu beseitigen, das Konzept der »allesfressenden«, obligatorischen Niveauklassen zu verändern.

Das läßt sich nur bewerkstelligen, indem man Jugendliche auf ihrem Interessengebiet zur individuellen Bildung animiert. Die rein intellektuellen Studien sollte man wesentlich später beginnen dürfen, ohne dadurch für Langzeit- oder »ewige« Studenten zu sorgen. Warum sollte es keine permanente Bildung geben, warum sollte man nicht zwei oder drei Berufe in seinem Leben erlernen können? Man kann doch, ein Jahr nach dem Abitur oder dem Berufsabschluß, durchaus feststellen, daß man sich anderweitig orientieren muß, aber man kann sich dessen auch erst zehn oder sogar zwanzig Jahre später bewußt werden. Es gibt späte Berufungen, sehr späte Bewußtwerdungen, was bei manchen Schriftstellern und Künstlern zu verfolgen ist. Mit Erstaunen nimmt man wahr, daß bestimmte Menschen mit fünfzig oder sechzig Jahren noch über eine immense potentielle Fruchtbarkeit, verfügen ... übrigens mehr, als man glaubt, weil sie selten wagen, sich als Spätberufene zu offenbaren, da dies stets mit Skepsis und Mitleid aufgenommen wird: »Dieser literarische oder künstlerische Spätzünder« usw. Ein vierzigjähriger Ingenieur, der seinem Arbeitgeber mitteilt: »Wissen Sie, ich hätte Lehrer werden sollen ...«, oder die Äußerung eines Lehrers: »Ich möchte jetzt Geschäftsmann oder Industrieller werden« – sind in den Vereinigten Staaten etwas Alltägliches, im westlichen Europa gilt so etwas jedoch als Zeichen charakterlicher Unbeständigkeit, oder, sofern der Betreffende sich stets sehr stabil gezeigt hat, als Störung: »Er leidet an einer Depression!«

Der Mensch darf sich in seinem Leben nicht getäuscht haben und wieder bei Null beginnen ... und sei es, um seine Rentenansprüche nicht zu verlieren!

Neill, der Direktor der Schule von Summerhill, ist dreißig Jahre lang ein pädagogischer Einzelkämpfer gewesen, auf dem Festland wurde er jedoch rasch als gefährliche Persönlichkeit eingestuft. In England ist der Sinn für Individuation wesentlich ausgeprägter, autodidaktisches Vorgehen wird in weit stärkerem Maße respektiert. Doch viele seiner ehemaligen Schüler haben es später nicht geschafft, sich der Gesellschaft anzupassen, weil sie zum Beispiel gegen die mit dem Wettbewerb verbundenen Belastungen nicht »geimpft« worden waren. Bildet man junge Menschen unter Außenseiterbedingungen aus, sind sie hinterher keineswegs mehr angepaßt. Entscheidend ist, die Möglichkeit zur Selbstverteidigung erworben zu haben. Die damit zu Rande kommen, sind Individuen, die sich in ihrem Begehren selbst so geformt haben, daß sie ihren Weg fortsetzen und sagen können: »Schade! Die anderen begreifen nicht, aber vielleicht werden sie es eines Tages begreifen. Ich spüre jedenfalls, daß ich so handeln muß, wie ich es tue.«

Die Leiterin einer Montessori-Schule hat mir folgende Beobachtung mitgeteilt: Ein wegen Scharlach oder eines Knochenbruchs drei Monate lang krankes Kind holt den schulischen Rückstand außerordentlich schnell auf, und es vollbringt mehr als seine Mitschüler, die regelmäßig am Unterricht teilgenommen haben, weil das Lernen in allen

Basisfächern individuell abgestimmt ist. Bei der Montessori-Methode wird im muttersprachlichen sowie im Grammatik- und Rechenunterricht der ganze Lehrstoff in Kern- und Teilfragen gegliedert, wobei letztere analytische Zwischenschritte ineinandergreifender Kernfragen sind. Das Kind durchläuft diese Basisstufen jedes Jahr aufs neue, das heißt, es geht die Hauptfragen noch einmal durch; bleibt es dann bei einer Frage hängen, bearbeitet es ab diesem Stolperstein von sich aus wieder sämtliche Teilfragen, mithilfe seines eigenen Schulheftes. Den Morgen über arbeitet es ganz für sich, der Lehrer steht allen Kindern zur Verfügung und beantwortet Fragen, die ihnen Kopfzerbrechen bereiten; am Nachmittag beschäftigen sich die Schüler auf spielerische und mimische Weise gemeinsam mit den Fächern Geschichte und Geographie ... Jeder hat sein eigenes Heft, und sie arbeiten zum Beispiel dieselbe Geschichtsepoche, dieselbe geographische Region, dasselbe literarische Thema usw. durch, doch jeder auf seine persönliche Art. Nachmittags tragen sie dann die individuellen Ergebnisse zusammen, mit Hilfe des Lehrers, der koordinierend wirkt, das Wort erteilt und die Äußerungen der Kinder zusammenfaßt. Auf diese Weise lernen sie, sich auszudrücken und anderen verständlich zu machen, wobei das Unverwechselbare des Blickes, des Zuhörens und des Frageverhaltens des einzelnen respektiert wird.

Ein Kind, das wegen Krankheit oder einer Reise mit seinen Eltern einen dreimonatigen Rückstand hat, stößt bei seiner Rückkehr durch sein Heft von allein wieder auf die Fragen. Will es ausschließlich rechnen, dann tut es dies, Englisch wird es im kommenden Trimester oder Schuljahr lernen. Und falls es spürt, daß es ihm gelingt, binnen drei Monaten das gleiche Niveau zu erreichen, für das die anderen ein ganzes Schuljahr brauchen, oder daß es sich gar auf dem Stand des ersten Trimesters der nächsthöheren Klasse befindet, dann ist das Kind in dieser Situation derart stolz auf sich selbst, daß es sich einem Fach wieder zuwendet, in dem es nicht so gut zurechtkommt und dabei Unterstützung durch den Lehrer erfährt, der die Lernbemühungen aller integriert.

Das »Lernen auf Einzelblättern«, wie es in der Montessori-Pädagogik genannt wird, ist im Grunde nichts anderes als studentisches Lernen auf Kinderebene. Dabei steht nicht die Mutter im Hintergrund, sondern die Kinder motivieren sich selbst über das Spiel mit den Blättern. »Ha! Heute habe ich zehn Blätter geschafft ... Ich habe fünf Hauptblätter bearbeitet und bin schon bei den Zwischenblättern ...« Sie steuern ihre Anstrengungen selbst. Das Programm ist hervorragend strukturiert, denn wenn man die Hauptblätter beherrscht, kennt man auch alle Einzelheiten der Zwischenblätter. Dieses exzellente Vorgehen könnte auf alle Fächer übertragen werden. In der besagten Schule waren die Kinder zwischen sechs und zwölf Jahre alt. Sie beschäftigten sich ausschließlich mit dem, was sie interessierte; ein Beispiel: Eine Gruppe von vier oder fünf Schülern befaßte sich nur mit dem Thema Frankreich, andere hingegen nur mit Europa: ein oder zwei Kinder vertieften sich in die Wirtschaftskunde, andere behielten sich die physikalische Geographie vor; anschließend wurde mit Hilfe des Lehrers gesammelt, was jede Gruppe an Kenntnissen zusammengetragen hatte. Jeder durfte seinen Beitrag leisten. Man brachte sich gegenseitig bei, die Quellen jener Antworten ausfindig zu machen, die man einander gab.

Dies setzt freilich ein hohes Maß an Beteiligung beim kindlichen Individuum und eine weitreichende Offenheit beim Lehrer voraus. Es handelt sich jedoch um eine geistige und allgemeine Aktivität, die sowohl vom Interesse des Körpers als auch von der intellektuellen Neugierde hervorgerufen wird. Das Vorstellungsvermögen und die Intelligenz des einzelnen kommt der Gruppe zugute, die auf ein Thema konzentriert ist, das sich alle zu eigen machen.

Warum kann man nicht über dieselbe Einstellung Kinder dazu anregen, bestimmte Ebenen zu erreichen, indem sie vom Staat veranstaltete Prüfungen außerhalb der Schulen ablegen? Die Klassen könnten so bleiben, wie sie sind, und daneben gäbe es ausreichend Bibliotheken. Man könnte sich in einem Fach, von dem man sich angesprochen fühlt, bereits ab acht oder neun Jahren selbständig fortbilden. Für die Kinder wäre das äußerst förderlich. Mit Sicherheit gäbe es weniger Mißerfolge, weil weniger Ausreden nötig wären. In einem solchen System gingen nicht so viele Begabungen und Talente verloren.

Es ist beinahe schon Mode, Schulschwierigkeiten von Kindern auf ihre Herkunft aus einem benachteiligten Milieu zurückzuführen – seien es nun Kinder von Asylsuchenden und Gastarbeitern, vernachlässigte Kinder oder Scheidungswaisen. Bei vielen Kindern unterscheiden sich Wortschatz und Satzbau, den sie in der Familie benutzten, völlig vom Wortschatz, den sie in der Schule im Umgang mit anderen anwenden, und sie spüren darin aus sozio-ökonomischem Blickwinkel eine Herabsetzung ihrer Eltern im Vergleich zu den Eltern ihrer Mitschüler. Zuhause spricht keiner mit ihnen, es sind keine Bücher vorhanden, man hört keine Musik, kulturelle Anreize sind überhaupt nicht gegeben. In den wohlhabenden Schichten gibt es eine bestimmte Anzahl von Kindern, die alles besitzen, sich aber verschließen und deren Eltern Eheprobleme haben oder getrennt leben. Diesen Kindern fehlt Geborgenheit. Wiewohl intelligent, aufgeweckt, äußerst einfallsreich und sensibel, lehnen sie aus Angst alles ab. Wettbewerbs- oder Rivalitätsstreben behagt etlichen nicht, und die Schule macht ihnen kein anderes Angebot. Selbst in den künstlerischen Fächern gibt es noch immer Unterrichtsmethoden, die für jene Kinder zu direktiv sind, die sehr sensibel, vielleicht ein wenig zartbesaitet sind und der Anregung durch den Einzelkontakt, der bloßen Anwesenheit bedürfen, bevor sie selbst etwas in Angriff nehmen. Solche Lernauffassungen »nach Maß« würden Autodidakten aller Altersstufen sämtliche Chancen belassen. So wären in Kunst, in Sport oder in jedem anderen Fach Interessierte vorstellbar, die selbst nicht praktisch tätig sind, die gerne zuhören und anderen bei Aktivitäten zusehen. Manche von ihnen entwickeln dann den Wunsch, sich mit der Praxis vertraut zu machen. Doch warum muß man in der Schule unbedingt aktiv sein und praktisches Handeln demonstrieren?

Vielleicht ist diese Vorstellung völlig utopisch, meiner Meinung nach muß man sich jedoch in dieser Richtung engagieren, will man die gegenwärtige Sackgasse verlassen: Raum für die Aufnahme und Einbeziehung passiver wie aktiver Bürger schaffen, damit sie den Wunsch entwickeln, sich für das zu interessieren, was ein Lehrer unterrichtet.

Das öffentliche Bildungswesen vermittelt seinen Beamten die Mentalität von Museumswärtern. »Wir schließen gleich!« Nach Unterrichtsende ist dies alles, was man zu hören bekommt. Wie viele Schulgebäude stehen von 16.30 bis 21.00 Uhr sowie an den schulfreien Tagen und am Wochenende leer, welche Verschwendung! Statt daß für die Kinder aus dem Einzugsbereich »ihre« Schule nach dem Lernen in der Freizeit gleich an nächster Stelle kommt!

Stünde die Schule auch für Freizeitaktivitäten offen, entdeckten die Kinder darin eine Stätte der Muße, an der man sich gern freiwilig gemeinsam trifft und das Leben kennenlernt. Clubs und Künstlerwerkstätten sind Zufluchtsstätten und gleichen notdürftig die fehlende zeitliche und räumliche Nutzung der schulischen Einrichtungen aus. Wenn die Musikschulen, die (zu wenigen) Sportstätten und die Schwimmbäder stark an Bedeutung gewinnen, so liegt das daran, daß die Jugendlichen in der Musik und im Sport Nahrung für ihr Begehren finden. Aber man hat ja den Fernseher, vor dem man passiv und einsam sitzt, oder lungert auf der Straße herum. Alles übrige kostet Geld.

Was die Schule nicht bietet, wird außerhalb des Verbindlichen gesucht. Der Hauptmangel des staatlichen Schulwesens ist sein Pflichtcharakter, der Zwangsarbeit gleicht. Das Arbeitslager existiert auch heute noch ... im Hinterkopf.

Derzeit besteht in Frankreich ein freier Radiosender, der für sich in Anspruch nimmt, ein Programm von Kindern für Kinder zu machen. Doch das Ganze wird von Grund auf verpatzt, weil es von jungen Leuten zwischen 21 und 25 Jahren aufgezogen wird, die selbst keine Kinder mehr sind. Studenten drangsalieren die Allerjüngsten! »Gut, ab 13 Jahren kannst du deine Ideen einbringen«, doch diese Aufforderung kommt von einem Animateur zwischen 21 und 25 Jahren; dabei müßte doch die obere

Altersgrenze für die Programmgestaltung dieses freien Kinderradios bei 18 Jahren liegen: »Mit 18 Jahren scheidest du hier aus!« Das ist die äußerste Grenze, besser wäre ein Austrittsalter von 16 Jahren. Aber sei's drum! Setzen wir die Volljährigkeit als Grenze und beschränken sie auf die Techniker; die Sprecher und Redakteure sollten jedenfalls mit 16 Jahren ausscheiden. 8- bis 13jährige Kinder müßten mehrheitlich für diesen Sender verantwortlich sein. Die Techniker sollten mit 18 Jahren aufhören, nachdem sie die Jüngeren eingewiesen haben. Jeder muß irgendwann einmal »sterben«. Die gegenwärtig 21- oder 25jährigen, die ihnen (zwei ehemaligen Pfadfinderführern) zuzuhören scheinen, haben erst mit 16 oder 17 Jahren angefangen.

Es ist wie bei Erziehern, die ihre Schützlinge manipulieren wollen; Schneewittchen und die sieben Zwerge. Derzeit setzen sie die Altersgrenze auf 25 Jahre fest, aber in zwei Jahren werden sie sie auf 27 ausdehnen, weil sie den Jüngeren nicht Platz machen wollen. Und so etwas wird als »freies Kinderradio« propagiert.

Ein Radiosender, der angeblich für *Kinder* da ist und von ihnen gestaltet wird, ist von dem Augenblick kein Kindersender mehr, wo er von einem jungen Erwachsenen über 18 Jahren geführt wird.

Meiner Meinung nach ähnelt dies einer von der Polizei errichteten Falle, die Jugendliche anziehen soll, um herauszubekommen, was sie machen, wer sie sind und wo sie politisch stehen. Dabei gibt man sich ein möglichst rebellisches und neuartiges Gepräge: »Du kannst alles sagen, was du willst, man wird dir zuhören ...« Das ist verdächtig: Dann kann man doch gleich ein Laboratorium, ein abgeschirmtes Experiment einrichten – was Pseudowissenschaft wäre – oder es ist das reine Theater.

Manchen Kindern, die sich in der Familie langweilen und sehr isoliert leben, wird die Schule nicht gerecht. Sie beginnen, für diesen Sender herumzulatschen, sitzen einer Art Bauernfängerei auf: »Man wird dir Mikros zur Verfügung stellen, du wirst selbständig Befragungen durchführen und uns mitteilen, was du denkst usw.« Ich sehe darin allerdings eine Methode, Kinder, die in ihrer Familie oder in ihrem Gymnasium ein wenig verloren sind, für eigene Zwecke einzuspannen und sie auszunutzen. Es ist ein weiter Graben zwischen einer von Jugendlichen selbst ausgehenden Erfahrung, die mit finanzieller und technischer Unterstützung von sich aus Innovationen zu realisieren trachten, und einer demagogischen Falle, wo die »Kinder« ein politischer Vorwand für eine »konformistische«, polizeiähnliche Restriktion sind.

Ein in Toulouse lehrender Professor für Französisch hat folgende redaktionelle Vorgabe gemacht: »Was würdet ihr Herrn Mitterrand sagen, wenn man euch im Elysée-Palast empfinge?« Eine interessante Vorstellung, den Präsidenten der Republik ins Gebet zu nehmen. Die zweite Frage lautete jedoch: »Wenn ihr selbst Präsident der Republik wärt ...?« Eine solche Idee oder ein solches Spiel können sich nur Erwachsene ausdenken. Also hat sich natürlich eine Zeitschrift der Sache bemächtigt und eine bestimmte Anzahl von Exemplaren für Kinder gedruckt. Zeitschriften legen großen Wert auf kindliche Äußerungen, die Erwachsenen Vergnügen bereiten. Einer der Kandidaten hatte ein Wortspiel erfunden, doch es wurden nur Äußerungen in den Vordergrund gerückt, die der Linie der Zeitschrift entsprachen, um den Eindruck zu erwecken, die Kinder seien mit der sozialistischen Regierung nicht sonderlich zufrieden. Wiederum eine Manipulation.

Der »Krieg der Laien« sollte ein für allemal aufhören

Kinder, denen sehr früh der sprachliche Kontakt zu ihren leiblichen Pflegeeltern genommen worden ist, werden in der Pubertät besonders aggressiv. Mit zehn oder zwölf Jahren ist es für eine vorbeugende Behandlung zu spät. In vielen Familien, sowohl der Mittel- und Ober- als auch der Arbeiterschicht, spielen sich dramatische Szenen ab. Man wird dort Zeuge, wie die Mutter beschimpft wird und der Vater schweigend zusieht, wie Söhne ihre Mutter schlagen. Er sieht lieber fern und hat das Interesse an der Familie verloren. Manche Söhne erpressen ihre Mutter, manche Töchter ihren Vater.

Ungezählte »Teenies« hindern ihre Eltern schlichtweg am Reden: »Sei still! Ich hör' dir gar nicht zu. Du hast mir nichts zu sagen ... Du redest sowieso nur Stuß!« Es ist inzwischen fast Mode geworden: Gymnasiasten brüsten sich untereinander, so mit ihren Eltern umzugehen. Selbstverständlich gibt es welche, die nur behaupten, sie täten es ... ein anormales Verhalten; andere wiederum wollen es ihren Kameraden gleichtun und verhalten sich genauso, wenn sie nach Hause kommen. Nur wenn tatsächlich kein Konflikt vorhanden ist, kann die Sache humorvoll enden. Ein solches Denken stellt sich ein, sobald der Wortschatz stark eingeschränkt ist. Verfügt man nicht über genügend Mittel, einem Erwachsenen zu antworten, dann stopft man ihm so am besten den Mund oder hindert ihn mit körperlicher Gewalt am Reden. Dann wird die Stereoanlage aufgedreht oder ihm ins Gesicht gesagt: »Halt den Mund, sonst hau ich dir ein paar rein ... oder ich hindere dich am Reden.« Vielleicht ist das Ganze nur eine Zeiterscheinung, aber, wie jede spezifische Reaktion einer beliebigen Epoche, aussagekräftig.

Das ist gar nicht einmal so verwunderlich, wenn man von dem Augenblick ausgeht, in dem das Kind, sieben Jahre zuvor, viel zu früh in den Mittelpunkt der Welt gerückt worden ist ... Ich glaube, man muß Voraussetzungen schaffen, die es dieser Generation gestatten, auf kreative Weise autonom zu werden und den anderen Generationen das Lebensrecht zuzugestehen, dem einzelnen seinen Platz einzuräumen. Gegenwärtig scheinen die menschlichen Beziehungen aus den Fugen geraten zu sein, weil sie von Gleichgültigkeit oder wechselseitiger Aggressivität gekennzeichnet sind.

Sollte nicht die Paarbeziehung wieder in den Vordergrund treten, mehr Raum einnehmen, als beste Art des Kräfteausgleichs? In der Paarbeziehung verlagern sich die Dinge ... die Anziehungskräfte sind besser verteilt.

Wenn die Paarbeziehung tragfähig ist ... Doch dazu kann man kein Paar verpflichten. In einer solchen Gemeinschaft besteht nicht immer ein Verhältnis zwischen Erwachsenen. Ein Paar kann auch vorübergehend zerstritten sein ... und seine Freiheiten haben, wie das Kind seine Freiheit hat. Vater und Mutter wollen nicht aufs Leben verzichten, nur weil sie Kinder bekommen haben. Sie möchten lebendig bleiben. Daher glaube ich, daß es enorm positiv wäre, wenn Kinder in der Phase von acht bis zwölf Jahren nach dem Unterricht in ihrer Schule blieben oder dahin zurückkehren könnten, wenn sie sich in ihrer Familie langweilen. Mithin sollten Pädagogen vorhanden sein, die die freiwilligen Beschäftigungen und Freizeitaktivitäten der Kinder betreuen. Sie könnten ihren Achtstunden-Dienst von 16 bis 22 Uhr und von 6 bis 8 Uhr morgens, vor Eintreffen der Lehrer, versehen und jene Kinder beim Frühstück betreuen, die die Nacht in der Schule verbracht hätten ... statt nach Hause zurückzukehren. Warum dürfen Kinder nur im Internat oder in der Familie leben, bewußt und langfristig institutionalisiert?

Sicherlich würde dies eine völlige Veränderung des städtischen Alltagslebens implizieren, doch unmöglich ist es nicht. Räumlichkeiten wären vorhanden. Sicherheitsfragen könnten geklärt werden. Eine Versicherung wäre denkbar, die den ganzen Tag abdeckt, nicht nur die Unterrichtsstunden. Ferner ließe sich sogar aufzeigen, daß die Kinder, in Ermangelung einer derartigen Geborgenheitsstruktur, auf der Straße landen würden, selbst die wohlhabendsten Kinder, die in einem Hause 50 Quadratmeter ganz für sich haben und sich nicht genieren, dort die Tür hinter sich zuzumachen. Auf der Straße sind sie jedenfalls wesentlich stärker unvorhersehbaren Gefahren ausgesetzt. Pendeln sie hingegen häufiger zwischen ihrem Zuhause und ihrem Schulgebäude, dann sind die Gefahren abschätzbar, was sich belegen läßt.

Mittwochs ist in Frankreich schulfrei, die Eltern sind berufstätig. Was fangen die Schüler an? – Viele tun überhaupt nichts. Sie wissen nicht, wohin sie gehen sollen. All dies nur, weil die Schule mittwochs geschlossen bleibt. Vielleicht könnte die Lösung für den privaten wie für den staatlichen Unterricht so aussehen: Die staatliche Schule nimmt den Unterricht wahr, und alle privaten Unterrichtsstätten gewährleisten 24 Stunden lang die Betreuung der Kinder ... letztlich außerhalb der Schulstunden. Das wären dann echte Stätten der Pädagogik. Der private Unterricht würde dann echte Pädagogik leisten, und der staatliche Unterricht das wesentliche Wissen vermitteln.

Könnte sich der private Unterricht nicht all jener Kinder annehmen, deren Eltern sie ihm ab 16.30 Uhr anvertrauen würden? Es wäre so einfach. Der private Unterricht würde so keine programmierte Instruktion mehr durchführen, sondern nur noch Pädagogik und Anregung bieten, das heißt, auf die Erledigung der Hausaufgaben und die Repetition von Übungen hinwirken, die die Kinder für den staatlichen Unterricht zu machen hätten. Die Instruktion wäre für bestimmte Kinder, die schulisch zurückgeblieben sind, stets personengebunden. Es gäbe spezielle Kurse und Gruppen. Alle Kinder wären im staatlichen Unterricht angemeldet und manche Kinder, Stipendiaten oder Selbstzahler, würden außerhalb des staatlichen Unterrichts jene Stätten besuchen, die gegenwärtig dem privaten Unterricht für die ganze restliche Zeit zur Verfügung stehen.

Ich glaube, all dies wird möglich werden, und ich prognostiziere und stelle lediglich Entwicklungen in Aussicht, denen sich die Gewerkschaften heute noch widersetzen, die aber vielleicht schon morgen realisierbar sein werden. In einer verfahrenen Situation ist das der Anfang vom Ende und zugleich der Ausgangspunkt für eine neue Erfahrung. Wir sind heute an einem solchen Wendepunkt angelangt. Es gibt schon erste Anzeichen einer bevorstehenden Auflösung.

Das auf Jules Ferry zurückgehende öffentliche Bildungswesen Frankreichs müßte einen Schlußpunkt setzen, um einen neuen Anfang zu wagen. Strukturen wie die gegenwärtige bergen keine Möglichkeit zu tatsächlicher Veränderung. Gewiß sind hier und da kleine Erfolge zu verzeichnen ... es wird eine Reihe von Krisen, von Pros und Contras geben ... experimentelle Inseln, die vielleicht einen Vorgeschmack davon vermitteln werden, was man entweder nicht machen darf oder was man wird durchführen müssen. Ich glaube jedoch eher, daß sich die Dinge von außen her neu entwickeln werden …

Man könnte die Regelung abschaffen, daß anderweitig Berufstätige nicht im öffentlichen Schulwesen unterrichten dürfen. Pädagogik und Motivierung sollten nämlich von dafür begabten Personen vermittelt werden und nicht zwangsläufig von den ausschließlich Unterrichtenden, unter denen manchmal die reine Wissensvermittlung genügt.

Trotzdem sind bereits Schritte unternommen worden, denn manche in der Industrie Tätige unterrichten an Technischen Hochschulen oder an Verwaltungshochschulen. Außerhalb des öffentlichen Bildungswesens begegnet man, vor allem in den Privatschulen, Leuten aus der Industrie, die auf Wirtschaftsgebieten Unterricht erteilen, während sie selbst im aktiven Leben stehen (Bankfachleute, Geschäftsführer, Verwaltungsleiter und technische Ingenieure unterrichten in ihrem Fachgebiet, wobei sie den Blick für die Anwendung des Wissens nicht verlieren). Häufig wird ihnen dann von den Jugendlichen ein gewisser Bonus eingeräumt. Diese Unterrichtsform findet derzeit nur bei Schülern Anwendung, die schon fast erwachsen sind. Warum sollte man das nicht auch in den Haupt- oder gar Grundschulen einführen?

Durch sein Streben, alles zu vereinheitlichen und gleichzeitig zu organisieren, zu normalisieren, wird der Staat das gegenwärtige System nicht am Leben erhalten können, und über kurz oder lang wird man umdenken müssen. Für die Sozialisten ist das staatliche Schulwesen, ebenso wie die Kultur, ein geschütztes Jagdrevier, Privateigentum. In anderen sozialistischen Ländern ist es auch nicht besser: Die Chinesen gehen mit Leidenschaft ihrem Studium nach, und was werden sie? Bahn- oder Schleusenwärter in irgendeinem Winkel, sie sind durchweg Angestellte des Staates und üben Tätigkeiten aus, die keinerlei Bezug zu ihrem absolvierten Studium aufweisen. Alle verfügen sie über umfangreiches Wissen. Anzumerken ist, daß auf zehn Studenten ein Dozent kommt. Die Studenten haben einen Betreuer, der von morgens bis abends mit ihnen zusammen ist, sie aber nicht unterrichtet. Sie nehmen an Seminaren teil, bei denen jener Betreuer wie eine Glucke zwischen ihnen sitzt. Die Studenten arbeiten viel, um Prüfungen abzulegen ... Danach fangen sie mit ihrem Wissen überhaupt nichts an. Sie lernen ein hervorragendes Französisch ... um als Schreiberling in der tiefsten Provinz zu enden, in der vielleicht noch nicht einmal dasselbe Chinesisch gesprochen wird ..., da es ja so viele chinesische Dialekte gibt. Ich bin nicht der Meinung, daß die sogenannten sozialistischen Länder es besser machen könnten!

Für die jungen Leute in Westeuropa scheint das Gymnasium zum denkbar langweiligsten Ort geworden zu sein. Sie stellen nicht einmal mehr Forderungen. Es herrscht ein allgemeiner depressiver Zustand. Die Schule ist noch nicht einmal eine Tagesklinik ... eher ein Tagesgefängnis ... Damit die Eltern Kindergeld erhalten, geht man dorthin und spielt eine Statistenrolle. Selbst die Eifrigen – besonders die Mädchen –, die alles tun, wozu sie angehalten werden, haben das Gefühl, daß es ohne Nutzen ist. Wer büffelt, tut das offensichtlich, um die Prüfung zu bestehen, dabei heftet er den Blick auf den Lernstoff und die Noten. Was bringt diese Prüfung?

Man hat seine Ruhe und muß zudem nicht mehr diese

entsetzliche Langeweile ertragen. Die anderen sind hingegen sehr umtriebig, lärmen, rauchen, gehen ins Kino, lassen sich mit Mädchen ein ... um die Zeit herumzubringen. Andere wiederum machen sie »ein angenehmes Leben«, kennen keine Langeweile und werden sich im Leben als Parasiten von den anderen mittragen lassen. Da sie sehen, daß diejenigen, die büffeln, und diejenigen, die sich amüsieren, gleichermaßen schlechte Aussichten auf einen Beruf oder einen zentralen Lebensinhalt haben, richten sie sich auf ein Leben als Sozialhilfeempfänger ein. Diese drei unterschiedlichen Einstellungen, also jene drei Reaktionen, die Gymnasiasten innerhalb dieses Systems entwickeln können, haben einen gemeinsamen Nenner: die Hoffnungslosigkeit, Ziellosigkeit, Perspektivlosigkeit, ein Leben von Tag zu Tag. Ich finde dies schrecklich für die Jugend. »Das bringt doch alles nichts. Es ist nicht einzusehen, warum ...« Sie sehen darin eine Art Überbleibsel einer blödsinnigen Verpflichtung. Wenn man sie fragte: »Was würdet ihr an deren Stelle tun? Was für Eltern hättet ihr gerne? Was für Lehrer hättet ihr gerne?«, was würden sie dann antworten? Vielleicht würde ein Anflug von Interesse dieses Dunkel erhellen. Es bleibt eine immense Anstrengung zu vollbringen, damit sie zu sich selbst finden. Würden sie dafür bezahlt, dann stünden die Gymnasiasten anders zu ihren Lernbemühungen. Dazu müßten sie zunächst davon überzeugt sein, daß es ihre ganz persönliche Angelegenheit ist und daß sie dabei das Recht zu ihren eigenen kreativen Schöpfungen, zu ihren eigenen literarischen, künstlerischen oder persönlichen wissenschaftlichen Interessen hätten.

Bis zum Alter von zehn Jahren sollten die Kinder nicht an das abstrakte und spekulative Urteilsvermögen gebunden sein. Die Schule würde die direkten manuellen, oralen und körperlichen Erfahrungen über die Kommunikation und Interaktion entwickeln. Die intellektuellen Aktivitäten würden wesentlich später hinzukommen.

Wir vermögen nur immer das zu wiederholen, was wir selbst als notwendig für unser heutiges Leben erachten. Nun bereiten wir aber Kinder auf ein Leben vor, dessen Ablauf wir selbst nicht kennen – Kinder, die sich eben von uns unterscheiden müssen, weil sie Erfahrungen erworben haben, über die wir in ihrem Alter nicht verfügten. Das heutige Schulwesen beruht auf einem völlig falschen Ansatz. Die moderne Pädagogik müßte vor allem die Kommunikation zu entwickeln trachten. Sie kann sich diesem allgemeinen Trend nicht abgekapselt entziehen. Pflichtfächer wären Lesen, Rechnen und Schreiben, und das würde reichen. Alles andere wäre individuell zu vermitteln. Und die ganze Schule wäre ein Ort des Lebens. Das Verfahren müßte dem Begehren des Kindes entsprechen. Es will kämpfen: Kampftechniken. Es will tanzen: Tanztechniken, aber auf sanfte Weise, dem Begehren folgend, nach und nach aufbauend, wie eine Entwicklung, die es macht, indem es dem nachstrebt, was die Menschheit von Anfang an getan hat; gewiß viel rascher, aber jedes Kind muß sein Begehren, seine Neugierde entdecken und – mit Unterstützung eines Fachmannes – die Geschichte der Entwicklung dieses Faches, das nichts Neues hat, durchlaufen. Neu ist, daß durch die Technik die immer stärker brachliegenden »Sinne« in den Werkzeugen repräsentiert sind, die sie ersetzen. Das ist das einzig Neue. Unsere Nervenzellen spiegeln sich zum Beispiel in einem kleinen Transistorradio wider, doch alles ist bereits in unserem Körper vorgebildet.

In Saint-Denis an der Seine strebt Rachel Cohen, eine Lehrerin, ein Experiment des frühen Lesenlernens in den unterprivilegierten Schichten an.

Warum nicht? Ich glaube allerdings nicht, daß es gut wäre, dies in allen Kindergärten einzuführen.

Es ist entscheidend, den Kindern beizubringen, daß sie die Buchstaben des Alphabets wie Symbole betrachten, die Töne verkörpern. Sie die Buchstaben auf eine rein affektive Weise erfassen zu lehren, wie sie es von sich aus tun, wenn man ihnen nichts darüber sagt, ist gefährlich. »T« bedeutet den Tod, »F« ist das Feuer, das verbrennt ... und schizophrene Situationen induziert. Die mit Tönen verbundenen Assoziationen können den Realitätskontakt lösen.

»Hallo?« Eine Mutter ging häufig ans Telefon, während sie ihr Baby badete ... Für das Kind war das Telefon eine Maschine, die Wasser über seine Mutter ergoß.

Jean-Jacques Servan-Schreiber z. B. führt einen Kreuzzug für die Computerkinder: »Schon mit vier Jahren auf zur Datenverarbeitung!«

Ich bin zwar der Ansicht, daß die Gesellschaft ihre lebendigen Kräfte verschwendet, indem sie Potentiale in einem Alter brachliegen läßt, in dem sie sehr leicht mobilisierbar sind. Man darf hochbegabte Kinder nicht dazu zwingen zu warten, bis alle gleichaltrigen Kinder ihren Stand erreicht haben. Man muß jedoch darauf achten, die Kinder keiner technokratischen Zweckbestimmung zu unterwerfen und sie nicht alle zu sämtlichen Themen oder demselben Fach zu drängen, sondern den individuellen Wünschen jedes Kindes gerecht zu werden, es nur jenes Fach wählen zu lassen, von dem es sich angesprochen fühlt.

Meiner Meinung nach sollte die Schule über Erzieher verfügen, nicht nur über Lehrer, und den Erziehern sollte ein sehr großer Anteil an der Entwicklung der Kinder zukommen, indem sie ein Team mit dem Lehrer bilden, der die Kinder in kleinen, von der Sprache und dem Leistungsstand her homogenen Gruppe unterrichten und ihnen abverlangen sollte, sich für eine kurze Zeitspanne zu konzentrieren.

Zwischen zwei »Arbeitsakten« können die Kinder mit zwei oder drei Erziehern Freizeitbeschäftigungen nachgehen (bei einem Verhältnis von einem Erzieher auf zehn Kinder), wobei die Erzieher ein für die Kinder interessantes Angebot zu machen hätten; danach wäre ihr Intellekt von neuem angeregt, eine geistige Anstrengung von 15 oder 20 Minuten Dauer durchzuhalten.

Die Komödie vom guten Schüler

Wie kommt es, daß so viele Kinder dem Schulbesuch ablehnend gegenüberstehen? Darunter sind auch intelligente Schüler, die keinem Familiendrama ausgesetzt sind; ihre schulische Umgebung hat nichts sonderlich Abweisendes, und dennoch lehnen sie sie ab. Warum?

Diese Schüler sind nicht motiviert, sie haben einfach kein Interesse. Rührt das daher, daß sie intelligenter als andere sind und, da sie vielleicht weniger passiv sind, Widerwillen zeigen, sich so zu verhalten, den Schein zu erwecken? ... Diejenigen, die sich anpassen und als Vorbild hingestellt werden, sind in Wirklichkeit dem Erwachsenen unterworfen und reifen nicht zum Erwachsenen heran. Oder sie sind in besonderem Maße desinteressiert, und ob sie nun dies oder jenes machen, es dient ja doch nur dazu, die Zeit totzuschlagen. Oder sie streben nach Macht und haben begriffen, daß man sich zunächst fügen muß, um Einfluß zu erlangen. Sie strengen sich erheblich an, um gute Noten zu erhalten, obwohl sie keinerlei inhaltliches Interesse an den Fächern haben. Manche tun dies vielleicht auch aus der Überlegung heraus, das zu leisten, was man von ihnen verlangt, damit sie ihre Ruhe haben und dadurch in ihren Freizeitbeschäftigungen größere Freiheiten haben.

Aber selbst die Freizeitgestaltung wird ja heutzutage gelenkt, regelrecht vorgeschrieben. Als das Lernen institutionalisiert worden ist, wurde nichts aufgezwungen, da ja nur diejenigen zur Schule gingen, die dies von sich aus wollten. Die Einführung der Schulpflicht hat das System krebskrank gemacht. Ich meine, die Zerstückelung des Unterrichts läßt die Kinder allergisch werden gegenüber dem Schulsystem: hier eine Stunde, dort eine Dreiviertelstunde ... ein unmöglicher Rhythmus für die Kinder; er macht keinen Sinn. Ein verkehrter Ansatz. Kein Abbild richtigen Lebens.

Würde jedes Fach für sich betrachtet, dann wäre das nicht erdrückend für das Kind. Erdrückend ist die Lehrplangestaltung: Lehrstoff 1, Lehrstoff 2 ... All diese Lehrpläne der Klassenstufen und der »Reifeprüfungen«, die einander ausschließen. Sie werden vervielfacht, und wozu dient das? Statt dessen sollte der Junge oder das Mädchen in den Fächern, die sie interessieren, bestimmte Stufen erreichen ... diese Stufe im Lesen, jene im Schreiben, dieselbe im Rechnen, in Mathematik, klassischem Tanz oder artistischer Geschicklichkeit, jene Stufe in

Die Computerkinder in den Ghettos

Eine Schule für farbige Kinder in einem Armenviertel in Emeryville bei Berkeley.
Die Schüler weisen im Vergleich zum Durchschnitt der weißen Kinder der Region sehr schwache schulische Leistungen auf. Ihre Eltern verfügen nicht über die Mittel, ihnen für den Privatgebrauch einen Heimcomputer zu kaufen. Dies bleibt den reichen Familien von Santa Barbara vorbehalten. Dennoch sind in dieser Ghettoschule einige Computer für jene Schüler bereitgestellt worden, die alle aus stark benachteiligten Milieus stammen. Eine kalifornische Universität hat die Finanzierung dieser Ausstattung übernommen.
Die kleinen Schwarzen und die Chicanos sitzen vor den Bildschirmen und machen sich mit dem Fach Informatik vertraut. Man wird Zeuge, wie sie über den spielerischen Umgang mit einer der Lehrmaschinen die Rechtschreibung erlernen. Zuvor war man der Verzweiflung nahe gewesen, wenn man ihnen die Rechtschreibung mit Hilfe der klassischen Methoden hatte eintrichtern wollen. In einer Untersuchung über das betont optimistische Kalifornien (Le Nouvel Age, Le Seuil) berichtet Sylvie Crossmann, frühere Korrespondentin der Zeitung »Le Monde« in Los Angeles, folgende Äußerung eines Lehrer, die an diesem pädagogischen Experiment teilgenommen haben: »Vor allem für die benachteiligten Kinder hat der Computer einen Vorteil: Er gibt keine herablassenden Urteile von sich, auf die diese Schüler besonders empfindlich reagieren. Er ist unparteiisch. Er spricht ihre Sprache, wenn sie es wünschen. Er gehorcht ihren Anweisungen.«

Zeichnen, Malen usw. ... fünf oder sechs Stufen in jedem Fach. Das Kind würde von sich aus danach streben, alle Schüler blieben zusammen, gemeinsam mit erwachsenen Lehrern, Bildern des Charakters und der Intelligenz, die zwar sämtlich Lehrende sind, aber alle bei der Suche nach Antworten behilflich sein können. Glaubt sich der Schüler reif für den in der Prüfung verlangten Leistungsstand, dann unterzieht er sich ihr und besteht sie oder eben nicht. Das ganze Jahr über stünden Prüfer bereit, den Entwicklungsstand zu kontrollieren. Mit dem individuellen System in diesem oder jenem Fach könnten zugleich Kurse angeboten werden, die von Schülern verschiedener Altersstufen besucht werden.

In dieser neuen Schulstruktur würden nicht mehr die Eltern stellvertretend für ihr Kind Wünsche äußern. Das Kind würde von sich aus diesen oder jenen Kurs, der ihm zusagt, belegen wollen. Hierin liegt meiner Meinung nach die Zukunft der mit dem Unterricht verknüpften Erziehung. Das wäre in der Tat sinnvolles (im Sinne des Begehrens) Erziehen und Unterrichten und zugleich Informieren und Formen verantwortlicher Bürger.

Der Schulbesuch zum rechten Zeitpunkt

Etliche Schüler würden schon von der ersten Grundschulklasse an den Schulbesuch in einer Pflichtform akzeptieren; sie sind jedoch mit den Stundenplänen nicht einverstanden. Beispielsweise würden sie, um eine Aufgabe zu beenden, lieber nicht in die Pause gehen müssen ... oder andererseits gerne ein Ballspiel beenden, auf die Gefahr hin, fünf Minuten später zum Unterricht zu kommen. Pädagogen, die Kommissionen zur Ausarbeitung einer besseren Verteilung der Unterrichtszeit angehören, vertreten die Ansicht: »Das wäre die reinste Anarchie, wenn jeder kommen würde, wann er will ...« Man könnte Spielräume, eine gewisse Flexibilität, schaffen, ohne daß es in Anarchie ausartet.

Im Bereich der Erwachsenenbildung wird es bereits probiert, das Lernen nach der persönlichen Zeiteinteilung; eine Aufgabe ist zu bewältigen, und die Menschen bearbeiten sie dann, wann es ihnen am besten paßt.

Zu diesem Zweck müßte die jetzige Organisation des Unterrichts verändert werden. Ein und derselbe Schüler könnte sich zum Beispiel in Französisch auf der ersten Stufe, in Rechnen auf der zweiten und in Geographie auf der vierten Stufe usw. befinden. In Geographie könnte er die pysikalische Geographie der Wirtschaftsgeographie vorziehen oder umgekehrt. Er bestimmt den Zeitpunkt des Lernens selbst, weil ihn das Thema interessiert.

Wenn er in Rechnen die 4. Stufe erreicht hat und bei den Kursen zur 5. Stufe Gasthörer sein möchte, um herauszufinden, ob es ihm zusagen wird, warum nicht? Es ist seine persönliche Sache, und er setzt von sich aus den Tag fest, an dem er sich der Kontrolle unterzieht. Dem Schüler diese Entscheidung zu überlassen, hieße, seine persönliche Motivation, sein persönliches Begehren, anzuerkennen und ihm zuzugestehen, daß ein Kind sehr wohl spürt, was es zu tun hat. Die Gesellschaft müßte überprüfen, auf welcher Stufe er mit seinen Kenntnissen steht. Mit Sicherheit würden wir dabei 9- oder 10jährige Kinder erleben, die sich bereits auf der Ebene der höheren Mathematik befinden, Lesen und Schreiben aber noch vervollkommnen müssen; letztere Fächer müßte man kontinuierlich unterrichten und so lange üben, bis sie der einzelne so integriert hat, daß sie ihm keine schwierige Aufgabe mehr bedeuten.

Solange Kinder noch stockend lesen, können sie sich keine Vorstellung von dem machen, was in den Büchern steht. Ich sehe keinen Grund, warum man nicht die ganze erforderliche Zeit über beim Lesen und Schreiben bleiben könnte; in dieser Zeit ginge man manuellen Tätigkeiten, dem Schwimmen, der Zauberei, dem Tanz, der Musik usw. nach, letztlich all jenen Tätigkeiten, die ein manuell orientiertes Kind anzusprechen vermögen, bis es perfekt lesen und schreiben kann, unter der Devise: »Hier sind lauter neue Sachen, die du machen kannst, wenn du willst.«

Die Schule als nächtliche Zufluchtsstätte

Kinder sind auf der Suche nach der Entfaltung des Lebens, im Unterricht wie bei Landschulaufenthalten in den Bergen oder am Meer. Ein Austausch zwischen einzelnen Schulen ist durchaus vorstellbar: Nicht alle haben die Chance, auf dem Land zu leben. Aufnahmebereite Schulen in ländlicher Umgebung könnten als Ferienstätten dienen.

Ein Vorschlag: Warum sollten diejenigen, die während des Schuljahres auf dem Land, in den Bergen oder an der Küste leben, nicht für drei Monate in die Stadt kommen? Es ließe sich eine Art Gebäudetausch organisieren. Doch dafür müßte man die Dachgeschosse zu Schlafsälen für die Kinder ausbauen.

Das wahre Problem liegt eben in der Beherbergungskapazität der schulischen Einrichtung. Dabei handelt es sich nicht nur um die »großen Ferien«, sondern um die ganzjährige Nutzung der Räumlichkeiten. Befassen wir uns näher damit.

Wäre die Schule ein wirkliches »Haus der Kinder«, dann würden sich die Schüler dort wie zu Hause fühlen. Es gäbe auch keine klare Trennung mehr zwischen Internat und Externat. Ein externes Kind, das dort die Nacht würde verbringen wollen, fände Aufnahme bei den Internen. Sie könnten sich in der großen Aula oder dem großen Turnsaal der Schule vergnügen. Ein Team von Pädagogen, die nicht mit dem Lehrerkollegium identisch sind, wäre hierfür vonnöten. Die Erzieher könnten nach Dienstschluß der Lehrer anwesend sein, wobei sie zusammen mit dem Beherbergungspersonal den Kindern zur Verfügung stünden.

Es ist ein äußerst beschwerlicher Weg, weil sich die Vorurteile tief eingegraben haben, daß alle außerhalb des Unterrichts in der Schule erfolgenden Aktivitäten äußerst verdächtig sind: Ein Höllenspektakel könne losbrechen. Die Vorstellung, es könnte dort nach Sonnenuntergang noch Aktivitäten geben, alarmiert die »anständigen« Leute: »Was könnte da alles passieren? Was würden diese Jugendlichen miteinander treiben?« Die öffentliche Meinung fürchtet solche Aktivitäten, selbst außerhalb der Schulen (um so mehr, wenn es sich um ein Schulgebäude handelt). Lädt ein Lehrer Jugendliche zu sich ein, wird dahinter gleich eine Drogenparty vermutet. Es ist sofort verdächtig, erst recht, wenn es sich um eine Lehrerin handelt. In der Provinz ist diese Haltung besonders schlimm. Dagegen ist nichts zu machen, diese übelwollende Geisteshaltung steckt in uns, weil wir an solches Verhalten nicht gewöhnt worden sind. Es mutet uns seltsam an, wenn wir es gewahr werden und wird als Außenseitertum, als nicht anständig, eingestuft.

Man könnte sich eine Fernsehparty vorstellen, die, gemeinsam mit den Erziehern, abends in drei Räumen abgehalten wird (z. B. für drei Programmkanäle). Die Schule müßte ein Ort des Lebens sein, an dem sich die

Kinder auch außerhalb der Unterrichtsstunden wie zu Hause fühlen könnten.

In den heutigen Ferienlagern (ich meine nicht die vielbesungenen) verschließen die Betreuer ihre Augen vor dem, was sich am Abend abspielt. Die Kinder haben die Freiheit, in den Ort zu gehen, sich spät schlafen zu legen. Dabei passieren auch nicht mehr Scherereien oder Vorfälle als zur Zeit der Kasernierung; allenfalls werden in den Schlafsälen weniger Streiche begangen. Wenn das also in den Ferienlagern nachts so gut klappt, warum sollte das dann in den Stadtschulen nicht klappen?

Solche Vorschläge werden allgemein Anstoß erregen: Die einen sind sofort bereit zu beweisen, wie absolut skandalös so etwas ist, und die anderen werden darüber lächeln und es als »Utopie« bezeichnen! Dennoch müssen offene Worte gesprochen werden.

Im Gegensatz zu solchen Schwarzmalern bin ich sicher, daß diese wesentlich weiterreichende Nutzung der schulischen Einrichtungen den Jugendlichen eine Lebenserfahrung vermitteln würde, die ihnen helfen könnte, sich selbst in den Griff zu bekommen. Die Kernfamilie wäre weniger beengend, weil das Kind nicht gezwungen wäre, seine ganze Zeit dort zu verbringen; seine Familie wüßte, daß es sich in der Schule aufhalten kann, wenn es nicht zu Hause ist; eine Art roter Faden bestünde zur Schule: »Es ist dort genauso gut aufgehoben wie bei uns«, was beruhigend wirken würde.

Beim gegenwärtigen System der verschlossenen Schultüren halten sich die Kinder entweder auf der Straße oder zu Hause auf, wo viele nicht wissen, was sie anfangen sollen. Nachbarschaftliche Beziehungen lassen sich nicht institutionalisieren: sie gestalten sich individuell und stellen daher keine Pauschallösung dar; sie sind individuelle Zufluchtsmöglichkeiten. Manche Familien tun sich schwer damit, wenn ein Kind aus einer anderen Familie bei ihnen ein- und ausgeht. Andere sind bereit, es unter ihre Fittiche zu nehmen, was nicht gut ist, wenn ein »wilder Spatz« seinem Zuhause entflieht und eine Familie aufsucht, in der er sich viel besser fühlt; denn was tritt sehr häufig ein? Die andere Mutter entwickelt eine Art Vorliebe für ihn und stellt ihn ihrem eigenen Sprößling als Beispiel hin: »Siehst du, dieser Junge ist sehr nett«, und sie wird der anderen Mutter, die Schwierigkeiten mit ihrem, dem eigenen Zuhause entfliehenden, Sohn hat, mitteilen, wie äußerst liebenswert er doch ist und daß sie sich darüber freuen sollte, ein solches Kind zu haben. Was im übrigen zutrifft, weil er sich außerhalb seiner Familie anders verhält. Manche Mütter sind hinlänglich »intelligent«, um sich zu sagen: »Um so besser, mein Kind versteht sich sehr gut mit anderen, ich selbst werde eines Tages auch wieder Zugang zu ihm finden; er steckt im Umbruch, es hängt mit dem Alter zusammen usw.« Aber es gibt auch andere Mütter, die als Mädchen selbst so viele Probleme mit ihrem Vater oder ihrer Mutter gehabt haben, daß sie nicht mehr ein noch aus wissen, wenn ihnen gesagt wird, daß sich ihr Kind anderswo unterschiedlich verhält. Sie müßten sich eigentlich darüber freuen, doch sie halten sich für schlechte Mütter oder es für sehr ungerecht, daß ihr Sohn respektive ihre Tochter sie nicht zu schätzen wissen. Solche Mütter haben keine Eigenständigkeit im Leben entwickelt und sich durch die Mutterschaft in eine Falle locken lassen. Sie können ihr Kind nicht autonom werden lassen.

Ein Begriff sollte wieder zu Ehren kommen, der lange

genug aus dem Blickfeld gerückt ist: die Paarbeziehung. Die Medien haben das Phänomen der nachdrücklichen Rückkehr, der Wiederbeachtung des Vaters stark überzeichnet, nachdem er 1968 »totgesagt« (oder ihm der Prozeß gemacht) worden war. Ich meine, man sollte eher vom Tod der Paarbeziehung sprechen. Für die eigenen Kinder ist eine auf Dauer tragfähige Beziehung der Eltern am ermutigendsten.

Hätten die Kinder einen Platz, ihre Schule als zweites Zuhause, wo sie hingehen könnten, dann fänden auch die Elternpaare wieder stärker zueinander, weil die Kinder nicht ständig anwesend sind, vor allem heutzutage, wo jedes Paar nur ein oder zwei Kinder hat, die oft altersmäßig weit auseinanderliegen und den Beistand der Eltern brauchen. Die sich abkapselnde Kernfamilie ist eine »Neurosenfalle«. Unabhängig vom Alter braucht jeder Mensch soziale Beziehungen zu gleichermaßen Interessierten.

3 Ein neuer Bereich für Kinder

Babys am Arbeitsplatz

Wir haben ein kurzes Gedächtnis. Daher neigen wir zu dem Glauben, daß die Struktur der bürgerlichen Familie, die sich so sehr auf sich selbst zurückzieht, »immer« so gewesen sei, wie sie sich heute darstellt, abgesehen von einigen historischen Vorfällen. Wir wissen jedoch, daß dem Kind vom Mittelalter bis zum achtzehnten Jahrhundert soziales Verhalten beigebracht worden ist.

Wenn man den jungen Müttern von heute nicht die historische Perspektive vor Augen führt, dann sind sie der Meinung, die Familie habe stets wie folgt ausgesehen: Das Kind steht im Mittelpunkt, Vater und Mutter sind überbehütend und ängstlich, behandeln – selbst wenn sie mehrere Kinder haben – jedes Kind wie ein Einzelkind, und die Kluft zwischen den Generationen wird immer größer. Dies ist jedoch ein relativ neues Phänomen. Ist die Kernfamilie (Eltern mit ein oder zwei Kindern) nicht erst eine Erfindung unseres Jahrhunderts?

Dieses grob strukturierte Familiengefüge findet sich vor allem in der Mittelschicht der heutigen Gesellschaft, jedoch weder bei den Reichen noch bei den Armen. Die Armen haben weiterhin zahlreiche Kinder, und die Reichen haben mitunter mehr Kinder als die Angehörigen der Mittelschicht. Warum? Weil sie zweifellos über mehr Wohnraum verfügen, ein offenes Haus haben und sich zusätzliche Hilfen (Erzieherinnen und Hausangestellte) leisten können.

Nur die Angehörigen der Mittelschicht sind in diesen familiären Masochismus gezwängt, den sie für eine Stärke halten. Dieser Masochismus ist insofern real, als sie ihre persönliche Vitalität in der naiven Annahme unterdrükken, es geschehe zu ihrem eigenen Glück.

Man begegnet jetzt zunehmend Enkeln, die Einzelkinder von Vater und Mutter sind, die selbst wiederum Einzelkinder sind. Vor fünfzig Jahren war so etwas noch die Ausnahme.

Diese Kinder von Einzelkindern entwickeln spezielle Neurosen. Sie heiraten einen beliebigen Partner, um zehn Kinder zu haben, weil sie seinerzeit selbst so unter dem Alleinsein gelitten, keine Cousins, keine Großeltern gehabt haben. Sterben die Eltern, ist weder auf der einen noch auf der anderen Seite etwas vorhanden: Es gibt keine Nachkommenschaft mehr; im Grunde sind sie Waisenkinder, allein auf der Welt ... im Stich Gelassene. Und die überlebenden Eltern sind die Parasiten ihrer Kinder, weil sie außer ihnen niemanden auf der Welt haben.

Früher trat solches Aussterben in begrenzten Fällen ein: Degenerationen, Epidemien, Krankheiten, Kindersterblichkeit oder Angst vor einem schweren Schicksal. Die heutige Kinderarmut beruht auf der Angst vor Schicksalsschlägen-, wegen des eigenen Mißgeschicks möchte man wenigstens möglichst positiv leben. Es muß allerdings eingeräumt werden, daß das Aufziehen eines Kindes in einer »zivilisierten« Gesellschaft derart viele Verpflichtungen mit sich bringt, daß sich die Menschen sagen: »Es geht einfach nicht!« Man kann das Kind nicht mehr wie früher mit an den eigenen Arbeitsplatz nehmen: Man ging aufs Feld, zog gemeinsam mit dem Kind die Rüben aus dem Boden. Man kann nicht mehr auf einer Baustelle arbeiten, damit seinen bescheidenen Lebensunterhalt verdienen und sein Kind bei sich haben. Diese Ausgrenzung hat die Menschen ihrer eigenen Herkunft gegenüber starr werden lassen.

Eine Unternehmerin berichtet, sie habe ihr Baby – während der Stillperiode – in seinen Kinderwagen gesetzt und ihm, zwischen zwei Baustellenbesuchen, die Brust gegeben. Am Zahltag betraten die Arbeiter ihr Büro und lächelten dem Kind zu, während sie ihren Umschlag in Empfang nahmen. Sie konnte sich ein solches Verhalten erlauben, eine Arbeiterin könnte hingegen ihr Kind nicht in einen Winkel der Fabrik setzen, ohne aufgefordert zu werden, es außerhalb beaufsichtigen zu lassen.

Der Vater von Marguerite Yourcenar, ein Philosophieprofessor, nahm seine Tochter mit in seine Lehrveranstaltungen. Sie hat nie eine Schule besucht. Sie hatte relativ früh ihre Mutter verloren, und ihr Vater gab sie nicht weg. Sie begleitete ihn überallhin, er unterrichtete sie persönlich: Während er zu Hause seine Arbeit korrigierte, erteilte er ihr Latein- und Griechischlektionen. An der Universität nahm sie an den Seminaren teil, die er mit den Studenten veranstaltete. Die Vorgesetzten hinderten diesen Professor nicht daran, seine kleine Tochter mit in die Lehrveranstaltung zu nehmen. Dies trug sich in Belgien, nicht in Frankreich, zu. Einem Arbeiter oder einer Arbeiterin ist so etwas jedoch untersagt. Nicht einmal eine Zugehfrau hat das Recht dazu: Ihre Arbeitgeberin will keine Frau, die ihr eigenes Baby mitbringt.

Die Duldung von Babys am Arbeitsplatz käme in der Tat einer sozialen Revolution gleich. Dazu müßten die Erwachsenen allerdings selbst dem Leben standhalten. Denn sie ertragen es in seiner jetzigen Form nicht mehr. Die Arbeit ist nur noch pünktliche Leistung, nicht mehr Aufgabe in freier Zeiteinteilung.

Wollte man an die Sozialisierung des Kindes anknüpfen, die in den Gesellschaftsformen des 17. und 18. Jahrhunderts herrschte, müßte man die Kinder mit in den Betrieb nehmen. Vater oder Mutter würden morgens ihre Kleinen in der Kinderkrippe des Betriebs abgeben, wo alle Kinder zusammen wären, und die Eltern könnten sie dort aufsuchen, wie es ihnen paßte. Doch ein solches Experiment würde an der Bürokratie scheitern, sobald ein Kind eine leichte Unpäßlichkeit oder mehr als 38 Grad Temperatur hätte (ein regelrechter Thermometerwahn!). Das Leben macht keine Freude mehr, weil es so sehr von Vorschriften bestimmt wird, daß der Vater gezwungen wäre, an drei von acht Tagen sein Kind in die Klinik zu bringen, statt es in den Betrieb mitzunehmen, der doch ein Ort des Lebens ist. Hat der Vater die Grippe trotzdem und will dort arbeiten, dann wird ihm dies zugestanden, er wird als vorübergehend Erkrankter akzeptiert, nicht jedoch sein Kind. Wir leben entschieden in einer von inhumanen Geboten geregelten Welt, in einer von angeblichem Kollektivschutz geprägten Gesinnung; einem kollektiven Schutz des Körpers auf Kosten des Sprachlichen und der Beziehung unter den Mitmenschen. Wir leben also in einer völlig unsinnigen Welt. Es ist geradezu absurd, daß ein Berufstätiger – Vater wie Mutter – sein Kind so lange nicht mitbringen darf, wie es die Gesellschaft nicht von sich aus zu beschäftigen weiß. Dabei wäre so das Kind eher zum Eintrit in die Arbeitswelt bereit, da es ja über das aktive Leben von Vater oder Mutter seine eigene Verwobenheit mit ihr erlebt hätte. Zudem wäre es auf den Schritt dorthin persönlich vorbereitet. In Italien ist sonntags folgendes üblich: unabhängig vom Einkommen geht man mit der ganzen Familie ins Restaurant, mitsamt Kindern, die sich zwischen den Tischen tummeln, und kein Mensch nimmt daran Anstoß. In Frankreich oder Deutschland wird solches Verhalten dagegen nicht geduldet. Versuchen Sie einmal, mit einem kleinen Kind, das brüllt oder alles anfaßt, ein Café oder Restaurant zu betreten. Ein Kind, das in Gaststätten weint, ist ein Alptraum für Eltern, die alles tun würden, um es zum Schweigen zu bringen. Angesichts unzähliger Verbote fühlt sich das Kind als Eindringling. Duldete man sein Verhalten, würde es auch nicht mehr weinen; Voraussetzung dafür wäre, ihm Lebensraum zuzugestehen und aufgeschlossen gegenüberzutreten.

Im Maison Verte müssen sich fünfzig Kinder mit wenig Raum begnügen, dennoch gibt es weder Geschrei noch Gejammer oder Tränen ... es ist einfach Leben vorhanden: alles läuft durcheinander und beschäftigt sich mit irgend etwas. Das ist sehr positiv.

Die sich von der Außenwelt abkapselnde Kernfamilie ist eine Degenerationserscheinung der Gesellschaft. Die Gesellschaft kann ein Zufluchtsort sein, indem sie den Kindern das Ausbrechen aus diesem beklemmenden Kreislauf ermöglicht; sie kann aber auch dieselbe Entwicklung nehmen und selbst zu einem geschlossenen Kreislauf werden.

Ein geschlossener Kreislauf, in dem sich zwanzig Kinder zugleich befinden, ist gleichwohl offener als ein einzelner Kreislauf: Zwei oder drei Personen, die mit zwanzig Kinder zusammen sind, bedeuten eine geringere Geschlossenheit, als wenn sich zwei Personen auf ein einzelnes Kind konzentrieren.

Unsere heutige Gesellschaft ist recht ambivalent: Sie vermag dem Kind zu helfen, seiner familiären Kerngruppe zu entrinnen, die es an seiner Entwicklung hindern würde, schon von dreizehn oder vierzehn Jahren an, wo das Kind größere Autonomie erlangen, selbst mehr Verantwortung übernehmen kann usw. Aber zugleich zwingt sie in stärkerem Maße Vorbilder auf. Sie schreibt Ziele, das Wettbewerbsverfahren und setzt Selektionsmechanismen fest. Was sie einerseits dem Kind in bezug auf sein familiäres Milieu, aus dem sie es recht schnell befreit, an Freiraum bieten kann, nimmt sie ihm andererseits, indem sie ihm gegenüber die höchste Autorität beansprucht. Die Gesellschaft veranlaßt alle Kinder, »Mensch ärgere dich nicht« zu spielen: Hat man ein bestimmtes Feld nicht erreicht, muß man zum Start zurück oder wird rausgeworfen – das ist die Spielregel und wird angestrebt. Warum muß unbedingt einer eliminiert werden? Niemand ist zu eliminieren, sondern junge Menschen müssen auf jene Aktivität hingelenkt werden, die ihnen zusagt und der sie von ihrer Entwicklung und ihrem Verstand her entsprechen, ohne daß deswegen der Rest ausgemerzt werden muß.

Aber warum muß sich die Selektion in der Gruppe vollziehen, statt individuell zu erfolgen? Einzig aus dem Grund, weil man sich als Richter aufspielt, und zur Beurteilung der Schüler alle durch das gleiche Sieb passieren zu müssen glaubt.

Das Kind wird in die Falle gelockt. Es sitzt auf bestimmten vorgezeichneten Entwicklungslinien fest, die allenthalben durch Leitpfosten abgegrenzt sind und überall Schlaglöcher und Sackgassen aufweisen, zu deren Vermeidung keine Mittel zur Verfügung stehen. Positive Entwicklungslinien und Sackgassen werden definiert, und am Ende zählt keiner mehr die Gescheiterten.

Die Vergeudung all dieser vitalen Energie junger Menschen mutet phantastisch an und bedeutet für unsere Gesellschaft wahrhaftig den Tod. Denn lebendig sind nicht nur die Ausgewählten. Alle anderen sind gleichermaßen lebendig!

Das ist das Paradoxe: Das Kind findet Zuflucht in seiner Kernfamilie, die es verlassen müßte, um seine Autonomie zu erlangen, und entsprechend seiner familiären Beschränkung scheitert es und wird abgelehnt. In diesem Fall verstärkt die Familie das Scheitern, entweder durch ihre Beharrlichkeit, das Kind auf einen Weg zu bringen, auf dem es seine Persönlichkeit nicht artikulieren kann, oder dadurch, daß sie es verhätschelt, als sei es definitiv unfähig, ein Außenseiter. Da es dem Wunsch seiner »Meister« nicht Genüge geleistet hat, sich nicht auf dem rechten Weg befindet, um sein eigenes Begehren entgegenzusetzen, muß ihm das Atmen schwergemacht werden. Man erzeugt bei ihm Schuldgefühle wegen seiner Wünsche, seiner Interessen, seiner Begierden. Das Urteil der Gesellschaft wird also von der Familie wie ein Schuldspruch aufgenommen, der sich doch nur auf einen bestimmten Anpassungsvorgang, aber ganz und gar nicht auf den Wert dieses Menschen bezieht. Ich glaube, daß diese verhängnisvolle Erziehungspolitik, das institutionelle Scheitern, eher das Ende dieses Systems als der Zivilisation ankündigt. Es wäre an der Zeit, das Problem der Formung eines Kindes in Abhängigkeit von seiner Entwicklung noch einmal vollständig zu überdenken, sowohl in physischer als auch in psychischer Hinsicht, in der Kommunikation mit der Außenwelt. Und jeder könnte dort ansetzen, wo er ansetzen möchte. Die Schule wäre ein Ort, wo jeder Erwachsene irgendeinen Erfolg in Aussicht stellt statt dem Kind die Inangriffnahme aufzuzwingen, ohne daß es Lust dazu hat: Das Kind würde von sich aus Interesse zeigen: »Ich komme so und so lange zu Ihnen.«

Wenn man abwartet, daß sich diese Revolution in den Geisteshaltungen vollzieht und in den Lebensgewohnheiten zum Ausdruck kommt, dann ist es nicht verwunderlich, daß Science Fiction die neue Zufluchtsstätte der Kinder ist.

Siebenjährige als Opernintendaten

1982 haben 117 sieben- bis elfjährige Kinder der Edouard-Herriot-Grundschule aus Fresnes im Favart-Saal der Opéra-Comique in Paris »Les secrets de la nuit« aufgeführt, eine Oper, die auf eine Erzählung von Andersen zurückgeht. Sie haben ihre Aufführung völlig selbständig inszeniert: das Libretto, die Intonierung, die Inszenierung, das Bühnenbild, die Kostüme. Die Vorbereitung hat ein volles Schuljahr in Anspruch genommen. Im ersten Trimester haben sie sich mit dem körperlichen Ausdruck und der Orchesterinstrumentierung vertraut gemacht, und den Neigungen und Begabungen eines jeden entsprechend, haben sie sich in den Werkstätten, im lyrischen Vortrag, im Orchester und im Bühnenbild die Arbeit geteilt.
Ganz gewiß ist es eine Neuerung seitens der verantwortlichen Erwachsenen, kein einziges Kind der Schule auf dem Selektionswege ausgeschlossen und alle Energien der Schüler, unabhängig von ihrem Niveau, mobilisiert zu haben.

Die lästigen Aufgaben im Lehrplan

In Internaten und Heimen brauchen die dort lebenden Kinder nie den Haushalt oder die Küche zu machen. Warum können sich die Kinder nicht abwechselnd die Arbeit bei der Instandhaltung, dem Küchendienst, im Gemüsegarten oder beim Einkauf auf dem Markt teilen? Nicht bloß das lästige Kartoffelschälen, wie es beim Militär gemacht wird, sondern auch das Auftragen der Speisen. Warum nicht? Man wird mir entgegenhalten: »Sie könnten sich dabei schneiden oder verbrennen.«

Sind sie als Kleinkinder von ihrer Mutter in die Gefahren des häuslichen Lebens eingewiesen worden, dann werden sich auch keine gravierenden Unfälle ereignen. All diese Kinder verlassen so die Schule und wissen nichts über das Leben. Sie werden auch noch in dem Vorurteil bestärkt, es sei eine lästige Arbeit, die von den Erwachsenen abgelehnt wird. Man gibt ihnen das Aufwertende daran nicht zu verstehen. Der Küchendienst nimmt sogleich Bestrafungscharakter an. Sie stünden diesen manuellen Tätigkeiten weniger ablehnend gegenüber, wenn ihnen häufiger vermittelt würde, daß die Versorgung des Körpers und die Erhaltung seiner Umwelt von der Aufgabenteilung abhängen und Gegenstand kollektiven Beistands sind.

Wie man das Interesse für die Schule wecken kann

Ich möchte hier das Wesentliche jener Vorstellungen zusammenfassen, die ich zur Veränderung der Schulstruktur anrege, damit die Kinder dort Freude und die

Möglichkeit erfahren, sich Kenntnisse anzueignen und sich darüber weiterzuentwickeln, indem sie an der Anstrengung und der Beherrschung ihrer Impulse im Hinblick auf eine authentische Stabilisierung Geschmack finden, nicht auf dem Wege der Furcht, sondern durch ein gesteigertes Freiheitsgefühl, individuell unterschiedlich zu sein, von anderen gemocht zu werden und sie allesamt in ihren persönlichen und familiären Besonderheiten zu tolerieren.

Raum – Organisation der Räumlichkeiten – Zeit

Jede Grund- und Hauptschule müßte über drei Bereiche des »schulischen« Lebens verfügen – Klassenräume, Werkräume, Bibliothek – und drei Phasen sozialen und persönlichen Lebens vorsehen: Mahlzeiten, Unterricht sowie Aktivitäten, Muße und Erholung. Der Küchendienst und die Instandhaltung, die von kompetenten und verantwortlichen Erwachsenen übernommen werden sollten, könnten zum Teil von allen Schülern abwechselnd wahrgenommen werden, und zwar am besten in altersgemischten Gruppen. Hierzu müßte das Küchen- und technische Personal auch pädagogisch vorgebildet sein, um die Kinder für die verschiedenen Aspekte ihrer Arbeit interessieren und diese integrieren zu können. Ich meine damit: Essenzubereitung, Diätetik, Vorbereitung, Tischdecken, Geschirrspülen, Instandhaltung der Schule und ihrer Ausstattung; die notwendigen Reparaturarbeiten könnten auch in den Werkunterricht eingebunden werden.

Die ältesten Schüler würden vom Verwaltungspersonal

mit der Rechnungslegung und Haushaltsführung ihrer Klasse vertraut gemacht, wobei die anderen Schüler den entsprechenden Beauftragten abwechselnd Hilfestellung bei den verschiedenen Verwaltungsaufgaben leisten würden. Das eigentliche Verwaltungspersonal wäre dann auf Grund seiner pädagogischen Qualitäten in Verbindung mit seinen technischen Fertigkeiten engagiert.

Die Erwachsenen im Kontakt mit Kindern und Jugendlichen

Jene Personen, denen Schüler anvertraut sind, sollten sich in zwei Typen gliedern, die von den heutigen Kategorien der Erwachsenen abweichen, die mit Kindern und Jugendlichen in Kontakt stehen. Vereinfacht gesagt, sollten die einen Erzieher, die anderen Unterrichtende sein.

Von denen, die ich als *Erzieher* bezeichne, mißbillige ich jene, die diesen Beruf zwar erlernt haben, darüber hinaus weder einer speziellen Kunst, einem Sport noch einem Kunsthandwerk als etwas Lebendigem und Greifbarem nachgehen, das ihnen vielleicht Impulse geben könnte. Einem für rein erzieherische Tätigkeit bezahlten Erwachsenen das »menschliche Objekt« als Werkstoff des Herzens und der Intelligenz anzuvertrauen, ist absurd und vermengt in fataler Weise Erziehung und Manipulation. Erzieher mit künstlerischer, kunsthandwerklicher oder sportlicher Kompetenz könnten neben ihrer erzieherischen Tätigkeit in ihrem Bereich weiterarbeiten und so über das Beispiel der Freude an ihrer individuellen Arbeit den ihnen pädagogisch anvertrauten Jugendlichen Anregungen vermitteln.

Mit der gleichen Funktion wie die Erzieher und auf derselben Stufe wie diese stehend, könnten an jeder Schule einige von ihnen als Schulpsychologen tätig sein. Als Werkstätten- oder Gruppenschüler unterschiede sich ihre Funktion von derjenigen klinischer Psychologen, die in Forschung, Diagnostik und Therapie bei Kindern mit Persönlichkeits- oder Schulstörungen kompetent sind. Diesen klinischen Psychologen sollte hinsichtlich der praktischen Entscheidungen, zu denen eine Schule oder Eltern gelangt sein können und bezüglich derer sie – zu Unrecht – Rat vom Schulpsychologen erbitten, keine Verantwortung zugeschoben werden, damit das Berufsgeheimnis gewahrt bleibt und sie nicht über etwaige Stellungnahmen allmählich das Vertrauen der Kinder verlieren. Hingegen sollten die Schulpsychologen, die ja in ihrer Rolle als Erzieher den Kindern nahestehen und täglich mit ihnen zusammen sind, diese Funktion eines Erziehers übernehmen, der zugleich Berater und Organisator ist, eine Funktion, die komplementär ist zu den betreuenden und anleitenden Erziehern in Kunst, Kunsthandwerk oder Sport.

Der andere Typ von Erwachsenen wären die *Unterrichtenden*. Das wären zunächst einmal jene, die mit dem allgemeinen Unterricht eines Faches betraut wären, in dem sie ein spezielles Wissen erworben haben und deren persönliche Leidenschaft für dieses Fach sie danach streben läßt, die Jugendlichen dafür zu interessieren und ihnen eine angemessene Methodik zu vermitteln. Dies sind in der Tat stets die erfolgreichen Unterrichtenden, die jedem Lehrkörper zur Ehre gereichen. Neben diesen höchst kompetenten literarischen oder wissenschaftlichen Fachlehrern käme für jedes komplementäre Stoffgebiet der Anwendungsbezogenheit noch stärkere Bedeutung zu. Neben den ausschließlich Unterrichtenden wären Ausbilder, Pädagogen und Techniker denkbar. Ihre Aufgabe läge in der Kontrolle des Schülerwissens und in der Unterstützung bei der Umsetzung des im allgemeinen Unterricht vermittelten Lehrstoffes in praktische Übungen. Auf Grund der größeren Nähe zu den Kindern könnten sie mit dem Lehrer, der »Vorlesung hält«, ein Team bilden und in schwierigen Fächern jenen Schülern als Mediatoren dienen, die in ihren Leistungen zurückfallen, wenn sie nicht gezielt und ihrem individuellen Verständnis des vermittelten Lernstoffes entsprechend aufgefangen werden.

4 Die Öffnung der Anstalten

Die Wiederbevölkerung der Region gestörter Kindheit

1982 leistete ich einer Einladung nach Aurillac Folge, wo ich ein Treffen mit der »Direction de l'Action Sanitaire et Sociale« (D.A.S.S.) hatte, und kletterte zu diesem Zweck an Bord eines kleinen Flugzeugs mit acht Plätzen. Einem Vogel gleich, flogen wir zwischen den Berggipfeln hindurch. Es herrschte prächtiges Wetter, und so konnte ich das ganze Bergmassiv des Cantal überblicken. Eine Wüste mitten in Frankreich. Unzählige alleinstehende Häuser! Nur 160000 Einwohner im gesamten Département. Ich traf mit dem Präsidenten und dem Vizepräsidenten der D.A.S.S. zusammen. Sie teilten mir mit, daß Cantal habe seit 30 Jahren die Aufgabe, Einrichtungen für schwererziehbare Kinder bereitzustellen. Sie werden von ihren Eltern getrennt und kommen aus ganz Frankreich dorthin. Auf Grund der geringen Kosten wurden die Kinder in dieser armen Region untergebracht. Sie werden hinter den Mauern verwahrt, bleiben ohne Beschäftigung.

Für die Wirtschaft der Region ist das kein einträgliches Geschäft, da sich diese Schwererziehbaren zu debilen Erwachsenen entwickeln. Gelten sie als gefährlich, werden sie in die medikamentöse Zwangsjacke gesteckt, und damit basta. Die alten Heimbewohner machen etwa ein Drittel der Bewohnerschaft aus: Als Kinder gekommen, haben sie ihr ganzes Leben dort verbracht; sie sind Sozialhilfeempfänger, aber dennoch steuerpflichtig.

Um aus dieser Lethargie aufzurütteln, appellierte ich an meine Gastgeber: »Es ist unglaublich, daß Sie als eine Organisation, deren Aufgabe vorbeugende Maßnahmen bei jungen Menschen sind, nicht die Initiative ergreifen. Sie berichten, dies Gebiet sei völlig menschenleer (es gibt keine Industrie, nicht einmal Schafzucht; die Bauern halten Kühe, denen man auf den Wiesen jedoch kaum einmal begegnet, und ihre Milch wird an Molkereien außerhalb des Cantal geliefert.)« Im Département Lozère scheint es sich ähnlich zu verhalten. Ich hielt ihnen entgegen: »Aber warum können Sie denn nicht junge Menschen hierfür gewinnen, die etwas für die Natur übrighaben, ökologisch orientiert sind, die in Zweierbeziehungen leben, keine Wohnung finden und in den Ballungszentren zwangsläufig kriminell werden, weil sie nicht wissen, wohin sie sich wenden sollen? An Ihrer Stelle würde ich auf diesem Brachland Fertighäuser errichten lassen, sie dann den jungen Pionieren für 30 Jahre zur Verfügung stellen und im Austausch dafür verlangen, daß diese Paare, die Kinder haben werden, jeweils von Samstag bis Montag zwei, drei oder vier verhaltensschwierige Kinder und Jugendliche bei sich aufnehmen, die ihnen bei der Haus- und Feldarbeit helfen ... So fänden diese Jugendlichen das Wochenende über Aufnahme in den Familien. Sie könnten verschiedene Familien kennenlernen, doch wenn sie sich mit einer bestimmten Familie gut verstünden, gehörten sie zu dieser und wären genauso in das Sozialleben eingegliedert wie ihre Gastgeber. So könnten Sie Ihre Cantal wieder bevölkern!«

Der Präsident erwiderte nur: »Ich will mich aber gar nicht damit befassen; ich sage den Leitern dieser Einrichtungen, daß es ihre eigene Sache ist, von Samstag bis Montag eine Lösung zu finden, damit ihre Kinder nicht eingesperrt sind.« Seit ihrem vierten oder fünften Lebensjahr werden sie in derselben Einrichtung eingesperrt, ohne hinauszukommen und ohne ihre Eltern zu sehen, weil diese zu weit entfernt leben; also werden sie zunehmend retardiert und hilfsbedürftig. Und die Verwaltung bringt wirtschaftliche Argumente vor: »Aus Rentabilitätsgründen muß die Einrichtung, die Verhaltensschwierige aufnimmt, an allen Wochentagen betrieben werden; es geht nicht an, daß die Kinder übers Wochenende oder während der Ferien Urlaub haben.« Ich protestiere: »Aber dann gibt es keine Lösung.« »Ja, es ist Sache der Heimleiter, in den Ferien und an den Wochenenden etwas anderes zu unternehmen ... Aber ich will nicht, daß sich meine Heimleiter von Samstag bis Montag und in den Ferien ausruhen. Diese Häuser, die wir eingerichtet haben, müssen rentabel arbeiten.«

Darauf hielt ich ihm entgegen: »Aber es ist nicht Sache der Heimleiter, die Kinder zum Weggang zu veranlassen, denn wenn sie sie einsperren, haben ja die Direktoren ihre Ruhe ... Für die Betreuten ist es ein Gefängnis ... Und sie bewachen ihr Gefängnis.« Er wurde stur: »Ja, so ist es ... sie müssen sehen, wie sie zurechtkommen!« »Aber dann wollen Sie selbst offenbar nichts unternehmen, Sie wollen, daß andere etwas in Angriff nehmen ... Dabei repräsentieren doch Sie diesen Verband ...« Ich rüttelte ihn auf: »Es ist nicht Aufgabe eines Hausleiters, Konzepte zu entwickeln. Die Entscheidung liegt bei Ihnen: Von Samstag bis Montag haben die Kinder Ausgang, und da ich das

Haus vollbelegt haben möchte, nun gut, ich kenne Leute, die Ihnen eine Wochenendveranstaltung durchführen werden. Sie könnten doch Fort- oder Weiterbildungs-Wochenenden anbieten. Das wird Leben ins Cantal bringen. Leute werden kommen, um in den Kurzferien eine Tagung abzuhalten. Der Leiter des Hauses für Schwererziehbare würde sich die Woche über um seine Schüler kümmern und am Wochenende würde er Kurztagungen koordinieren. All die Geistlichen und Ordensschwestern in Großeinrichtungen, die nicht genügend Schüler haben oder wo die Schüler in ihre Familie zurückkehren, verfahren in dieser Weise. Warum sollte also die Leitung nicht genauso handeln können?«

Meine Gesprächspartner bezeichneten sich als »Linke«. Ich hatte den Eindruck, mit Leuten zu sprechen, die in bezug auf den Gehorsam Kommunisten waren, jedenfalls keine Sozialisten, weil Sozialisten denken. Jene Personen denken nicht, sie sind freundlich und gehorsam: »Ich bin ja nur der kleine Verwalter, ich führe lediglich Anweisungen aus.« Ich griff den sozialen Auftrag wieder auf: »Aber Sie haben doch in Ihrer Region auch Gymnasiasten und junge Arbeiter, zwischen neun und fünfundzwanzig Jahren macht es doch Spaß, eine neue Sportart auszuüben; Sie könnten doch mindestens Segelflug-Vereine im Cantal einrichten.« »Aber es gibt doch schon einen ...!« »Einer, was ist das schon! Man muß den Gymnasiasten sagen: Tut euch zusammen, wie viele von euch hätten Interesse an einem Segelflugverein? Sie können ihnen doch ein Budget zusammenstellen, danach werden sie die Sache selbst in die Hand nehmen. Wenn Sie das Ganze von oben herab organisieren wollen, werden sie nie ans Ziel kommen! Arrangieren Sie nur die Initiativen.«

Diese hohen Funktionäre waren verblüfft, als ich sie aus dem Gleichgewicht brachte: »Ihre Aufgabe ist die Prävention, und Sie werden in den psychiatrischen Krankenhäusern und in den Gefängnissen all jenen wieder begegnen, für die Sie nichts getan haben, als sie jung waren. Wollen Sie das wirklich? Niemand gibt ihnen Anregungen. Verlangen Sie ihnen Kreativität ab, sie sind dazu in der Lage ...« »Aber die Eigentümer all dieses Grund und Bodens, der zu nichts nütze ist, wollen ihn weder verpachten noch zur Verfügung stellen oder verkaufen.« »Bei einem Autobahnbau würde man sie auch enteignen, und sie könnten nichts dagegen unternehmen ... Nehmen Sie also die Dinge in Angriff.« »Es ist doch kein Geld dafür da!« »Weil Sie es nicht ernst meinen ... Sie könnten durchaus ein Zwanzigstel des unfruchtbaren Grund und Bodens enteignen, der brachliegenden Felder, um die sich keiner kümmert ... zwanzig Kilometer im Umkreis dieses Brachlandes gibt es keine Häuser, und man könnte dort Versuchsstätten einrichten.«

Keine Reaktion ... Diese für die Prävention Verantwortlichen besitzen keine schöpferische Vorstellungskraft. Dennoch wollen sie jungen Menschen nicht das Recht zugestehen, Pläne zu schmieden und zu verwirklichen.

Für mich war es eine regelrechte Offenbarung zu sehen, wie diese herrliche Auvergne brachliegt. Welch immenses ungenutztes Gelände. Der einzige Wirtschaftsbetrieb im ganzen Département ist das Krankenhaus von Aurillac. Damit es ausgelastet ist, müssen stets genügend Patienten vorhanden sein .. gerät man dort per Zufall in die Ambulanz, wird man nicht mit der Bemerkung

»Ihnen fehlt nichts« wieder entlassen. Die Bilanz: das Cantal lebt vom Krankenhaus und den »Gefängnissen« für schwererziehbare Kinder, die man dort abgesondert hat, ohne ihnen Kontakte zu ermöglichen.

Der Mensch schafft viel leichter Wüsten als Wälder! Ich glaube, dies verhält sich überall ähnlich. Doch die Wüste der affektiven Beziehungen ist noch unfruchtbarer als die geographische Wüste. Es ist eine erschütternde Erfahrung, wie das Cantal den Rekord menschlicher Ausgedörrtheit schlägt.

5 Die allgemeine Lage der Kinder

Neue Beziehungen zum Geld

Die Kinderpresse hat bereits Umfragen veröffentlicht zu anekdotischen Fragen wie: »Was soll man mit seinem Taschengeld anfangen? Wie verbrächtet ihr am liebsten eure Ferien? usw.« Die Kinder müßten zu ernsthafteren Dingen angeregt werden. Gewiß, was für die Kleinen wichtig ist, ist es nicht für die Großen, aber die Diskussion ließe sich in Gang bringen, indem über das gesprochen wird, was sie wirklich berührt: statt des Taschengeldes das Geld schlechthin, die Beziehung zum Geld ...

Durch das Fernsehen mit all seiner Werbung und durch die Presse könnten die Kinder aufgefordert werden, sich individuell und über Gruppenreflexionen zu bestimmten Problemen zu äußern, beispielsweise zu Scheidung, Sorgerecht, Zeitgestaltung, Liebesbeziehungen, Gesellschaftsformen, Rassismus, Kunst und Kreativität, Freiheit, Solidarität, behinderten Menschen, psychisch Kranken, dem öffentlichen Gesundheitswesen und zu Ökologiefragen.

Solange es noch nicht genügend Begegnungsstätten gibt, in denen Kinder unter sich bleiben können, glaube ich persönlich nicht, daß man sie nach ihrer Meinung fragen kann, weil ihnen die Eltern vorschreiben, was sie zu sagen haben. Kinder, die in Lern- oder Gesprächsgruppen aufgefordert werden, sich zu äußern, verschanzen sich hinter Einheitsphrasen, die die Erwachsenen zufriedenstellen, von denen sie abhängig sind. Sie würden weder zugeben, daß sie unglücklich sind, noch, daß sie ausgebeutet, geschweige denn, daß sie mißhandelt oder lächerlich gemacht werden.

Ein Schulrat belegt bei einem Unterrichtsbesuch den Lehrer einer Klasse aus einer »Arbeitsschule« mit Beschlag. Er befragt eine Schülerin: »Na, wir langweilen uns?« Sich in einer »Arbeitsschule« langweilen? Das erregt Anstoß. »Wir langweilen uns, weil Sie da sind!« Unerhört. Ein Angriff auf die akademische Würde. Der Schulrat bauscht das Ganze auf. Dabei hat das kleine Mädchen nur gesagt, was sie dachte. Sie kommt sehr gut zurecht. Doch die Gesellschaft läßt das nicht zu. Es ist unschicklich, so mit einem Vertreter der Schulbehörde, der Beurteilungsinstanz seines Lehrers, zu sprechen.

In Nizza wurde eine Ausstellung »Das Kind und die Telematik« veranstaltet, bei der sich manche Kinder vor dem Mikrophon geäußert haben. In einer solchen Situation sind sie selbst Repräsentanten, sie werden interviewt und antworten wie die Erwachsenen, wobei sie dieselben Verhaltensformen annehmen oder vortäuschen. Es käme nicht zur gleichen spontanen Nachahmung bei wirklichen Problemen, die im übrigen das Kolportierte und von den Erwachsenen übertragene und aufgezwungene System in Frage stellen würde.

Die Beziehung zum Geld müßte zum Beispiel schon in der Schule diskutiert werden. Wenn sich manche Jugendliche über die »Knete« unterhalten, dann sprechen sie davon wie von einer absolut unanständigen, negativen

Sache. Sprechen wir es ruhig aus, daß sie sogar mit dem Symbol des Geldes auf Kriegsfuß stehen, während in allen von Menschen begründeten Gesellschaften ein von allen akzeptiertes Wertsymbol den Austausch (durch Geld oder Zahlungsmittel) steuert; das ist ein außerordentlich bedeutsamer und unvermeidbarer Sachverhalt. Doch sie entwickeln dieses Verhalten über eine Art Ablehnung und Widerwillen gegenüber allen auf Geld oder bargeldlose Zahlungsmittel gegründeten Austauschprozessen, und zwar in solchem Maße, daß sie auf Tauschgeschäfte oder Lebensformen zurückzukommen versuchen, wo man mit Geld nicht in Berührung kommt. Dies stempelt sie dann zu Außenseitern. Hätten sie sich hingegen viel eher zu diesem Problem des Geldes in der Gesellschaft äußern können, dann hätten sie vielleicht keine derart ablehnende konfliktbeladene Einstellung gegenüber dem Geld. Wenn sie ins Erwachsenenalter kommen, sprechen sie von der »Knete«, worin fast so etwas wie Haß zum Ausdruck kommt.

Das eigentlich den Kindern zustehende Geld erhalten die Eltern, ihnen – und nicht den Kindern – wird das Kindergeld gewährt. Erhält das Kind eine bestimmte Summe, dann darf es nicht selbst darüber verfügen ... sondern die Eltern. Führt es gegen Entgeld Dienstleistungen aus, dann wird es häufig genötigt, dieses Geld in eine Sparbüchse zu tun oder zur Sparkasse zu tragen, und es darf es erst anrühren, wenn es sechzehn Jahre alt ist. Mutter und Vater verteilen es jedoch in Form von Taschengeld erneut, tröpfchenweise ... und wundern sich darüber, daß ihr Kind dieses Geld auf der Stelle ausgibt ... da ihm der Umgang damit ja nie beigebracht worden ist: »Hier ist dein Budget für drei Monate ...« Natürlich wird es beim ersten Mal schon nach drei Tagen nichts mehr besitzen, aber es wird eine wichtige Erfahrung gemacht haben. Man muß es ihm allerdings erklären, statt es beim ersten Mal gleich dafür zu bestrafen ... All das ist sehr schwierig, und ich glaube, daß die Erwachsenen völlig entwaffnet vor einem Kind stehen, das ihnen die fundamentale Frage stellt: »Warum ist denn das Geld so wichtig? Warum darf ich es nicht verdienen und selbst darüber verfügen?« Manche zwölfjährige Kinder verstehen nicht, wieso sie während der Schulferien kein Geld verdienen dürfen; aus Versicherungsgründen will sie niemand beschäftigen, solange sie noch keine sechzehn Jahre alt sind ...

Das System des Kindergeldes pervertiert den Wert der Ausbildung. Der Schulbesuch ist Pflicht. Dort untätig zu sein und die Zuversicht einzubüßen, macht sich bezahlt. Eltern aus benachteiligten Schichten geraten daher gegenüber dem staatlichen Bildungssystem in eine Kupplersituation. Sie schlagen aus dem Schulbesuch ihrer Kinder Kapital. Die staatlichen Beihilfen könnten sich danach bemessen, daß das Kind eine bestimmte Lernleistung erbringt und diese durch eine Prüfung nachweist.

Ich begreife nicht, warum die Schule Lernerfolge nicht finanziell honoriert. Der Lohn könnte eine Schallplatte eigener Wahl, ein Buch oder Geld sein. Ein Kind, das in einem Fach eine bestimmte Lernstufe erreicht, stellt für das Land einen Reichtum dar. Alle Schüler könnten eine bestimmte Summe erhalten: 100 Francs für die Prüfung; ein achtjähriges Kind besteht seine Französisch-Prüfung und erhält dafür 100 Francs; für seine zweite Prüfung bekommt es dann 150 Francs, für die dritte 300 Francs; für die vierte ... Wieso nicht?

Oder man sollte Stipendien einrichten: Ich will damit sagen, daß die Kinder so das Gefühl haben könnten, ihr Lernen selbst zu finanzieren ... So könnten sie ein Kapital anhäufen und nach einigen Jahren selbst entscheiden, wie sie dieses Kapital nutzen, wann sie ihre Studien beenden, ob sie das Geld für eine Reise verwenden, einen Start ins Leben wagen oder es wiederum in weiterführende Studien investieren wollen.

Es ist ein wirklich beklagenswerter Anblick, wie diese Jugendlichen z. B. mit sechzehn Jahren von der Schule abgehen, Zeugnisse, aber keinen Pfennig in der Tasche haben und hinterher nichts damit anfangen ... Sie kommen mir vor wie der Häftling, der aus dem Gefängnis entlassen wird und praktisch keine Zukunft hat, nicht einmal einen U-Bahn-Fahrschein.

Und das Zeugnis bringt dem Schulabgänger kein Bargeld, auch einen Darlehnsgeber hat er nicht. Außerhalb der Familie gibt es niemanden, der wie jener Vater handelt, der zu seinen Kindern sagt: »Bis zu dem und dem Jahr werde ich euch, aufs Ehrenwort, Geld vorstrekken ... Bis dahin investiere ich; danach müßt ihr selbst zurechtkommen.« Natürlich gibt es ein oder zwei Möglichkeiten der Ausbildungsversicherung, der Studienversicherung ... Doch das gibt einem Schüler nicht das Gefühl, sich aus eigener Kraft zu finanzieren. In Kanada kann jeder Pfarrbezirk Stipendien vergeben; die Pfarrbezirke sind das Gegenstück zu unseren Gemeinden. Dabei finanzieren die Neuhinzugezogenen einem Studenten das Stipendium. Ich habe kanadische Ärzte gekannt, die dank eines Stipendiums nach Frankreich gekommen sind, um sich dort einer Psychoanalyse zu unterziehen. Ihnen war ein Stipendium für vier Jahre gewährt worden, und gleichzeitig leisteten sie sich eine Psychoanalyse. Sie selbst werden dann später ein Stipendium für einen jungen Menschen aus ihrer Gemeinde finanzieren.

In Frankreich vergibt der Staat die Stipendien anonym. Den Paten eines privaten Stipendiums kennt man hingegen, man weiß, um wen es sich handelt. Und diesem Herrn schreibt man einmal im Jahr, um ihm mitzuteilen, wie weit man mit seinen Studien ist. Hierzulande bewahren die Stipendien zu sehr den Charakter anonymer öffentlicher Unterstützung für Hilfsbedürftige ... was das Problem nicht löst.

Letztlich erhalten fast immer die gelobten Kinder von Lehrern oder deren Protégés die Stipendien ... sowie jene, deren Eltern sich mit allen Stipendien auskennen, um die man sich bewerben kann. Bleiben die anderen, die Kinder und Jugendlichen, deren Eltern problemlos die Studien finanzieren könnten, nach denen es ihr Kind drängt, die aber darin keinen besonderen Sinn sehen oder – völlig desinteressiert an diesen Studien – der Meinung sind, ihre Finanzierung sei Verschwendung, und die Jugendlichen nicht nach ihrer Meinung fragen. Das hohe Einkommen der Eltern erlaubt es ihren Kindern jedoch nicht, sich um das Stipendium zu bewerben, das für sie die einzige Möglichkeit wäre, ihren Studienwunsch zu verwirklichen.

In Ermangelung der Entlohnung schulischen Lernens könnte man Werkräume und Klubs einrichten und dort Dinge für den Verkauf herstellen: Töpferarbeiten, Miniaturen, Gemälde ... oder sogar Dienstleistungen für die Bevölkerung anbieten.

Statt die Befürchtung zu hegen, junge Leute würden alles kaputtmachen, wenn man sie an Privatbesitz heranließe, könnte man sie an Gestaltungsarbeiten beteiligen. Sie könnten, etwa in ihrem Wohnviertel, Dienstleistungen übernehmen, wenn da nur nicht immer wieder die Frage der Versicherung, der Absicherung, der Sozialabgaben auftauchte ... so kann man sie nur Schwarzarbeit verrichten lassen, wofür die Kommune schwerlich Beispiel geben kann. Doch warum soll man ihnen nicht den Schulbesuch vergüten, sie letztlich für ihre schulischen Leistungen entlohnen?

Müßten sie nicht, damit die Schulpflicht einen Sinn für sie hat, dafür bezahlen, wie die amerikanischen Studenten ihr Studium durch Gelegenheitsarbeiten finanzieren ... auf die gleiche Weise, wie man seine Psychoanalyse bezahlen muß ...? Wenn das Kind, auf derselben Wertebene, für seinen Schulbesuch bezahlt, bevor es in den Studentenstatus hinüberwechselt, glauben Sie dann nicht, daß sich die schulischen Beziehungen dadurch verbessern würden?

Ich bin mir dessen sogar sicher, aber nicht mit den heutigen Lehrplänen. Gäbe es verschiedene Lehrpläne zur Auswahl, dann könnten sich die Kinder ihren Lehrplan aussuchen und wären seinetwegen zu Anstrengungen und Opfern bereit.

Kein Kind tritt ohne Bezahlung in die analytische Therapie ein: Es hat das Recht auf drei unentgeltliche, das heißt von den Eltern oder der Krankenkasse (Sécurité sociale) bezahlte Sitzungen. Ich weise das Kind darauf hin: »Wenn dich die Arbeit interessiert, wirst du das nach drei Sitzungen merken; danach wirst du einen symbolischen Preis bezahlen, denn sonst werde ich dich nicht mehr empfangen, wenn du nicht irgend etwas mitbringst ...« Bei den Kleinen genügt ein Kieselstein; die Größeren bringen eine Briefmarke; wenn sie über

Taschengeld verfügen, reicht etwas für zehn Pfennige. Ein Kind, das bei der nächsten Sitzung mit leeren Händen kommt, beglückwünsche ich zu seiner Weigerung (oder seiner Vergeßlichkeit) und sage ihm, daß es das nächste Mal wiederkommen darf, wenn es das will, mit seiner symbolischen Bezahlung, und ich sichere ihm seinen Termin zu. Die Eltern beruhige ich: »Nein, Sie beunruhigen sich wegen Ihres Kindes, aber er (respektive sie) findet es nicht der Mühe wert, zehn Pfennige dafür zu entrichten: Es bricht zwar sein Versprechen, das will es aber gar nicht und tut recht daran; es verspürt kein Bedürfnis nach Hilfe, oder es hat kein Vertrauen in mich. Sie würden genauso verfahren.« Dies hat eine außerordentliche Hebelwirkung zur Folge: Das Kind wird zu dem Verlangen nach authentischem Verhalten provoziert. Mitunter experimentiert es auf völlig neuartige Weise, damit ihm keine Gewalt angetan wird; es ist ja nichts Weltbewegendes, zu Hause seine kleine Briefmarke bereitzulegen, einen Kieselstein aufzuheben und mitzubringen ... Dabei haben diejenigen, die das nicht tun, in der Tat keine Therapie nötig. Es sind die Eltern, die dann, über sein (bzw. ihr) Verhalten beunruhigt, des Kindes wegen kommen. Ich fordere sie auf: »Kommen Sie, damit wir gemeinsam mit Ihrem Kind über die Situation sprechen ... Wir werden gemeinsam danach suchen, warum sich Ihr Kind noch nicht für sich selbst verantwortlich fühlen kann.« Recht häufig hindern die Eltern selbst ihr Kind daran, autonom zu werden. Sie stecken selbst voller Ängste, ihr Kind jedoch noch nicht. Es drückt sich in passiver oder aktiver Opposition zu den Wünschen des anderen aus, der sich ihm aufdrängen will.

Was die reale Bezahlung angeht, habe ich mit Jugendlichen von vierzehn Jahren an eine »Ehrenschuld« vereinbart; sie zahlen bei jeder von ihnen selbst erwünschten Sitzung einen Teil – soviel sie eben können –, und es verbleibt eine Ehrenschuld ihren Eltern oder mir gegenüber ...

Der Vertrag über die symbolische Bezahlung ist bereits für ein Kleinkind gänzlich einsehbar. Es muß sein Begehren deutlich machen, sich diesbezüglich selbst entscheiden – gewiß, es kann dies nur tun, wenn es das ihm Vorgeschlagene begriffen und darin das Interesse, die Zuwendung, erfahren hat (das langfristige oder mittelfristige Ziel ist Teil dieser Zuwendung, die ein Kind ebensogut zu erkennen vermag wie den Erwerb von Einsichten für die Verminderung seiner Angst in der Psychotherapie). Wirk- und Befreiungsfaktor in der psychotherapeutischen Beziehung ist die Einnahme der Funktion der Schule: Wissensdurst, Lernbegierde, Kenntnishunger, nicht zwangsläufige Beugung gegenüber Eltern und erwachsenen Lehrern, sondern die Möglichkeit, sich auszudrücken, zu handeln, etwas zu schaffen. Seit Karl dem Großen hat sich ein am guten Staatsbeamten interessierter Fürst stets entschieden, die guten Schüler zu belohnen, die dem Lehrer Freude bereiten, und die schlechten Schüler zu bestrafen oder abzulehnen, die keine mit dem Begehren des Lehrers identischen Erfolge aufweisen, oder die sich der Gemeinschaft zuliebe nicht in etablierte Ordnung fügen.

Das Erringen einer angestrebten Sache ist etwas völlig anderes als die Verpflichtung, sie zu erhalten. Kenntnisse all jenen zugänglich zu machen, die eifrig danach streben, unabhängig vom Begehren ihrer Eltern und unabhängig von ihrer persönlichen Strategie, unter der Voraussetzung, daß sie darin das glühende Begehren empfinden und es zum Ausdruck bringen, ist etwas völlig anderes als der Pflichtunterricht. Zu Recht wird die (körperliche, geistige und sittliche) Ausbeutung der Gesundheit eines Menschen angeprangert. Doch man löst das Problem nicht dadurch, daß man Kindern zwischen acht und sechzehn Jahren bezahlte Arbeit untersagt oder erlaubt, sondern dadurch, daß man die Kinder über die restlichen Grenzen der Arbeitgeber aufklärt. In Wirklichkeit werden die Kinder dadurch weit stärker ausgebeutet, daß sie pflichtschuldige Wohltäter von Erwachsenen sind, die institutionell dazu berechtigt sind, aus ihrer Sicht der finanziell und körperlich Starken, beliebige Rechte sowie unbedingten Einfluß auf die Schwachen – die Kinder – auszuüben.

Kinder haben außer ihrer Familie und der Pflichtschule keine Zufluchtsstätte. Wird ihnen die Arbeit, und damit das Geldverdienen, untersagt, dann bleibt ihnen als einziges Mittel, sich aufzulehnen, kriminell zu werden oder sich zu fügen (das sind dann die von Eltern und Lehrern gern gesehenen passiven Kriminellen) oder an ihrem unbefriedigenden, schlimmen Dasein und an ihren affektiv wie geistig destruktiven Interaktionen zu erkranken: an Neurosen, Psychosen, kurz, an Krankheiten, die die Unproduktivität des verhöhnten, verstümmelten Begehrens ausdrücken, das sich in gesellschaftlich tolerierten Aktivitäten nicht hat ausdrücken und integrieren dürfen.

In den USA wird den Kindern das Recht zugestanden, Geld zu verdienen. Bereits ab acht Jahren dürfen sie, außerhalb der Schulstunden, kleine Arbeiten ausführen; sie tragen zum Beispiel Zeitungen und die Milch aus.

Es ist von großer Bedeutung, sich für sich selbst verantwortlich zu fühlen. Würde die französische Gesellschaft den ganz Kleinen, schon den Sieben- oder Achtjährigen, diese Dinge erleichtern, bereits ab dem Zeitpunkt, wo ein Kind sich in der Familie autonom zu behaupten weiß, die Straße zu überqueren und von einem Ort zu einem anderen zu finden vermag, würden sich die familiären wie die gesellschaftlichen integrativen Beziehungen des Kindes verbessern. Das Kind würde sich nützlich fühlen und nicht nur geduldet. Das gäbe einen richtigen Aufstand. Man hätte alle gegen sich; sobald ich Eltern rate, ihre Kinder für kleine Haushaltsarbeiten, durch die sie ihnen eine Zugehfrau ersparen, zu entlohnen statt sie dazu zu zwingen, halten mir alle (in den Gesprächsrunden) entgegen: »Also, wenn sich die Kinder gegen Geld nützlich machen, dann ist das schändlich.« »Aber wieso? Sie würden ja sonst eine Zugehfrau bezahlen, so bezahlen Sie eben einen Hausknecht dafür ...« »Aber er macht die Arbeit doch nicht genausogut wie ein Erwachsener!« »Sie können ihm weniger Geld geben, wenn er es nicht ordentlich macht, oder ihm sagen ›Das ist tipp-topp erledigt‹ und ihm den vollen Lohn zahlen. Es ist dann seine Entscheidung, einen Teil des Geldes zurückzuweisen, um seine Solidarität mit den Familienfinanzen zu dokumentieren.«

Zwischen neun und zwölf Jahren kann ein Kind alle Handgriffe im Haushalt lernen und sie später als Jugendlicher außerhalb seiner eigenen Familie anwenden. Mit zwölf oder dreizehn Jahren muß sich das Kind aus seiner Familie hinausbegeben und Zugang zu anderen Familien suchen. So hat es nicht das Gefühl, von seinen Eltern ausgenutzt oder schlecht behandelt zu werden, unter dem

Vorwand, es sei zu Hause eine Art Sklave. In anderen Familien spürt es nicht jene Spannung, die häufig bei ihm zu Hause herrscht.

Im 16. und 17. Jahrhundert gingen die Söhne als Lehrlinge oder Hausknechte in andere Familien; auf dem Lande arbeiteten Bauernsöhne mit zwölf Jahren für ein oder zwei Kinder als Knechte in anderen Bauernfamilien. Über den Erwerb der beruflichen Kenntnisse stand ihnen frei, ob sie ins Elternhaus zurückkehren und als Erwachsener ihrem alternden Vater beistehen wollten.

Aus einer Beschwerdeschrift

Zu Zeiten der Generalstände (nach der Französischen Revolution) waren die Belange der Kinder völlig in Vergessenheit geraten. In den Beschwerdeschriften sind keine echten Veränderungsansätze für das Leben der künftigen Bürger zu entdecken. Doch ein anonymes Schriftstück, das nach 1789 in Umlauf war, wußte diesen Mangel auszugleichen. Wer es heute liest, mag darüber lächeln, aber die darin zum Ausdruck kommende Gesinnung reicht über das kleine Theater eines erregten Protestes hinaus. So fordern der oder die Verfasser die Abschaffung der Schläge auf den Hintern und des erzieherischen Drills unter Androhung der Hölle oder des großen bösen Wolfes und verlangen das Bildungsrecht für Mädchen. Ferner gebieten sie allen Eltern und Lehrern, »nicht mehr ständig Handlungen oder Worte in Widerspruch zu den Lektionen zu setzen, die sie Kinder beiderlei Geschlechts erteilen, weil es mehr als ungeschickt ist, anderen schlechte Handlungsweisen zu verbieten, die man ohne Skrupel täglich vor deren Augen vollzieht.«
Wenn sich die Generalstände der Kinder 1988 versammelten, müßten diese »Beschwerden« noch immer auf die Tagesordnung gesetzt werden ...

Im Grunde hatten diese früheren Gesellschaften die Sozialisation des Kindes erprobt. Man könnte die gleichen Austauschprozesse in unserer heutigen Gesellschaft wieder praktizieren, wenn die Schule eine Stätte umfassender Erziehung des Kindes wäre: Die Schüler wären dort mit dem Maler, dem Tischler, der Köchin, den Straßenkehrern zusammen ... letztlich mit allen, die die Schule in Schuß halten ... und zugleich mit den Lehrern. Sie könnten vieles lernen, wenn die Schule ein Ort des Lebens für das Kind wäre und wenn die Lehrer dafür bezahlt würden, ihr Wissen den jungen Menschen weiterzugeben und sie dabei hinsichtlich Persönlichkeit und Freiheit als ihnen gleichrangig zu empfinden. Selbstverständlich können die Kinder noch nicht über das Wissen der Lehrer verfügen, aber sie würden auch alle anderen Aspekte des Lebens kennenlernen und so auf das Arbeitsleben vorbereitet. Dadurch stünden sie in neuen Interaktionen. Doch so muß man mitansehen, wie die Kinder im Speisesaal die Füße unter den Tisch strecken, statt abwechselnd beim Tischdienst mitzuhelfen.

Viele Kinder sagen, daß sie gerne ihre Familie verließen und in eine Pension »wie in den Ferien« gingen. Wenn sie den Ausdruck »Pension« nicht kennen, sagen sie: »Ich hätte gern, daß es immer wie in den Ferien wäre, dann würde jeder jedem helfen ...«, wie sie es bei einem Landschul- oder Ski-Aufenthalt tun. Dort leistet einen Monat lang jeder abwechselnd seinen Beitrag zur Hausarbeit: Eine Gruppe von fünf oder sechs Schülern übt mit einem Lehrer; eine andere Gruppe macht den Haushalt, wieder andere sind in der Küche tätig. Sie freuen sich, weit weg von ihren Eltern zu sein, wie sie sich ebenso freuen, sie dann wiederzusehen, aber sie wollen sie eben nicht ständig um sich haben.

Die echte Revolution setzte da ein, wo die öffentliche Schule zu einem Ort gemacht würde, an dem man lernen kann, selbstverantwortlich und solidarisch mit anderen zu leben und altersunabhängig allgemein notwendige Aufgaben zu erledigen.

Doch die Mauer scheint unüberwindlich, denn die Gewerkschaften wären dagegen.

Ein Ministerium der Jugend in einer kinderfreundlichen Gesellschaft?

Ohne »nostalgisch« und rückständig auf die »Zehn Gebote« zu verweisen, hat sich in England das »Children's Bureau«, nach Abschluß seiner Forschungen und Studien, der Zukunft zugewandt und sich nach präventiven Maßnahmen zur Verbesserung der Situation der Kinder sowie der Erweiterung ihrer Entwicklungschancen gefragt. Wie muß die Zukunft gestaltet werden, was ist vordringlich zu tun? Jener mit dem Titel »Fragen ohne Antwort« überschriebene Fragebogen wird Pädagogen vorgelegt, die sich darüber Gedanken machen sollen. Françoise Dolto nimmt hier spontan Stellung zu den Themen[8].

1. Zu welcher Art von Erwachsenen sollen sich nach unserer Vorstellung die heutigen Kinder entwickeln?

Hier liegt eben das Problem. Die Vertreter der englischen »Children's Bureau« haben das Ziel an den Anfang gesetzt. Ich weiß um die Bedeutung, Kinder schon ab neun Jahren auf das Autonomiestreben vorzubereiten, soweit es ihr Begehren nach Leben und dem Schauplatz des Lebens betrifft, und ihnen unter Berücksichtigung ihrer persönlichen Interessen beim Bemühen um einen maximalen Wissens- und Erfahrungsschatz beizustehen. Aber noch vermag niemand zu sagen, was für Erwachsene sie einmal abgeben werden. Der Erwachsene ist rechtlich für seine Handlung voll verantwortlich. Um das Erwachsenwerden zu begünstigen, muß man Jungen und Mädchen Selbstverantwortung beibringen und sie befähigen, sich spätestens mit vierzehn, fünfzehn Jahren vom Einfluß ihrer eigenen Eltern zu lösen und dennoch, wenn sie es selbst wünschen, durchaus den affektiven Kontakt zu ihnen beizubehalten, sofern das möglich ist. Daher plädiere ich für die Herabsetzung der Volljährigkeit auf sechzehn Jahre, sowie für die Möglichkeit der Volljährigkeitserklärung mit vierzehn auf Wunsch des Jugendlichen.

Mit Erreichen der Volljährigkeit ist man nach dem Gesetz berechtigt, sich von seinen Eltern zu trennen, wenn man unter der familiären Atmosphäre leidet. Träte die Volljährigkeit mit sechzehn Jahren ein, wäre man mit vierzehn Jahren gleichgestellt. Derzeit können Eltern von sich aus die Volljährigkeitserklärung beantragen, wohingegen der Jugendliche sie, selbst gegen den Willen der Eltern, verlangen können sollte, und zwar bereits ab vierzehn Jahren.

Davon ausgehend, daß die Schulpflicht bis zum sechzehnten Lebensjahr besteht, sollte die Volljährigkeit mit sechzehn Jahren eintreten[9], da dies heute der geistigen Reife entspricht. Ich glaube, daß der Gesetzgeber unglücklich handelt, weil er nicht direkt von einundzwanzig auf sechzehn Jahre hat gehen wollen; zweifellos erschien ihm das zu radikal. Also wurde eine Zwischenmarke gesetzt.

Viele Jugendliche träten eher in das Arbeitsleben ein, auf das Risiko hin, sich dem Lernen etwas später wieder zuzuwenden. Wieso darf ein Mensch nicht das Recht haben, sich ein oder zwei Jahre lang einem Organisationsnetz zu entziehen? Die Möglichkeit, mit Erreichen der Volljährigkeit ein Ruhejahr einzulegen, würde jungen Menschen einen klaren Blick für die Entscheidung verschaffen, ob sie weiter lernen oder damit aufhören wollen.

2. *Sollte man nicht zwei verschiedene Formen der Ehe einführen? Eine Ehe, in der man Probeerfahrungen macht, sowie dann die Ehe, in der man sich entscheidet, eine Familie zu gründen.*

Gleichwohl können aus dieser einer liebevollen Geschwisterbeziehung ähnlichen Probebindung Kinder hervorgehen. Die Verantwortung sollte den leiblichen Eltern überlassen bleiben, wenn sie dies wünschen ... Und wenn sie es nicht wünschen, würde diese Verantwortung von einem Angehörigen der Familie der leiblichen Eltern (also des Kindes) oder vom Staat übernommen ... ohne daß deshalb die affektive Bindung, die persönlichen und schriftlichen Kontakte, mit dem einen oder anderen leiblichen Elternteil oder ihrer Familie geleugnet oder unterbunden würden.

Trotzdem ist es unsinnig, daß es bei der Eheschließung reicht, zwei Wochen vorher das Aufgebot auszuhängen, während sich eine Scheidung bis zu drei Jahren hinzieht. Das ist unsinnig. Wesentlich besser wären drei Jahre Aufgebot, drei Jahre Paarbeziehung (von Jahr zu Jahr zu verlängern), bis sich das Paar definitiv zur Ehe entschließt. Diese Erprobung darf jedoch nicht von der Verantwortung getrennt werden, Kinder in die Welt zu setzen. Dies darf nicht zu früh geschehen, denn sonst entwickelt sich keine Paarbeziehung, doch bei einer unvorhergesehenen Schwangerschaft muß man bereit sein, im alleinigen Interesse des nicht geplanten Kindes zu handeln.

3. Muß in den Schulen eine Vorbereitung auf die Elternrolle ins Auge gefaßt werden? Inwieweit darf man das Erlernen der Elternschaft zum Pflichtfach machen, gar ein »Zeugnis über die pädagogische Befähigung« ausstellen?

Ich halte dies für eine absolut utopische Frage. Man taugt nur dann als Eltern, wenn man die notwendige Reife hat, um die Verantwortung für ein Wesen zu übernehmen, das anders ist als man selbst und niemals persönliches Eigentum sein darf.

Gewiß gibt es Kenntnisse, die man vermitteln kann. Doch diese Kenntnisse werden Kindern vermittelt, die von ihren Eltern abhängig sind und daher Schwierigkeiten mit der Identifikation haben. Die theoretische Unterweisung ist etwas gänzlich anderes, als sich selbst in der Elternsituation zu befinden. Es bedarf einer sehr großen Reife, um der Elternschaft fähig zu sein, denn sie beinhaltet das Bewußtsein, daß es sich nicht um Kenntnisse, sondern um eine Pflicht handelt, und daß man keinerlei Recht hat, Rückmeldung zu erwarten. Gerade daran fehlt es heute so vielen Eltern. Wir erleben mit, wie das Kind den Elternteil zu »verschlingen« beginnt, und der Elternteil löst sich von den Gesetzmäßigkeiten seiner Altersgruppe; er fängt an, sich mit diesem Kind gut zu stehen, weil er seine eigene Kindheit nicht genügend ausgelebt hat. Durch sein Kind findet er wieder zum Spiel. Läßt sich einer der leiblichen Eltern durch seine Mutterschaft oder

Vaterschaft in die Falle locken, auf Kosten seiner Liebesbeziehung zum Partner oder des Interesses an seiner Arbeit, dann findet er an der Paarbeziehung keinen Gefallen mehr und bleibt mit dem leiblichen Elternteil dieses Kindes nicht mehr verbunden; hier liegt die Ursache für so viele Scheidungen. Brächte man den Kindern die Bedeutung der Elternschaft bei, dann müßte man ihnen vermitteln, daß es bedeutet, niemals irgendein Besitzrecht, sondern ausschließlich Pflichten gegenüber seinen eigenen Kindern zu haben, in erster Linie jene, sie für das Leben zu wappnen und dahingehend zu erziehen, daß sie sich aus der Obhut ihrer Eltern lösen. Den Kindern müßte beigebracht werden, daß sie ihren Eltern gegenüber keinerlei Pflichten haben außer jener, ihnen in ihrem ohnmächtigen Alterungsprozeß beizustehen, wie die Eltern ihren Kindern in deren ohnmächtiger Jugend beistehen.

4. Man müßte die Energien der jungen wie der alten Menschen nutzen, um die elterlichen Bemühungen zu ergänzen.

Das ist von großer Bedeutung. Ich bezeichne sie als »Nebenpersonen«. Das »Generationenproblem« besteht darin, die älteren Generationen nicht aus ihrem Verhältnis zu den jungen Menschen zu entlassen, da sie über die größere Verständigkeit verfügen und ihren Altersgenossen gegenüber weniger Erotik im Spiel ist; daher sind sie in geringerem Maße sexuelle Rivalen der Jugendlichen, als es die Erwachsenen sind. Die Trennung alter und junger Menschen durch zwei Generationen hat zur Folge, daß das Spiel der Kenntnisse bescheidener und das Vergnügen an der Kommunikation größer ist. Zur Zeit spielen noch die in der Familie alt gewordenen Personen eine Rolle, diese Funktion müßten jedoch außerhalb der Familie alt gewordene Personen übernehmen, erst recht heutzutage, wo die Familien weit verstreut leben.

Die Energie alter Menschen muß, ebenso wie die der Jugendlichen, wiederhergestellt werden. Die Jugendlichen können sich um die Kleinen kümmern, insbesondere, wenn es nicht ihre eigenen Geschwister sind. Manche haben ein enormes Talent zur anregenden Kraft. Sie haben keinen Einfluß auf die Kinder anderer, doch sie bündeln die Kräfte, lenken und fördern gewalttätige Kinder, die für die noch Kleineren sogar gefährlich sind. Angesichts des Verbotes der »Kinderarbeit« kann man der sozialen Gruppe jedoch nicht mehr gestatten, das Förderliche der wechselseitig formenden Kommunikation zwischen den Altersgruppen zu entwickeln.

5. Die Feministinnen behaupten: »Ein Baby hat nicht das Recht, das Leben einer Frau in irgendeiner Hinsicht zu verändern.« Muß man sich nicht darüber beunruhigen, daß das Recht der Kinder vom Feminismus ausgehöhlt wird?

Feststeht, daß eine Frau, die neun Monate lang ein Baby ausgetragen hat, (sie hat es gewollt, denn sonst hätte sie es abtreiben lassen können), durch körperliche und affektive Kräfte verändert wird, die sich vor allem bei der Geburt in ihr entwickeln. Die Feministinnen geben solche Äußerungen von sich, bevor sie selbst Mütter sind, oder lange, nachdem sie es gewesen sind und sich durch eine masochistische Mutterschaft haben ausbeuten lassen. Haben sie erst einmal selbst ein Kind, dann behalten sie es auch, und zwar nicht gegen ihren Willen. Heutzutage kann eine junge Mutter sehr wohl sagen »Ich kann mein Baby nicht selbst aufziehen« und es zur Adoption freigeben.

Manche (übrigens in der Regel sehr ängstliche) junge Mütter werden ihres Kindes schnell überdrüssig und neigen dazu, es jemandem anzuvertrauen, der es will – Großeltern, Ehegatte oder Nachbarin. Sie ertragen es nicht, seine Versorgung in einer Kinderkrippe oder durch eine Pflegemutter zu organisieren, sie wollen ihr Kind behalten und es dennoch nicht dulden, wobei sie behaupten: »Aber es nimmt mir doch den Atem ...« Sie vermögen nicht zugleich Frau und Mutter zu sein. Für das Kind ist das selbstverständlich auch nicht gut. In einem solchen Fall ist es besser, wenn sie sich des Kindes ohne Schuldgefühle entledigen, was für das Kind eher von Vorteil ist. Ich bin nicht der Meinung, alle Frauen sollten ihr Kind unbedingt selbst aufziehen. Denn wenn es für die Frau nachteilig ist, ist es auch für den Ehegatten nachteilig und schlimm für das Kind. Wenn die Mutter also in ihrer Umgebung jemanden ausfindig machen kann, der sich gern um das Kind kümmert, warum nicht? Doch die neuen Mütter sollten über die persönlichen Probleme sprechen, die mit der Mutterschaft an sich verbunden sind, und darüber Linderung ihrer Angst finden.

6. Eine praktische Frage: Wer sich in Vollzeitbeschäftigung schon von klein auf der Kinder annimmt, sollte Beihilfen erhalten.

Ich frage mich, warum Einrichtungen wie die Sozialversicherungen oder die Banken, die ja auch Geld zum Kauf einer Eigentumswohnung verleihen, einer Mutter keinen Kredit einräumen sollten, damit sie ihr Baby großziehen kann. Diese im Vergleich zu den Wohnungskrediten minimale Summe wäre dann nach dem 18. Lebensmonat des Kindes rückzahlbar, binnen zehn, zwanzig oder dreißig

Jahren. Die Frauen könnten auf diese Weise – sofern sie es wünschten – ihre Kinder bis zum Alter von anderthalb oder zwei Jahren großziehen, bis sie selbständig laufen können. Es ist ungerecht, einer Mutter keine Beihilfe zu gewähren, damit sie ihr Kind großziehen kann, hingegen die Kosten für eine andere Frau zu übernehmen, falls die Mutter darauf verzichtet, ihr Kind selbst aufzuziehen. Vertraut eine Mutter ihr Kind einer Pflegefamilie an, dann wird das Kind in Obhut genommen, und die Pflegemutter erhält pro Kind und Monat eine Vergütung.

Ich kenne eine Pflegemutter, die sechs Kinder versorgt, die in ihrer sprachlichen und motorischen Entwicklung allesamt verzögert sind; sie vermag sie lediglich zu ernähren und sauber zu halten; sie ist nicht in der Lage, sie richtig großzuziehen, aber sie selbst lebt durch die finanzielle Zuwendung auf Kosten der Kinder.

Gewiß müßte eine Frau eine Beihilfe erhalten, bis ihr Kind achtzehn Monate alt ist, falls sie dies wünscht. Ebenso müßte sie die Freiheit haben, es einer Person ihres Vertrauens zu übergeben, beispielsweise einem Angehörigen der eigenen Familie, wenn sie weiterhin berufstätig sein möchte. Aber die Bürokratie errichtet überall Hindernisse. Nicht einmal die Großmutter darf offiziell die regelmäßige Betreuung ihrer Enkel übernehmen, wenn ihr nicht offiziell das Sorgerecht für die Kinder zugesprochen wurde. Sie ist dann verpflichtet, auch noch die Betreuung weiterer Kinder zu übernehmen. Die Gewerkschaft der Kindergärtnerinnen hat diese Regelung durchgesetzt, damit ihre Arbeit mehr Anerkennung als bisher findet. Man hat in Frankreich heute nicht das Recht, ein junges Mädchen, eine Freundin oder eine Verwandte zur Betreuung der eigenen Kinder einzustellen, man verstößt damit gegen das Gesetz. Während ihrer Amtszeit als Gesundheitsministerin hat Simone Veil erklärt: »Es wäre mir lieb, wenn diesbezüglich alle Frauen Frankreichs gegen das Gesetz verstießen«, das heißt, ihre Kinder zu Hause betreuen würden, mit Hilfe von Großmüttern, Freundinnen oder, im Falle eigener Berufstätigkeit, einer entgeltlich beschäftigten Person ihres Vertrauens.

All diese die Freiheit der Menschen einschränkenden Regelungen beruhen auf guten Absichten. Wie kann man prüfen, ob jemand in der Lage ist, Kinder zu erziehen, und wie viele kann man ihm gegebenenfalls anvertrauen? Eine Pflegemutter, die von den Wohnverhältnissen her zwei Kinder zu sich nehmen kann, ist vielleicht völlig überfordert, wenn sie drei oder vier Kinder großziehen soll. Und um was für ein Kind sollte es sich handeln? Jedes Kind hat sein individuelles Gebaren, das mehr oder weniger anstrengend ist. Kann die Pflegemutter ferner die unvermeidliche Eifersucht der Mutter ertragen, oder ihre eigene Abhängigkeit, das Kind gewissermaßen als Geisel zu haben?

Eine schwere Verantwortung, denn die wirkliche Anstrengung besteht darin, dem Kind etwas zu geben, indem man es (unter weitestgehender Begrenzung von Gefahren) Initiativen ergreifen und es seine Sensorik mit Hilfe der Sprache erfahren läßt. Der Gesetzgeber hat vermutlich in guter Absicht gehandelt, indem er von Pflegemüttern bestimmte Sachkenntnisse fordert. Doch wie soll man diese zuverlässig überprüfen? Ferner kommt es mit wachsender Anzahl von Pflegemüttern zu korporativer Gesinnung; es entsteht ein Berufsverband, der dann nur noch berufsständische Interessen kennt. Tausendfach wird Hilfe nur noch gegen Entgelt geleistet. Ich meine, ein Begriff ist vollkommen verschwunden: die Würde des Dienens. Erfolgt die Hilfestellung unentgeltlich, stellt sie eine Ausbeutung dar; das Dienen gilt als servil. Dabei sind wir doch dafür da, in der Gemeinschaft zu leben, uns gegenseitig unsere Kompetenzen zur Verfügung zu stellen. Man sehe sich nur einmal die Art und Weise an, wie »Neuzugänge« in den Kliniken behandelt werden, wo doch die Krankenschwestern und Ärzte dafür bezahlt werden, ihnen zur Verfügung zu stehen. Dem ist aber keineswegs so: Die Kranken sind der ärztlichen und pflegerischen Willkür ausgesetzt. Gleiches gilt für die Kinder: Unter dem Vorwand, einem Menschen im Zustand der Kindheit zu dienen, unterwirft man ihn dem eigenen Einfluß. Eine umfassende Veränderung der Gesellschaft ist anzustreben. Man könnte diese Veränderung dadurch begünstigen, daß man beginnt, Kinder schon frühzeitig mit der sozialen Solidarität vertraut zu machen; für diejenigen, die Gefallen daran finden, sich um die Jüngeren zu kümmern, sollte gelten: »Du stehst im Dienst der anderen, du behauptest, daß du dich für Kinder interessierst, also kümmere dich nicht um denjenigen, auf den du Einfluß zu haben glaubst, sei es nun dein oder sein Empfinden. Erkläre ihm, daß er sich auf dem falschen Weg befindet.« Bemutternden Erwachsenen muß man hundertmal wiederholen: »Sie stehen im Dienst jedes dieser Kinder und ihrer Eltern; sie sind es, die Sie bezahlen, selbst wenn dies nicht auf direktem Wege geschieht.«

Diese Pervertierung der Hilfestellung gegenüber der Kindheit ist weitverbreitet. Den »Berufsmüttern« der Kindertagesstätten müßte man den ganzen Tag über schlagwortartig eintrichtern: »Sie stehen im Dienst dieser Kinder«; und die Kinder, die in Kliniken liegen, müßten vernehmen: »Ihr als Kinder steht genauso wie wir Erwachsene wechselseitig im Dienst der anderen.« Fördern wir in den Kinderhorten und in den Kliniken den gegenseitigen Beistand unter den Kindern und den kompetenten Personen, die in deren Dienst stehen – der Kleinen und der Entwicklungsverzögerten, die Pflege erhalten und aus ihrer Machtlosigkeit heraus müssen.

Das Wort »Dienst« ist zum Synonym für Servilität und Ausbeutung geworden. Rehabilitieren wir es. Es ist der Schlüssel zur bewußten und lebendigen Solidarität jeder Gesellschaft.

7. Entwickeln wir die Prävention, indem wir der Stimme der Kinder lauschen.

Bei diesem Lauschen sollten wir ihnen vor allem die Ergriffenheit vermitteln, durch andere zu begreifen, daß ihre Gedanken zuhörenswert sind, selbst wenn sie nicht immer zu verwirklichen sind. »Aber du hast recht gehabt, es auszusprechen.«

In bestimmten Situationen kann dieses aufrichtige Zuhören in der familiären Umgebung nicht zum Tragen kommen, beispielsweise bei einem Scheidungsgrund, wenn es darum geht, mit welchem Elternteil es zusammenleben möchte. Man kann ihm nicht zuhören, solange es im Bannkreis seines Vaters und seiner Mutter steht, es kann sich nicht frei äußern, bestimmte Situationen sind vonnöten, in denen ihm um seiner selbst willen und nicht als Sprachrohr seines Vaters oder seiner Mutter zugehört wird. Scheidungskinder erfordern enorme Bemühungen. Die mit den Ermittlungen betrauten Rechtspfleger nehmen diese in der Umgebung vor, in der das Kind lebt und wo es sich nicht frei äußern kann; dies hat nachteiligere

Folgen als die Unkenntnis der affektiven Entscheidungen und realen Bedürfnisse des Kindes. Der Zuhörende müßte nicht unbedingt wesentlich älter als das Kind selbst sein. Es könnte genausogut ein Jugendlicher sein. Manche Jugendliche sind von Natur aus außerordentlich begabte Zuhörer. Kinder vertrauen zudem anderen Kindern eher als Erwachsenen.

8. Letzte wichtige Frage des »Children's Bureau«: Ist die Schaffung eines Ministeriums für Kinder geboten?

Kein »Ministerium für Kinder« (denn dies könnte ihre isolierte Sonderstellung sichtbar bestätigen). Ich würde eher für ein »Familienministerium« bis zum Alter von vierzehn Jahren plädieren und ab vierzehn Jahren für einen »Beauftragten für Jugendliche«[10].

Das gegenwärige Ministerium für Jugend und Sport in Frankreich beschäftigt sich letztlich nur mit Körperschaften und Wettkämpfen. Ein Jugendministerium wäre anders ausgerichtet – auf die affektive, schöpferische und leidende Jugend; daneben hätte der Sport sein eigenes Staatssekretariat, da Sport ja lebenslang möglich ist. »Jugend und Sport« klingt wahrlich reduktionistisch. Die Jugend verdient allemal ein eigenes Ministerium. Das Sportministerium müßte für die Erwachsenen wie für die Jugend, für »Sport und Freizeit« zuständig sein. Das Jugendministerium nähme dann die Aufgaben des Familienministeriums wahr, kümmerte sich um all jene, die mit vierzehn Jahren in einem Alter sind, in dem sie sich – ganz oder teilweise – von ihrer eigenen oder der Pflegefamilie emanzipieren.

Das Wahlrecht für Kinder

Die besten Demokraten und die über jeden Verdacht erhabenen Republikaner nehmen keine Rücksicht auf die Kinder: Sie räumen ihnen bei den Wahlen keine beratende Stimme ein. Nirgends haben Eltern, die ja für künftige Erwachsene verantwortlich sind, ein umfangreiches Stimmrecht. Es ist eine durch und durch inhumane Denkweise, daß jene, die Kinder in die Welt gesetzt haben, genauso wie der Greis oder der Junggeselle, über nur eine Stimme verfügen, obwohl sie die Zukunft der Menschheit repräsentieren. Ich schlage daher unter anderem folgendes vor: In einer Familie mit vier Kindern (zwei Jungen, zwei Mädchen) müßten Vater und Mutter jeweils drei Stimmen haben, die Mutter müßte für die Töchter, der Vater für die Söhne bis zum Alter von zwölf Jahren stimmen dürfen. Ab zwölf Jahren hätten die Kinder dann selbst Stimmrecht, wären für ihre eigene Stimme verantwortlich. Zwischen zwölf und achtzehn Jahren hätten sie nur ein Beratungsrecht (da die Volljährigkeit ja leider erst mit achtzehn Jahren eintritt). Aber wenigstens hätte man neben dem exekutiven Stimmrecht der Erwachsenen die beratende Stimme der Zwölf- bis Achtzehnjährigen, was die Strukturen im Land abbilden würde und vor allem den Gewählten die Möglichkeiten an die Hand gäbe, etwas für die Zukunft des Landes zu tun. So wird stets nur von der Gegenwart und Vergangenheit des Landes gesprochen. Für die Senioren und die Erwachsenen wird etwas unternommen, für die Kinder jedoch fast nichts, abgesehen von dem gerade Notwendigen. Selbst in der Schule wird ihnen etwas vermittelt, wonach sie nicht verlangen, nimmt doch die Hälfte kaum richtig am Unterricht teil …

Die erste Stadtverordnetenversammlung von Kindern

In Schiltigheim am Niederrhein, einer Stadt von 30000 Einwohnern, ist zum ersten Mal in der Geschichte der Französischen Republik eine gewählte Vertretung von Kindern unter dreizehn Jahren eingerichtet worden. Dieses Ereignis aus dem November 1979 hat lediglich in der elsässischen Presse Erwähnung gefunden. Das Bürgermeisteramt, das dieses Experiment ins Leben gerufen hat, hat die damit verfolgte Absicht wie folgt beschrieben: »Die Stadt könnte auf diese Weise die Wünsche und Kritikpunkte der Kinder erfahren und im Rahmen des Möglichen eine geeignete Lösung zu finden versuchen, ebenso könnten Verbände, Pädagogen und Eltern hören, was ihnen die Kinder sonst selten mitteilen.«
»Die beiden ersten Sitzungen«, so der Bürgermeister, »waren beredte Antworten auf dieses lange Warten, und jeder fühlte sich betroffen von den zahlreichen dargelegten Forderungen, die von den Kindern mit einer Ungezwungenheit zum Ausdruck gebracht wurden, die derjenigen der erwachsenen Stadtverordneten weit überlegen war.«
»Die Kinder«, so folgert er, »kennen ihre Wohnbezirke bestens und ihr Anspruch auf Verbesserung gegebener Räumlichkeiten, auf Vermehrung von Möglichkeiten für Aktivitäten, einschließlich des Schulunterrichts, hat Gewicht. Sie fordern eine Umwelt, die Beziehungsaspekte berücksichtigt, menschlicher und ihnen näher ist.« Zu jeder Sitzung kommen dreißig Kinder (die aus den fünf Grundschulen der Stadt sowie aus zwei soziokulturellen Zentren proportional zu ihrem Anteil in den einzelnen Stadtvierteln gewählt worden sind) mit dem Bürgermeister zusammen. Es wird derselbe Numerus clausus wie bei den erwachsenen Stadtverordneten angewandt. Die Sitzung ist öffentlich. Jedes Kind nimmt an zwei Beratungen und an zusätzlichen Arbeitstreffen teil. Jedes Jahr finden Neuwahlen statt.

was beweist, daß ihnen etwas vermittelt wird, was sie nicht interessiert. So ist zustande gekommen, daß man sich in der sogenannten Volksabstimmung, der künftigen Bevölkerung nicht angenommen hat. Von Volksabstimmung kann sowieso keine Rede sein, da die Kinder ja keine Stimme über die Eltern haben und sich sonst nicht selbst artikulieren können. Eine solche Demokratie, die die Kinder nicht berücksichtigt, ist unzeitgemäß oder keine echte Demokratie. Ich habe einem mit mir verwandten Abgeordneten meine Ansicht klarzumachen versucht, man müsse die Jugendlichen unbedingt darin bestärken, sich für ihre eigene Gegenwart und Zukunft zu interessieren, nicht für die Politik an sich, sondern für die Politik des Lebens, die in einem Land herrscht. Er hat mir entgegnet: »Aber das ist völlig undenkbar, es würde das gesamte Wahlrecht verändern.« »Um so besser! Eltern mit Kindern, die die Zukunft des Landes darstellen, würden genauso viele Stimmen haben, die sich nur für ihre persönliche existenzielle Sicherheit und nicht für die Zukunft einsetzen.

Die Gesellschaft begnügt sich mit einigen kleinen Geschenken an die Kinder, will aber das Problem nicht wirklich angehen, zumal man mit diesem Stimmrecht einer wirklichen Einstellungsveränderung gegenüber den Kindern sowie gegenüber der Gemeinschaft den Weg ebnen würde. Die minderjährigen Bürger würden schon von Kindheit an als wertvolle Kraft angesehen, die Erwachsenen als Verantwortliche für Familien aufgewertet und zu der Sichtweise veranlaßt, in ihren Kindern die Fortsetzung ihres Erwachsenenseins, aber auch eines bereits realisierten Teils der Demokratie zu sehen.

Als Erwachsener muß der Mensch Folgen vorhersehen; er tut dies, wenn er Kinder in die Welt setzt, doch die Gesellschaft findet es richtig, daß es eine Last ist, einen Sprößling zu haben, ohne ihm selbst Stimmrecht zu geben. Sicherlich wäre diese Verleihung des Stimmrechts wesentlich geburtenfördernder als die symbolische Erhöhung des Kindergeldes, das rasch seinen Wert verliert.

Die Soziologen behaupten: »Immerhin wird man sich heute zunehmend bewußt, daß die Rechte des Kindes zu verteidigen sind.« Ein etwas naiver Optimismus. Unbestritten ist das Kind ein zentrales Thema. Doch das Wesentliche wird ausgespart: Es wird nicht wie ein künftiger Mann oder eine künftige Frau behandelt. Es wird nicht zur Kritikfähigkeit erzogen, und auch die Ausübung der Freiheit seiner Initiativen, die er oder sie vorzunehmen wünscht, wird nicht gefördert.

Ich persönlich glaube, daß die Zwölfjährigen heutzutage in puncto staatsbürgerlicher und sozialer Reife ungefähr soweit sind, wie es um 1900 die 25- bis 30jährigen waren. Man hat den 18jährigen das Wahlrecht gegeben. Erst in diesem Alter »lernen« sie zu wählen; das Recht und die Pflicht dazu müßte viel eher erprobt werden.

Eine Minderheit betätigt sich in extrem militanter Form, aber die breite Masse der Jugendlichen, die heute die Einflußmöglichkeit haben, mit achtzehn Jahren zu wählen, konstituiert sich aus absichtlich in der Gleichgültigkeit Belassenen, und da sie bislang vom Wahlrecht ausgeschlossen waren, glauben sie nicht daran. Sie denken und sagen, daß es die Anstrengung des Wählens nicht lohne, es ändere doch nichts. Offensichtlich hat die Jugend zu keiner Zeit Wahlausgänge beeinflußt. Politik im staatlichen Sinne ist zunächst nur von einer Hälfte der

Menschheit betrieben worden, nämlich von der männlichen Hälfte, die bereits die Frauen aussonderte, um ihre eigene Macht zu dokumentieren, statt die Verantwortlichkeiten für Entscheidungen bezüglich der Gegenwart und ihrer Fortsetzungen in die Zukunft des menschlichen Lebens gleichermaßen zu verteilen.

Hätten die Eltern bei Wahlen auch die Stimmen ihrer Kinder, um sie bei anstehenden Entscheidungen zu vertreten, dann müßten die Gewählten zwangsläufig auch jenen Rechnung tragen, die den Reichtum der physischen und funktionellen Leidenschaft, die Erneuerung der Gesellschaft, fundieren. Sie sind lebendige Menschen. Diese Stimmen sollten zur Wahl jener führen, die die Interessen der Kinder und Jugendlichen vertreten. Wir hätten eine umfassende Erziehungspolitik, wenn die Abgeordneten in ihrem Wahlkreis auch jene repräsentierten, die zwar noch in der Wiege liegen, jedoch über ihre Eltern Stimmrecht haben, durch das sie jene Gewählten bestärken könnten, die um die künftigen Generationen, die Lebensquelle eines Landes, besorgt sind.

Wer wird in der gegenwärtigen Situation den Mut aufbringen, sich in unseren gerontokratischen Gesellschaften dafür einzusetzen, daß weder legislative noch exekutive Regierungsämter durch Männer oder Frauen besetzt werden sollten, die älter als vierzig oder fünfzig Jahre sind? In diesem Alter könnten sie, von den jungen Menschen gewählt, in den Bereichen oder Technologien, in denen sie über Erfahrung verfügten, als Berater fungieren, aber sie hätten keinesfalls exekutiven oder legislativen Einfluß auf einen verantwortlichen Posten.

Eine solche Altersumkehrung bei den Staatsorganen scheint heute eine eher komische Utopie – warum eigentlich?

Anmerkungen

1 Wir waren damals provisorisch untergebracht. Heute verfügt das »Maison Verte« über eine Toilette.

2 Dieser Titel ist 1987 in deutscher Sprache erschienen: Françoise Dolto: Das unbewußte Bild des Körpers. Quadriga, Weinheim.

3 Um Zugang zur symbolischen Mutter zu finden, muß das Kind vorübergehend auf die Gegenwart seiner realen Mutter sowie jeder anderen Mutter verzichten. Dies ist die Bewältigung der beiderseitigen »Entwöhnung«. Wenn die Initiative dazu vom Kind kommt und von der Mutter akzeptiert wird, so ist das für das Kind vorteilhafter als im umgekehrten Fall.

4 Wir sprechen vom »Recht auf Versorgung« für alle (es handelt sich um das Recht, sich selbst zu versorgen und sich nicht nur versorgen zu lassen).

5 Es geht hier um den Gebrauch des französischen »Je«. Der Einheitlichkeit halber wird hier vom Übersetzer wiedergegeben, was die Übersetzerin diesbezüglich bei einem anderen Werk von F. Dolto angemerkt hat: Dolto/Severin: Dynamik des Evangeliums. Walter Verlag, Olten/Freiburg 1980, S. 41: »Es muß zum Verständnis des Folgenden auf zwei Eigenheiten der französischen Sprache hingewiesen werden:
1. Dem biblischen Begriff Wort entsprechen im Französischen zwei Ausdrücke: La *Parole* = das Sprechen, die Äußerung. La Parole de Dieu = das Sprechen Gottes; und Le *Verbe* = das Verbum, das Tunwort. Le Christ est le Verbe = Christus ist der sich Inkarnierende, der in der Zeit Handelnde.
2. Die französische Sprache verfügt über zwei persönliche Fürwörter oder Personalpronomen. Das *absolute* (moi) steht

unabhängig vom Verb und meint die Ganzheit der Person. Das *relative* oder grammatikalische (je) steht nur in Verbindung mit einem Verb, dessen Subjekt oder Handlungsträger es ist. Es hat also dynamischen Charakter. Die folgenden Überlegungen von F. Dolto basieren sowohl auf Lacan als auf biblischer Theologie:
Lacan benutzt die sprachliche Unterscheidung MOI – JE, um zwischen dem *Subjekt* (je), das dynamisch ist und sich in Sprache äußert, und dem *Ich* (moi) zu unterscheiden, welches eine subjektiv erlebte Ganzheit ist und durch das dynamische JE immer wieder neu in Frage gestellt und konstituiert wird.«

6 Vergl. Clara Malraux: Civilisation du kibboutz. Gonthier.

7 Maison Verte vgl. S. 41 ff.

8 Vgl. Mia Kellmer: The needs of children. Quelques questions sans réponse. Pringle, Hutchinson and Co.

9 In der Bundesrepublik Deutschland ist die Schulpflicht regional unterschiedlich geregelt.

10 In der Bundesrepublik Deutschland ist hierfür das Bundesministerium für Jugend, Familie, Frauen und Gesundheit zuständig (BMJFFG).